ULLSTEIN

W0391173

»Der Zorn des Weibes ist furchtbar und von eigentümlicher Wildheit.«
Paolo Mantezagga: »Phisiognomia delle donne«, 1892

Das Buch

Auch Frauen morden – mal überlegt und klammheimlich, mal ähnlich impulsiv und brutal wie Männer. Sie tun es mit allem, was gerade zur Hand ist: Küchenhacke, Schusswaffe, Brotmesser, Arsenfläschen ... Zu ihren Opfern zählen nicht nur Ehemänner, sondern auch andere Frauen und sogar die eigenen Kinder oder Pflegebefohlene. Peter Hiess und Christian Lunzer schildern zahlreiche authentische und spektakuläre Fälle, in denen Frauen als perverse oder ganz »normale« Mörderinnen agierten. Ein Panoptikum von »femmes fatales« von der tödlichen Sorte – so spannend wie schauerlich.

Die Autoren

Peter Hiess, geboren 1959, ist Journalist, Autor und Übersetzer. Christian Lunzer, geboren 1943, lebt als Buchhändler und Verleger in Wien. Beide haben mehrere Bücher veröffentlicht.

Peter Hiess
Christian Lunzer

Die zarte Hand des Todes

Wenn Frauen morden …

Ullstein

Peter Hiess widmet dieses Buch Miss Bee, weil sie immer alle töten will, und Frl. Christine, die für den Kopf zuständig ist.

Die Autoren haben vielen Damen und Herren für Ratschläge, Hinweise und Hilfe zu danken – insbesondere Katharina Fabich, Gabriele Herbst, Franziska Kasper, Dr. Traute Zand, Konstanze Zinsler, Dr. Erwin Barta, Hermann Kantner, Dr. Alexander Lellek, Helfried Seemann und Dr. Peter Wagenhofer.
Der Sonderpreis für Hilfsbereitschaft, Geduld und Güte geht an unseren Lektor Thomas Zauner, ohne den das alles nicht möglich gewesen wäre.

Besuchen Sie uns im Internet:
www.ullstein-taschenbuch.de

Umwelthinweis:
Dieses Buch wurde auf chlor- und säurefreiem Papier gedruckt.

Ullstein Verlag
Ullstein ist ein Verlag der Ullstein Buchverlage GmbH.
1. Auflage März 2004
© 2002 by Verlag Carl Ueberreuter, Wien
Umschlaggestaltung: Thomas Jarzina, Köln
Titelabbildung: Photonica, Hamburg
Druck- und Bindearbeiten: GGP Media, Pößneck
Printed in Germany
ISBN 3-548-36586-8

Inhalt

Auf Messers Schneide

Weibliche Tugenden

Vorwort

»Die Frau ist das Wesen, das den größten Schatten und das größte Licht in unsere Träume wirft.«

Charles Baudelaire

Frauen morden selten, aber effektiv; seltener und effektiver jedenfalls als ihre männlichen Kollegen. Die Statistik ist eindeutig: Nur zehn Prozent aller Gewaltverbrechen – diese Zahl ist seit vielen Jahrzehnten konstant – haben weibliche Urheber. Bei erfolgreich durchgeführten Morden liegt der Frauenanteil jedoch mindestens doppelt so hoch. Selbst die nüchterne Polizeidokumentation muss zugeben: »Wenn sich Frauen zu einer solchen Tat entschließen oder hinreißen lassen, verwenden sie in der Regel wirksame und zum Ziel führende Mittel, handeln aber nicht nur symbolisch oder demonstrativ.«

Dass weibliche Kriminalität ein faszinierendes Thema ist und immer war, bestätigen Mythen und Sagen aller Völker, Berichte in modernen Massenmedien und die große Zahl mehr oder weniger wissenschaftlicher Arbeiten und Untersuchungen, die ihr seit den Anfängen der Kriminalistik gewidmet wurden. Erstmals wurde dieses Problem im späten 19. Jahrhundert virulent, was zweifellos mit dem damaligen Frauenbild zusammenhing. Die bürgerliche Welt reagierte eben mit besonderem Schrecken, wenn eine Frau aus dem System Kinder-Küche-Kirche auszubrechen versuchte und zu ihrer Befreiung Küchengeräte wie Messer oder Hacke einsetzte bzw. am heimischen Herd Gift zubereitete, um sich so des Gatten oder gleich der ganzen Familie zu entledigen.

Buchtitel wie »Das Weib als Verbrecherin und Prostituirte« (Cesare Lombroso & G. Ferrero, 1894) oder »Das Weib als Sexualverbrecherin« (Erich Wulffen, 1923) waren daher von vornherein bestsellerverdächtig. Noch heute lohnt es sich durchaus, einige der darin verbreiteten Erkenntnisse zu zitieren, nicht nur, um sich über das Rauschen der Vollbärte zu amüsieren, sondern wegen der verblüffenden Tatsache, dass man vielen dieser Thesen auch im Jahr 2002 – und keineswegs nur in den Spalten der Boulevardpresse – begegnet.

Prinzipiell definieren die Herren Wissenschaftler die Frau vom Manne ausgehend, als seinen natürlichen Gegensatz und ebenso natürlich steht im Zentrum all ihrer Überlegungen die große, rätselhafte Unbekannte, die weibliche Sexualität. Diese muss klarerweise völlig anders sein als die des Mannes. Wie man sich das vorzustellen hat, dafür gab Paolo Mantegazzas »Physiologie des Weibes« 1892 die Leitlinie: »Die geschlechtliche Erregung beim Mann ist immer geiler und zeigt sich in schmerzhafter Spannung der Testikel und der Samenbläschen oder in krankhaft andauerndem Priapismus. … Das normale Weib liebt es, gefeiert und umworben zu werden. Man weiß, wie viel Mühe aufgeboten, wie viele Liebkosungen verschwendet werden müssen, wenn ein Weib mit Vergnügen den Wünschen des Mannes nachgeben und seine Lustgefühle teilen soll.« (Ja, er hat tatsächlich »verschwenden« geschrieben.)

Dieser Passivität und mangelnden sexuellen Empfindsamkeit muss eine insgesamt niedrigere Sensibilität entsprechen. Daraus geht zwingend hervor, dass auch die Schmerzempfindlichkeit bei der Frau geringer zu sein hat – warum sonst würde sie sich immer wieder zum Geschlechtsverkehr bereitfinden, dem doch beschwerliche Schwangerschaft und Geburt folgen können? Ergo ist auch ihre Bereitschaft, Schmerzen zuzufügen, viel größer.

Kleiner ist nur ihre Intelligenz. Denn »im ganzen Tierreich steht diese im umgekehrten Verhältnis zur Fruchtbarkeit, und nur der Mann, am Fortpflanzungsgeschäft peripherer beteiligt als die Frau, hat einfach eine höhere Entwicklungsmöglichkeit«, wie Mantegazza schrieb. Weiblichen Wesen fehlt aus diesem biologischen Grunde die Fähigkeit zum abstrakten Denken und daher auch das Schuld- und Gerechtigkeitsgefühl. Sie lügen leichter und besser. Ihr Mutterschaftsinstinkt zwingt sie zu rücksichtslos egoistischem Tun für sich und ihre Brut, daher neigt das Weib zu Geiz und Habsucht. Ihre sexuelle Passivität entspringt ihrer Eitelkeit – was man schon daran erkennt, dass sie mit Hilfe von Putz und Toiletten alles unternimmt, um den Mann zur Fortpflanzung zu reizen. Und nur beide im Verein halten ihre naturgegebene, basiskriminelle Veranlagung im Zaum. Daher gilt: Wehe, wenn sie losgelassen.

Nicht einmal der aggressive Lustmord blieb männliche Domäne. Da die Sexualität der Frau definitionsgemäß passiv sein musste und Gift laut Statistik das bevorzugte weibliche Mordmittel war, wurde der Giftmord zum »Sexualmord der Frau« erklärt. Die heimtückische, verborgene und von langer Hand vorbereitete Tat sowie das lustvolle Beobachten des langsamen, qualvollen Todes ihres Opfers ließen sich leicht mit der dienenden Funktion der Frau vereinbaren. Dass die – für die Gegenwart übrigens nicht mehr nachweisbare – Häufigkeit des von Frauen verübten Giftmords viel praktischere Gründe haben könnte, war als Erklärung zu simpel. Doch als Köchin und Krankenpflegerin in der Familie oblagen der Frau die Verwahrung und Zubereitung der Speisen und damit auch die Bewahrung der Vorräte vor Schädlingen. Sie ging daher regelmäßig mit Giften um, hatte diese im Haus oder konnte sie, ohne Verdacht zu erregen, erwerben. Angewendet wurden die Mittelchen dann durch Hausfrauen und Mütter in der Küche oder am Krankenbett, selbst wenn die zu beseitigenden Schädlinge nicht mehr nur der Flora und Fauna angehörten.

Vorurteile wie diese sind heute aus allen halbwegs ernst zu nehmenden Untersuchungen über weibliche Kriminalität, von Patricia Pearsons »When She Was Bad. How Women Get Away With Murder« (1997) bis Bärbel Balkes »Frauen morden einsam« (1994), verschwunden bzw. treten nur mehr spiegelbildlich auf (Motto: »Die Frau ist Mutter/Ernährerin und daher völlig aggressionslos«). Dennoch halten sich obige Klischees in der Öffentlichkeit und den sie bedienenden Massenmedien hartnäckig.

Der Mord in allen seinen Spielarten ist inzwischen ein anerkannter Teil der globalen Entertainment-Industrie. Serienkiller genießen seit Jahrzehnten Kultstatus und werden in Fanclubs oder im Internet abgefeiert. Mordende Frauen aber können sich nach wie vor einer viel höheren Aufmerksamkeit sicher sein als ihre männlichen Kollegen. Ihre Taten widersprechen der weitverbreiteten Ansicht über ihre prinzipielle Natur: Die Frau schenkt Leben und nimmt es nicht. Immer noch wird sie also an einem Frauenbild gemessen, das gar nicht weit von dem entfernt ist, das die vollbärtigen Herren des 19. Jahrhunderts gezeichnet haben.

Im dritten Jahrtausend gilt die idealistische Vorstellung, dass Gewalt »typisch männlich« sei, aber längst nicht mehr. Zahlen aus den USA belegen, dass Frauen dort nicht nur den überwiegenden Anteil der Kindesmorde begehen, sondern auch mehrheitlich für Gewaltakte gegen Kinder verantwortlich sind. Bei Gewalt gegen Geschwister, Ehegatten und alte Menschen halten sich männliche und weibliche Täter (noch) die Waage. In der politisch korrekten Medienberichterstattung sind solche Fakten allerdings kaum zulässig. Was nicht sein darf, kann nicht sein.

Dass man Geschworene daher nur schwer davon überzeugen kann, dass

Frauen sehr wohl dazu fähig sind, ihre Partner oder den eigenen Nachwuchs »aus niedrigen Beweggründen« zu töten, wissen nicht nur amerikanische Staatsanwälte. Auch einer der bekanntesten deutschen Kriminalfälle der letzten Zeit, die Affäre Monika Weimar, passte nicht in die weitverbreitete Vorstellung davon, wie eine Frau zu sein hat. Man wollte einfach nicht glauben, dass die Angeklagte um ihrer Freiheit willen ihre eigenen Kinder ermorden konnte.

Natürlich gilt die Faszination, die von der Frau als Mörderin ausgeht, auch für dieses Buch. Den vielen Arbeiten und Untersuchungen soll aber keineswegs eine weitere hinzugefügt werden; die Autoren wollen auf diesen Seiten weder neue Theorien entwickeln noch alte aufbügeln. Faszinierend ist vor allem die Person der Täterin; für die Darstellung der Fälle wurde daher die altbewährte Form der Porträtgalerie gewählt. Als Auswahlkriterien dienten ausschließlich das Interesse am Fall, der Tat, der Aufdeckung und den Personen. Wenn bei der Beschreibung schon etwas bewiesen werden soll, dann nur die Tatsache, dass Mörderinnen ihren männlichen Gegenstücken in keinem Punkt des Tathergangs nachstehen. Soweit wie möglich folgen die Berichte immer unmittelbaren Quellen wie Gerichtsakten (soweit vorhanden und zugänglich), zeitgenössischen Presseberichten oder Monografien. Und da Kriminalgeschichte bekanntlich immer auch Sozialgeschichte ist, zeigt jeder der beschriebenen Fälle – auch wenn nicht expressis verbis darauf hingewiesen wird – auch die gesellschaftliche Stellung der betroffenen Frau. Dass dabei viel von der Täterin, wenig dagegen von dem oder den Opfern die Rede ist, liegt in der Natur der Dinge. Die Kriminalistik bemüht sich schließlich um die Klärung eines Verbrechens, wobei es in erster Linie um die Person geht, die die Tat verübt hat.

Zwei frauenspezifische Tötungshandlungen wurden bei der Auswahl allerdings bewusst übergangen. Die Tötung des eigenen Neugeborenen hat fast ausnahmslos soziale oder materielle Gründe, meist beide zusammen: die Angst, das Kind nicht ernähren zu können oder als ledige Mutter sozial diskriminiert zu werden. Dieses Delikt ist zwar sozialpolitisch, aber kaum kriminalistisch relevant, da sich Tat und Tathergang doch in fast allen Fällen sehr gleichen. Aus demselben Grund blieb auch der bekannte »Brotmessermord«, der gewaltsame Befreiungsschlag oder -stich der Frau aus einer unerträglichen Beziehung, ausgespart. Derartige Taten könnten fast als Notwehr gewertet werden; eine Auffassung, die auch die Gerichte inzwischen teilen.

Der Grund, warum zwei Männer dieses Buch geschrieben haben, ist unter anderem in der Statistik zu suchen: Erstens suchen sich Frauen überwiegend Vertreter des anderen Geschlechts als Opfer (beinahe im Verhältnis zwei zu eins), wohingegen Männer ihre Morde gleichmäßig verteilen. Und zweitens zeigt eine aktuelle Studie des deutschen Jugendinstituts (»Ich meine, mit Gewalt kannst du dir Respekt verschaffen«, 2002), dass in der Generation der 15- bis 20-Jährigen die Mädchen inzwischen mindestens ebenso häufig zu körperlicher Gewalt neigen wie die Burschen.

Also: Mann, sei vorsichtig!

Peter Hiess & Christian Lunzer
gegeben zu Wien im Jahre 2002 A. D.

Mütter, Töchter, Ehefrauen

»Erst die Kinder, nur zur Qual«

Der Fall Monika Weimar

Bei diesem spektakulären Doppelmord handelt es sich um einen der bekanntesten und meistdiskutierten Kriminalfälle der jüngeren deutschen Vergangenheit. Die anschließende Verhandlung war ein reiner Indizienprozess, bei dem die Schuld der Angeklagten nach Auffassung der Medien und der Öffentlichkeit keineswegs eindeutig war – trotz der Gerichtsurteile.

Die öffentliche Diskussion bezog sich allerdings kaum auf die Ermittlungsergebnisse und Beweise (die ziemlich klar waren), sondern eher auf die Person der Verurteilten. Ende der 80er-Jahre ging es nicht mehr – wie im Fall Vera Brühne 25 Jahre zuvor – gegen die selbstbewusste und selbständige Frau, die es gewagt hatte, aus dem zeitgenössischen Rollenklischee auszubrechen, sondern um eine Verteidigung von bürgerlicher Ehe und Mutterschaft. Monika Weimar hatte versucht, der Enge der Provinz und den Zwängen einer unerträglichen Beziehung zu entkommen, und dabei etwas getan, was sich garantiert schon Tausende andere Frauen ausgemalt haben.

Als sich allerdings erwies, dass die Angeklagte tatsächlich schuldig war, wollte niemand glauben, dass eine deutsche Frau zu einer solchen Gräueltat imstande sein konnte. Richter und Staatsanwälte sahen sich wieder einmal dem auf Anklägerseite gefürchteten Motto »Was nicht sein kann, darf nicht sein« gegenüber. Dass es vielfach »progressive« Medien waren, die vehement gegen die Entscheidung des Gerichts polemisierten, sollte nachdenklich stimmen. Dass die Verteidiger die dadurch entstandene Stimmung für ihren Wiederaufnahmeantrag nutzten (der allerdings vergeblich bleiben sollte), ist ihnen dagegen nicht vorzuwerfen. Immerhin war es ihre Pflicht, alles Menschenmögliche für ihre Klientin zu tun.

Die traurigen Fakten dieser Affäre werden vielen Zeitungslesern wahrscheinlich noch in Erinnerung sein: Am 4. August 1986, einem Montag, wollte der 34-jährige Reinhard Weimar seine beiden Töchter – die sieben Jahre alte Melanie und die fünf Jahre alte Karola – vom Spielplatz neben seinem Haus in Philippsthal (bei Bad Hersfeld) zum Mittagessen abholen. Doch die beiden Mädchen waren nirgends zu sehen, nur ihre kleine rote Plastikschaufel lag auf dem ansonsten leeren Spielplatz neben der Sandkiste. Der Vater rief nach den Kindern, bekam aber keine Antwort. Auch als er die Straße hinauf- und hinunterlief, konnte er keine Spur der Kinder entdecken. Zu Hause waren die beiden in der Zwischenzeit ebenfalls nicht eingetroffen.
Weimar und seine Frau Monika suchten gemeinsam noch einmal die Umgebung ab – ebenfalls ohne Erfolg. Auch Monikas Schwester Brigitte, die im selben Haus wohnte, wusste über den Verbleib der Kleinen nicht Bescheid. Sie war es dann, die gegen 13.30 Uhr die Polizei verständigte, weil sie das Gefühl hatte, dass irgendetwas geschehen sein musste. Die Mädchen waren ansonsten nämlich so brav und folgsam, dass sie sich ohne ausdrückliche Erlaubnis nie entfernt hätten.
Als die Kinder bis zum Einbruch der Dunkelheit nicht nach Hause gekommen waren, entschloss sich die Polizei zu einer Großfahndung. Bei Scheinwerferbeleuchtung wurde die gesamte Umgebung durchkämmt und das Kanalsystem durchsucht. Die Beamten befragten Passanten, Bewohner und Autofahrer. Sogar Hubschrauber wurden eingesetzt, da der Stadtteil, in dem die Familie wohnte, in der Nähe der Autobahn München-Kassel liegt. Die Suche blieb allerdings ergebnislos, obwohl die Suchtrupps am nächsten Tag durch Einheiten des Bundesgrenzschutzes und Soldaten aus der nahegelegenen US-Kaserne verstärkt wurden. Die Mädchen waren wie vom Erdboden verschluckt. Nach zwei Tagen und zwei Nächten ohne das geringste Resultat wurden die Nachforschungen abgebrochen.
Drei Tage nach der Vermisstenmeldung, am 7. August 1986, entdeckte ein Busfahrer neben dem Parkplatz an der Landstraße zwischen Herfa und Wölfershausen in Nordhessen, 15 Kilometer von Philippsthal entfernt, die Leiche eines Mädchens. Die Tote lag hinter der Straßenbö-

schung, mitten in Brennnesseln und Kletterstauden, und der Busfahrer hatte sie auf den ersten Blick für eine Schaufensterpuppe gehalten. Das Kind trug eine rote Frotteehose und ein ordentlich gebügeltes, weißes T-Shirt; die langen roten Haare waren zu Zöpfen geflochten und mit Haarspangen zusammengehalten. Der Mann benachrichtigte die Polizei, die sofort ahnte, dass sich ihre schlimmsten Befürchtungen bewahrheitet hatten. Das tote Mädchen war Melanie, die ältere der beiden Weimar-Schwestern. Auch die Jüngere wurde bald darauf gefunden – ihre Leiche lag vier Kilometer neben der Landstraße Heringen-Hönebach an einer Waldeinfahrt, im so genannten Bengendorfer Grund.

Die Ermittler konnten bald feststellen, dass die Mädchen nicht an den Fundorten getötet worden waren, sondern mit einem Fahrzeug dorthin gebracht worden sein mussten. Äußerlich waren an den Mädchen keinerlei Anzeichen eines gewaltsamen Todes zu erkennen, vor allem, weil die Verwesung in diesen heißen Sommertagen bereits eingesetzt hatte. Erst die Obduktion verschaffte der Polizei Klarheit über die Tötungsarten: Melanie war laut Bericht der Gerichtsmediziner »behutsam erstickt«, Karola »sanft erwürgt« worden.

Die Kriminalpolizei Bad Hersfeld richtete umgehend eine Sonderkommission ein, da Morde an Kindern in der Bevölkerung naturgemäß besondere Aufmerksamkeit und Angst erregen. Der Obduktionsbericht des Gerichtsmediziners brachte die Beamten von ihrer ursprünglichen Vermutung ab, es hier mit einem Sexualverbrechen zu tun zu haben. Beide Kinder waren unberührt. Auch eine Entführung aus finanziellen Motiven war undenkbar, da die Familie alles andere als wohlhabend war.

So genannte »sanfte« Tötungsarten deuten immer darauf hin, dass zwischen Täter und Opfer eine Beziehung bestanden hat. Der oder die Mörder hatten den Geschwistern »nicht weh tun« wollen, obwohl sie ihnen aus irgendeinem Grund das Leben nahmen. Die Sonderkommission musste ihre Suche also auf Personen beschränken, die mit den Kindern näher bekannt gewesen waren. Aus diesem Grund wurden – so unangenehm das auch sein mochte – die trauernden Eltern in den recht kleinen Kreis der Verdächtigen aufgenommen.

Wie sich bald herausstellte, war die Ehe von Reinhard und Monika Weimar alles andere als ideal, was auch jeder in der Nachbarschaft wusste. Der 1952 geborene Gatte, ein großer, schwerer Mann mit rotbraunem

Haar und Schnurrbart, hatte Schlosser gelernt und arbeitete unter Tage im Schichtdienst im Kalibergwerk, dem wichtigsten Betrieb von Philippsberg. Seine um sieben Jahre jüngere Frau hatte nach der Handelsschule eine Ausbildung als Krankenpflegerin gemacht. Die beiden hatten einander 1977 kennengelernt und ein Jahr später geheiratet. Nach einem weiteren Jahr brachte Monika ihre erste Tochter zur Welt, die den damals gerade modischen Namen Melanie erhielt; zwei Jahre danach wurde Karola geboren.

Nach außen hin lebte die Familie ein »normales«, unauffälliges Leben in einer kleinen Stadt an der Zonengrenze, wie viele andere auch. Monika Weimar dürfte diese eintönige, begrenzte Existenz jedoch bald zu eng geworden sein. Ihr schwerfälliger und phantasieloser Ehemann konnte nichts gegen die zunehmende Unzufriedenheit seiner Angetrauten tun – im Gegenteil, er konzentrierte sich immer mehr auf seine Arbeit und ging am Abend typisch männlichen Freizeitbeschäftigungen nach: Biertrinken und Kegeln mit Kollegen und Freunden. Die Frau hatte selbstverständlich zu Hause zu bleiben, wo sie sich um Küche und Kinder kümmern sollte. Als Monika ihren Mann bat, nicht so oft auszugehen, sondern die Abende bei ihr zu verbringen, soll er sie geschlagen haben.

Nachdem die Ehefrau eine Teilzeitstelle im nahegelegenen Krankenhaus angenommen hatte, wo sie achtmal pro Monat im Nachtdienst tätig war, schien sich ein kleiner Ausweg aus der häuslichen Misere gefunden zu haben. Das passte Reinhard natürlich gar nicht, also kam es wieder zu Streitereien und Schlägen. Monika sprach von Scheidung, doch ihr Mann wollte sie nicht freigeben. Monika verweigerte sich ihm im Bett und wurde dafür neuerlich verprügelt.

Mit Hilfe ihrer Schwester, die sich gerade von einem amerikanischen Soldaten hatte scheiden lassen, plante sie eine Gegeninitiative. Ab Februar wurden die beiden Frauen Stammgäste der Diskothek »Musikparadies« in Bad Hersfeld, die vor allem von GIs besucht wurde. Dort lernte Monika bald Kevin Pratt, einen vier Jahre jüngeren Berufssoldaten der US-Streitkräfte, kennen. Der Amerikaner sah äußerlich zwar ihrem Mann ähnlich, war aber von völlig anderer Wesensart. Nach drei Wochen der Bekanntschaft kam es zum ersten intimen Beisammensein in dem weißen VW Passat der Weimars, der später noch eine entscheidende Rolle in dem Fall spielen sollte. An diesem Abend soll Monika – wie vor Gericht zur Sprache kam – ihren ersten Orgasmus erlebt haben, was sie naturgemäß noch enger an Pratt band. Es war ihr Liebhaber, der zuerst von Heirat sprach und meinte, Monika solle sich sofort scheiden lassen, um seine Frau zu werden. Dabei verschwieg er aber, dass er selbst in Amerika verheiratet war und drei Kinder hatte. Die Scheidung von seiner Gattin war zwar bereits eingereicht, aber noch nicht ausgesprochen. Reinhard Weimar musste sehr bald vom Verhältnis seiner Frau erfahren haben, unternahm aber nichts. Anscheinend waren ihm die häusliche Versorgung, seine Ruhe, die Kinder und ein geregeltes Leben lieber als eine harmonische Ehe; selbst dann, als Monikas Verhalten längst Ortsgespräch geworden war. Doch auch Monika konnte sich nicht zur Scheidung entschließen, da sie fürchtete, dadurch ihre Kinder zu verlieren. Sie hielt Kevin immer wieder hin, bis dieser ihr ein Ultimatum stellte: Vor seiner Rückversetzung in die USA wollte er eine klare Entscheidung.

Am 2. August kam es zwischen dem Liebespaar zu einem handfesten Krach. Monika kam zu spät in die Disco und sah, dass Kevin dort mit einem anderen Mädchen flirtete. Um ihn zu provozieren, tanzte Monika mit anderen amerikanischen Soldaten. Kevin verließ daraufhin wütend das Lokal und warf seiner Freundin die Goldkette, die sie ihm geschenkt hatte, vor die Füße. Die beiden versöhnten sich zwar wieder, doch Kevin drohte ihr, sie wegen des Mädchens aus der Diskothek zu verlassen, falls sie nicht binnen einer Woche die Scheidung eingereicht haben sollte.

Das Begräbnis der beiden Mädchen am 10. August zeigte ebenfalls, wie sehr die Ehe der Weimars bereits zerrüttet war. Die Eltern der ermordeten Kinder standen in deutlichem Abstand zueinander am Grab; Monika ließ sich nicht von ihrem Mann, sondern von ihrem Schwager stützen. Noch am selben Abend zog Reinhard aus dem gemeinsamen Haushalt aus und übersiedelte zu seinen Eltern.

Am 12. und 15. August erhielt Monika dann zwei merkwürdige Briefe. Beide waren anonym aufgegeben und in offensichtlich verstellter Handschrift verfasst worden. Im ersten der Schreiben hieß es: »Das ist die Strafe! Es tut mir Leid um die Kinder, aber es musste sein.« Im anderen Brief stand: »Erst die Kinder, nur zur Qual. Jetzt bist du dran! Von wem der Auftrag kam, kannst du dir denken!«

Handelte es sich dabei etwa um Briefe des Täters? Viel Sinn ergaben sie allerdings nicht – es sei denn, man bezog sie auf Reinhard Weimar. Sollte mit den beiden Schreiben der Verdacht auf ihn gelenkt werden? War er etwa der Auftraggeber der Morde? Schon die von Monika verfasste Todesanzeige hatte eine höchst merkwürdige Zeile enthalten: »Vater, wenn die Mutter fragt, wo sind unsere Kinder, dann sage ihr, dass sie im Himmel sind.«

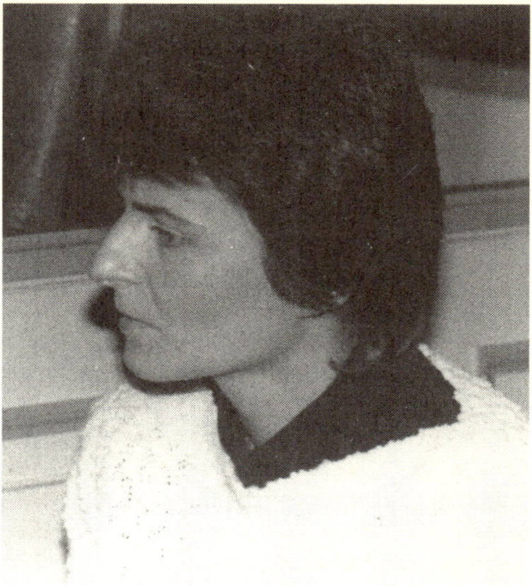

Monika Weimar: Die Kinder waren im Weg

Die Suche nach dem Mörder und einem möglichen Motiv außerhalb der Familie war längst an einem toten Punkt angelangt, als ein Zeuge die Ermittlungen endgültig in Richtung der Eltern lenkte. Er gab an, am 4. August (also dem Tag, an dem das Verbrechen verübt worden war) einen weißen Passat auf dem Parkplatz stehen gesehen zu haben, neben dem später die Leiche Melanies gefunden wurde. Aussagen dieser Art sind generell wenig zuverlässig; zudem musste es ja einige weiße Passats in der Gegend geben. Aber der Zeuge war sich seiner Sache absolut sicher.

Der Wagen der Weimars wurde daraufhin beschlagnahmt und der Spurensicherung übergeben. Die Beamten fanden auf der Fußmatte neben dem Fahrersitz Textilfasern, die eindeutig von der roten Frotteehose Melanies und der gelben Strickhose Karolas stammten. Unter dem Fahrersitz konnten Pflanzenteile – Kletten – sichergestellt werden, wie sie an den Fundorten der beiden Leichen wuchsen. (Die Polizei hatte vorsorglich ein botanisches Register der beiden Plätze angelegt.) Kletten hatten sich auch in den Haaren der Leichen gefunden, neben Fasern, die von den Sitzbezügen des Passats stammten. Die Schlussfolgerung war klar: Die Kinder mussten, beide schon tot, mit dem familieneigenen Auto zu

den Auffindungsorten ihrer Leichen gefahren worden sein. Damit kamen nur mehr ihre Eltern bzw. einer der beiden als Täter in Frage. Wer war am fraglichen Tag mit dem Passat gefahren?
Reinhard und Monika Weimar wurden noch einmal zum Verhör ins Polizeipräsidium Bad Hersfeld geladen, um ihre Aktivitäten am 4. August genau zu rekonstruieren.
Reinhard sagte aus, dass er am Sonntagabend noch mit den Kindern ferngesehen habe; danach seien alle drei gegen 22 Uhr schlafen gegangen. Als er am Montag um 10.30 Uhr vormittags aufstand, seien die Kinder und seine Frau schon weg gewesen. Monika sei dann kurz vor 12 Uhr von irgendwelchen Besorgungen heimgekommen und habe ein Mittagessen für vier Personen zubereitet. Erst als sie fertig gewesen sei, habe er sich auf den Weg zum Spielplatz gemacht, wo sie die Mädchen vorher angeblich abgesetzt hatte. Das Auto habe er nicht benützt und es auch danach nicht gereinigt. Seine Frau aber, so erinnerte er sich genau, habe es am Tag darauf, also am Dienstag, außen gewaschen und auch innen gesäubert.
Monika berichtete den Beamten der Kriminalpolizei, dass sie nach der Auseinandersetzung und der darauffolgenden Versöhnung mit ihrem Liebhaber am Sonntag mit ihren Töchtern baden gewesen sei. Dann habe sie den beiden noch etwas zu essen gemacht und sie zum Schlafengehen gewaschen und angezogen. Die Mädchen seien mit ihrem Vater vorm Fernseher gesessen, als sie am Sonntag gegen 9 Uhr abends das Haus verlassen habe, um sich wieder mit Kevin zu treffen. Sie sei erst am frühen Morgen zurückgekehrt, etwa um 3.20 Uhr, und da hätten ihr Mann und die Kinder bereits geschlafen.
Am Montagvormittag habe sie den Kindern das Frühstück zubereitet und sie spielen geschickt. Anschließend sei sie mit dem Passat zur Post in die Stadt gefahren, um Geld für ihre Mutter aufzugeben. Kurz nach 11 sei sie dann wieder zu Hause gewesen. Monika Weimar bestritt jedoch vehement, das Auto gewaschen zu haben – das habe vielmehr ihr Mann getan. Ahnte die Frau, dass die Kriminalisten deshalb so auf dieser Frage bestanden, da nur der Täter daran interessiert gewesen sein konnte, mögliche Spuren im Auto zu beseitigen?
Bei den anschließenden Verhören blieb Reinhard in seiner schwerfälligen Art exakt bei seiner ersten Aussage, wohingegen Monika sich in Widersprüche verwickelte.
Für die Staatsanwaltschaft waren die Indizien gegen Frau Weimar eindeutig und ihr Motiv stärker. Als der Schriftsachverständige noch dazu nachwies, dass die beiden anonymen Schreiben eindeutig von ihr selbst stamm-

ten, wurde sie am 29. August mit der Anschuldigung, aus niedrigen Motiven ihre Kinder getötet zu haben, in Untersuchungshaft genommen.
Am Morgen des nächsten Tages verlangte sie dringend, einen der Ermittler zu sprechen. Was sie diesem aber erzählte, war ganz und gar nicht das erwartete Geständnis. Ihre grauenerregende Aussage gab dem Fall eine völlig neue Wendung. Die Frage, ob die Tatverdächtige dies beabsichtigt hatte – worauf die seltsame Todesanzeige und die zwei anonymen Briefe eigentlich hindeuteten –, spaltete nicht nur die Öffentlichkeit, sondern auch die untersuchenden Kriminalbeamten und das Gericht in zwei einander heftig bekämpfende Lager.
»Ich kam in der Nacht zum 4. August zwischen drei und halbvier nach Hause«, erzählte Monika Weimar dem Beamten. »Mein Mann saß in gebeugter Haltung am Fußende von Karolas Bett. Er war total verstört und weinte. Als ich ihn so sah, habe ich sofort vermutet: Mit den Kindern muss etwas passiert sein. Zuerst ging ich zu Melanie. Ich packte sie am Arm, schüttelte sie. Sie lag da und bewegte sich nicht … Dann ging ich rüber zum Bett von Karola. Auch sie habe ich am Arm gepackt und geschüttelt. Sie lag genauso regungslos. Mir wurde klar, dass die Kinder nicht mehr lebten …«
Dann sei sie wieder ins Schlafzimmer gelaufen und habe eine Flasche Bier, die ihr Mann offenbar hatte stehen lassen, umgeworfen. Sie sei außer sich gewesen und habe nur mehr auf dem Bett sitzen und weinen können. Den Kindern sei nicht mehr zu helfen gewesen. Draußen habe sie dann ein Auto wegfahren gehört, aber mit Sicherheit nicht ihres. Nach kurzer Zeit sei der Wagen wieder zurückgekommen und ihr Mann habe sich wieder im Schlafzimmer aufgehalten. »Jetzt kriegt keiner von uns beiden die Kinder«, habe er gesagt. Und auf ihre Frage »Wohin hast du sie gebracht?«, habe er nur geantwortet: »Auf den Parkplatz Richtung Wölfershausen.« Danach sei er ins Bett gegangen.
Monika habe noch die Toilette aufgesucht und sich dann neben ihren Mann ins Bett gelegt, wo sie wegen seines lauten Schnarchens aber nicht einschlafen habe können. Gegen 10 oder 10.30 Uhr sei sie alleine aufgestanden und zur Post gefahren, um Geld für ihre Mutter aufzugeben. Dann habe sie den Parkplatz aufgesucht, an dem ihr Mann in der Nacht angeblich die beiden toten Kinder abgelegt hatte. »Melanie habe ich gesehen«, sagte sie. Sie habe ihre Tochter, die mit dem Gesicht nach oben im Gebüsch lag, sofort an ihrer Haarfarbe erkannt. »Karola habe ich aber nicht gefunden.«
Danach sei sie wieder nach Hause gefahren und habe Mittagessen ge-

kocht. Und das ganze Theater mit dem Spielplatz und ihrer Schwester, die die Polizei verständigen musste, habe sie nur veranstaltet, um Reinhard zu schützen. Die anonymen Briefe habe sie später geschrieben, um verhört zu werden und dabei endlich die Wahrheit sagen zu können.

Monikas neue Version der Ereignisse deckte tatsächlich alle bisher gefundenen Indizien ab, von den Textilfasern und Kletten im Wagen bis hin zu den Fasern des Autoteppichs in den Haaren der kleinen Leichen. Sie erklärte zudem, warum der VW Passat der Familie am Fundort der Toten gesehen worden war, und gab eine – wenngleich etwas holprige – Erklärung für die beiden Briefe.
Reinhard Weimar, der am Abend des 3. August mit den Kindern allein gewesen war, hätte genug Zeit für die Tat gehabt. Als Vater hätte er auch für die »sanfte Tötungsart« verantwortlich sein können. Und vor allem hatte er ein Motiv: Monikas Untreue und die Möglichkeit, durch eine Scheidung nicht nur die Frau, sondern auch die Kinder zu verlieren. Waren dem ansonsten so phlegmatischen und passiven Mann an diesem schicksalshaften Abend doch die Sicherungen durchgebrannt?
Ein wichtiges Detail, das ihre Geschichte unglaubwürdig machte, hatte Monika allerdings vergessen: Die Mädchen waren in ihren Tageskleidern und mit sorgfältig frisierten Haaren gefunden worden. Wenn sie tatsächlich nach 21 Uhr getötet worden waren: Wer hatte sie wann umgezogen? Leider war diese Einzelheit auch den Untersuchungsbehörden anfangs nicht aufgefallen. Staatsanwalt Sauter jedenfalls glaubte Frau Weimars Geschichte, enthaftete sie und ließ ihren Mann festnehmen.
Aber war Monikas Story wirklich plausibel? Wieso hatte sie so ruhig reagiert, als sie die toten Kinder fand und ihren Mann als Mörder erkennen musste? Warum war sie nicht sofort auf ihn losgegangen? »Ich fühlte mich mitschuldig an der Geschichte, wegen meines Verhältnisses mit Kevin«, hatte sie auf diese Frage entgegnet. Doch warum hatte sie, eine ausgebildete Krankenschwester, nicht wenigstens versucht, den Kindern zu helfen oder die Rettung gerufen? Auch darauf wusste sie eine Antwort: »Mir war eben klar, dass die Kinder tot waren und ihnen nicht mehr zu helfen war.«
Wieso hatte sie sich aber dann neben den Mörder ihrer Kinder ins Bett gelegt und die ganze Nacht, bis in den späten Morgen, darin ausgehalten? Aus welchem Grund hatte sie Reinhard mit einer so ausgeklügelten Insze-

nierung schützen wollen? Und wie war es möglich, dass sie ihre ältere Tochter tot und allein im Unkraut hatte liegen lassen, wo das Kind Wind, Wetter und Tieren ausgesetzt war? Diese Fragen blieben unbeantwortet.
Reinhard Weimar wurde sofort verhört und mit den Erklärungen seiner Frau konfrontiert. Er blieb jedoch stur bei seiner Aussage, nach dem Ende der Fernsehsendung die Kinder ins Bett gebracht und sich selbst schlafen gelegt zu haben. Als er gegen 10.30 Uhr am nächsten Morgen erwacht sei, wären die Kinder weg gewesen, von seiner Frau angeblich auf den Spielplatz gebracht. Doch was war mit den Erinnerungslücken und Bewusstseinstrübungen, die er im Vorjahr angeblich gehabt hatte? Konnte es nicht auch diesmal so gewesen sein, dass er nicht mehr gewusst hatte, was er tat? Herr Weimar bestritt derartige Anfälle zunächst, räumte dann aber ein: »Wenn ich überhaupt etwas mit der Sache zu tun haben sollte, dann muss es wohl so gewesen sein.«
Für die Polizei war dies Geständnis genug, aber nicht für den Untersuchungsrichter Hermann Tuchow, der Reinhard enthaften ließ. Damit standen die Behörden vor einer wohl einmaligen Situation in der deutschen Justizgeschichte. Staatsanwalt Sauter hielt nach wie vor Reinhard für den Mörder. Für die Kriminalpolizei in Bad Hersfeld kam hingegen nur Monika als Täterin in Frage, da sie ein in der Kriminalgeschichte bekanntes Motiv hatte. Schon die Gräfin von Orlamünde hatte ja ihre zwei Kinder umgebracht, um – von »Altlasten« befreit – den Burggrafen von Nürnberg zum Mann zu bekommen; eine Tat, die sie seither als spukende Weiße Frau büßen muss. Allerdings waren Monika Weimars Töchter nie als Hindernis angesprochen worden, auch von ihrem Liebhaber nicht.
Die Polizei konnte noch ein weiteres Indiz gegen Monika Weimar beibringen. Als die Frau am 4. August von ihrer Fahrt zur Sparkasse zurückgekommen war, hatte die Windschutzscheibe ihres Autos ein Loch. »Ein überholender LKW hat mit einem Stein die Scheibe kaputtgemacht«, sagte sie ihrem Mann und auch der Polizei. Spezialisten, die den Wagen untersuchten, stellten jedoch fest, dass das Loch durch einen Stoß von innen verursacht worden sein musste. Daraufhin lieferte die Verdächtige eine neue Erklärung: Beim Geschlechtsverkehr mit Kevin, in der Nacht zum 4. August, habe sie in Ekstase mit dem Fuß die Scheibe durchstoßen und sich geschämt, das zuzugeben. Als sie von der Polizei ersucht wurde, diese Stellung vorzuführen, gelang ihr das nicht. War es möglich, dass eines der Kinder im Todeskampf die Windschutzscheibe durchschlagen hatte?

Im Frühherbst des Jahres 1986 waren beide Hauptverdächtigen nach wie vor auf freiem Fuß. Bereitwillig gaben sie Zeitungen, Fernseh- und Radiosendern, die sich mit dem Fall Weimar bereits über die Sauregurkenzeit gerettet hatten, ausführliche Interviews. Monika war dabei eindeutig im Vorteil: Sie wirkte eloquent, war nicht kamerascheu und verstand es bestens, sich als liebende Mutter in Szene zu setzen. Reinhard Weimar dagegen sah im TV schwerfällig und dumpf aus, wusste den Journalistenfragen selten mit zusammenhängenden Antworten zu begegnen und konnte sich nur schwer artikulieren. Dass die behördlichen Untersuchungen durch das Medienspektakel kaum erleichtert wurden, versteht sich von selbst.
Staatsanwalt Sauter, der sich nach Ansicht seiner Vorgesetzten zu sehr in die Theorie verbissen hatte, dass doch Reinhard der Mörder sei, wurde abgelöst. Sein Nachfolger sah die Fakten anders. Am 27. Oktober 1986 ließ er Monika erneut unter Mordverdacht verhaften. Die Anklage beschuldigte die Frau, ihre beiden Kinder Karola und Melanie »heimtückisch und aus niedrigen Beweggründen« umgebracht zu haben, weil sie für ihren Geliebten, dem sie sexuell hörig gewesen sei, frei sein wollte.
Der Geschworenenprozess am Landgericht Fulda begann am 23. März 1987. Staatsanwalt Wachter war der Ankläger; Monika Weimar wurde von den jungen Rechtsanwälten Wolf-Rüdiger Schultze und Ulrich Daehn verteidigt; Klaus Bormuth fungierte als vorsitzender Richter. Reinhard Weimar, inzwischen geschieden, nahm mit seinem Anwalt als Nebenkläger an der Verhandlung teil.
Während der Verhandlung konnten keine neuen Indizien vorgelegt werden. Auch die Zeugenaussage Reinhards, der von seiner Exfrau im Gerichtssaal wieder beschuldigt wurde, ihr »das Liebste, das sie hatte«, genommen zu haben, brachte keine neuen Aspekte. Er leugnete entschieden, jemals Blackouts gehabt zu haben, und die Ärzte bestätigten, dass solche Gedächtnislücken in seinem Fall auch medizinisch unwahrscheinlich seien.
Als prozessentscheidend galt die Antwort auf die Frage, wann genau die Kinder ermordet worden waren. Hatte die Tat in der Nacht stattgefunden, dann musste – oder konnte – Reinhard der Täter sein; waren die Morde aber am Vormittag begangen worden, kam nur Monika Weimar als Schuldige in Frage.
Um 3 Uhr in der Nacht von Sonntag auf Montag hatten beide Kinder noch gelebt. Dieser Zeitpunkt ergab sich durch die Aussage der Tante Brigitte, die später die Vermisstenmeldung abgegeben hatte. Sie wohnte Tür an Tür mit den Weimars, wusste von Monikas Eskapaden und hatte

Karola um etwa 3 Uhr weinen gehört. Also war sie nach drüben gegangen und hatte dem Kind die nasse Unterwäsche gewechselt. Um 3.20 Uhr aber war Monika, ihrer eigenen Aussage nach, von ihrem Treffen mit Kevin zurückgekommen.
Für den Mord an den Kindern wären dem Vater daher nur knappe 20 Minuten zur Verfügung gestanden. Eine derart kurze Zeit machte erstens einen Affektmord, eine plötzlich verübte Aggressionstat des ansonsten so ruhigen Mannes, unwahrscheinlich. Nach dem Mord hätte er dann – die toten Kinder waren ja in ihrer Tageskleidung gefunden worden – beide noch umziehen und frisieren müssen. Wie Rekonstruktionen ergaben, war dies alles innerhalb eines solchen Zeitraums kaum zu bewerkstelligen. Außerdem hätte Reinhard sicher nicht gewusst, wie er die Kinder anziehen sollte und wie Melanies lange Haare zu Zöpfen geflochten werden mussten. Er hatte das noch nie getan, weil solche Aktivitäten stets Sache der Mutter gewesen waren.
Entscheidend für den weiteren Verlauf der Verhandlung war jedoch, dass der Staatsanwalt Zeugen gefunden hatte, die beide Kinder noch am Vormittag lebend gesehen haben wollten. Schon am 8. August, also nur wenige Tage nach der Tat, hatte die Großmutter der Kinder bei der Polizei angegeben, ihre Enkelinnen am Vormittag des Mordtages gesehen und mit ihnen gesprochen zu haben. Sie habe Monika Briefmarken gebracht, da sie ja auf die Postbank fahren wollte, und dabei die beiden Mädchen begrüßt, als sie gerade ins Auto ihrer Mutter eingestiegen seien.
Diese Aussage hatte sie noch zweimal wiederholt, zog vor Gericht allerdings ihre Angaben zurück und behauptete, das alles sei wohl einen Tag früher passiert. An einem Sonntag? Offensichtlich wollte die alte Frau, die erst jetzt die Bedeutung ihrer Aussage erkannt hatte, ihre Tochter schützen. Doch drei weitere Zeugen, Nachbarn der Weimars, blieben bei ihren Angaben. Sie hatten die Kinder noch um 11 Uhr auf dem Spielplatz gesehen, Karola mit der roten Schaufel in der Sandkiste und Melanie auf der Schaukel.
Auch die Angaben der Gerichtsmediziner bestätigten, dass die Mädchen am Vormittag noch gelebt haben mussten. Im Magen Karolas, der »reichlich« gefüllt war, fanden sich Milch und halbverdaute Reste von weizenhaltigen Backwaren, vermutlich von Brötchen. Monika hatte in ihrer ersten Aussage bestätigt, ihren Kindern noch ein Frühstück vorgesetzt zu haben.
Wenn sich Publikum und Presse von der Zeugenaussage Kevin Pratts den Höhepunkt des Prozesses erwartet hatten, wurden sie enttäuscht. Er

war eigens aus Amerika eingeflogen worden, hatte aber nichts Wesentliches zur Sache beizutragen. Die Kinder seien nie zwischen ihnen gestanden, sagte er, und er glaube eigentlich nicht an die Schuld der Frau. Die Frage, ob sie ihm geschlechtlich hörig gewesen sein könnte, konnte Kevin Pratt nicht beantworten, da er den Begriff nicht verstand. Die psychiatrischen Sachverständigen lehnten eine eventuelle Hörigkeit als Mordmotiv ebenfalls ab, da so etwas in unserer sexuell aufgeklärten Zeit nicht mehr möglich sei. Ansonsten wollten sie sich aber, wie üblich, nicht allzu genau festlegen. Für sie stand fest, dass es sich um eine typische Beziehungstat handle, aber welchem der beiden Eheleute sie eher zuzutrauen wäre, darüber wolle und könne man kein Urteil wagen.
Im Schlussplädoyer forderte der Staatsanwalt einen Schuldspruch und lebenslänglich, die Verteidiger plädierten auf Freispruch. Monika Weimar bezeichnete sich in ihrem Schlusswort entschieden als unschuldig und versuchte erneut, ihren Exmann zu belasten.
Am 8. Januar, nach neun Monaten Verhandlungsdauer, verkündete Vorsitzender Bormuth das Urteil der Geschworenen. Monika Weimar wurde in beiden Fällen des heimtückischen Mordes schuldig gesprochen und zu lebenslanger Haft sowie zur Erstattung der Prozesskosten verurteilt. Die anwesenden Zuhörer bejubelten den Urteilsspruch »lebenslang« mit stehendem Applaus und Bravorufen. Als man die »Amihure« (wie sie laut Zeitungsberichten von der aufgebrachten Bevölkerung gern genannt wurde) nach dem Prozess aus dem Hinterausgang des Gerichts brachte, begann die schaulustige Menge zu stoßen und zu drängen, als wären die Zeiten der Lynchjustiz wieder gekommen. »Die sollte man gleich erschießen!«, riefen empörte alte Damen, oder: »Da kommt die Sau!«

Bei der Presse und anderen Prozessbeobachtern löste das Urteil einige Überraschung aus, da sie einen Freispruch erwartet hatten. Immerhin war bekannt, dass die Hauptbelastungszeugen – die drei Nachbarn, die die Kinder auf dem Spielplatz gesehen hatten – seit Jahren mit den Weimars verfeindet waren. Der Richter sagte auch nach dem Prozess noch zweifelnd, Reinhard Weimar habe sicher »das bessere Motiv« gehabt, während seine Frau die Kinder allem Anschein nach geliebt und sich möglicherweise »in großer Not« befunden habe. »Wie dem auch sei«, fügte er dann eilig hinzu, »sie hat ihre Kinder getötet.«
Die Rechtsanwälte Daehn und Schultze kündigten unmittelbar nach der

Verhandlung an, Revision beim Bundesgerichtshof einlegen zu wollen, weil das Urteil »gegen alle Denkgebote« verstoßen habe. »Wenn jetzt die Verteidigung die Unschuld der Mandanten beweisen muss, dann sehe ich Gefahr für unser Land«, meinte Ulrich Daehn. Der Revisionsantrag wurde jedoch am 17. Februar 1989 vom Zweiten Strafsenat des Bundesgerichtshofes verworfen.

Im November 1992 beantragte die im Gefängnis Frankfurt-Preungesheim inhaftierte Monika Böttcher (Frau Weimar hatte nach der Scheidung wieder ihren Mädchennamen angenommen) eine Wiederaufnahme des Verfahrens auf Grund eines neuen Fasergutachtens; ihr Antrag wurde abgelehnt. Eineinhalb Jahre später, im Mai 1994, ließ wiederum das Bundeskriminalamt ein Gutachten erstellen, demnach die Fasern auch durch gewöhnliche Kontakte übertragen worden sein könnten. Dazu kam, dass sowohl eine Bekannte Reinhard Weimars als auch ein Hobbydetektiv aussagten, der Vater habe ihnen privat den Mord an seinen Kindern gestanden. Doch auch das reichte für die Schwurgerichtskammer des Landgerichts Gießen nicht aus, das Verfahren wieder aufzunehmen.

Erst am 4. Dezember 1995 ereignete sich eine sensationelle Wendung im Fall Weimar: Das Oberlandesgericht Frankfurt hob das Urteil wegen einer möglichen neuen Beweislage auf; die Beschuldigte kam nach neunjähriger Haft wieder frei und wartete auf ihren neuen Prozess. Dieser begann im Juni 1996 im Landgericht Gießen. Monika Böttcher schwieg beharrlich zu dem Vorwurf, ihre Töchter getötet zu haben; Reinhard Weimar hielt sich in der Psychiatrie auf und war verhandlungsunfähig. Nach Anhörung aller Gutachter und neuen Entlastungszeugen wurde die Frau am 24. April 1997, nach 55 Verhandlungstagen, freigesprochen. Das alte Urteil war somit aufgehoben.

Am 25. September desselben Jahres, am letzten Tag der gesetzlichen Frist, reichte die Staatsanwaltschaft ihrerseits eine neue Revision ein, weil es beim zweiten Prozess zu diversen Rechtsverletzungen gekommen sei. Im November 1998 ordnete der deutsche Bundesgerichtshof eine erneute Wiederaufnahme an. Die dritte Verhandlung begann am 2. September 1999 in Frankfurt und endete kurz vor Weihnachten wieder mit einem Schuldspruch.

Monika Weimar wurde ein weiteres Mal zu lebenslänglicher Haft verurteilt. Ob diese juristische Farce damit ein Ende gefunden hat, das wissen wohl nur die Herren Anwälte.

Alles für die Liebe

Der Fall Violette Nozière

Zu behaupten, Violette Nozière wäre von ihren Eltern verzogen worden, ist wahrscheinlich noch untertrieben. Ihr Vater Baptiste war Lokomotivführer bei der Eisenbahngesellschaft Paris-Lyon-Méditerranée; er hatte sich dort vom Mechaniker und Heizer zu einem verantwortungsvolleren Posten emporgearbeitet und war unter anderem mit der Aufgabe betraut, den Zug mit dem Präsidenten der Republik zu führen. Die Mutter, Germaine, stammte aus Neuvy-sur-Loire. Baptiste war ihr zweiter Mann, nachdem eine frühe Ehe mit einem Jugendfreund wegen dessen Trunksucht schnell beendet worden war.

Die Familie wohnte in einer kleinen, aber sehr sorgfältig und bürgerlich eingerichteten Wohnung im Hinterhof von Nr. 9, Rue Madagascar im 12. Pariser Arrondissement, gleich hinter der Arbeitsstätte von Baptiste, dem Gare du Lyon.

Violette, am 22. Januar 1915 geboren, war das einzige Kind des Ehepaars. Das hübsche und intelligente Mädchen, das immer wieder unter Kinderkrankheiten litt, wurde deshalb von den Eltern verzärtelt und bekam so gut wie jeden Wunsch erfüllt. Sie sollte es einmal besser haben und die Chance erhalten, dem kleinbürgerlichen Milieu zu entkommen. Die Eltern beschlossen, dass ihre Tochter das Gymnasium besuchen würde und schrieben sie 1927 ins Lycée Sophie Germain im 4. Arrondissement ein. Aber Violette erkrankte neuerlich und wurde zwecks Erholung zur Großmutter in Neuvy geschickt.

Sie war knapp 13 Jahre alt, sah aber wie 16 aus. Groß und schlank, mit schmalen Hüften, kleinen Brüsten und einem süßen, eher pikanten als schönen Gesicht entsprach sie genau dem Schönheitsideal ihrer Zeit. Es war kein Wunder, dass sie der männlichen Dorfjugend von Neuvy und den Sommerfrischlern aus Paris auffiel. Violette ließ sich bewundern, spielte gern bei den Flirts mit und war auf allen Sommerfesten zu finden, wo sie sich bis in die frühen Morgenstunden amüsierte. Dass sie dabei ihre Großmutter und die Eltern, wenn letztere zu Besuch kamen, täuschen musste, gehörte mit zum Spiel. Sie hatte offiziell nur bis Mitternacht Ausgang und musste, wenn sie länger ausbleiben wollte, durchs Fenster ihres ebenerdigen Zimmers ins Haus einsteigen.

Als sie wieder in Paris war, setzte sie das angenehme Spiel in der Großstadt fort und verdrehte den beiden Knabengymnasien in der Nähe ihrer Schule kollektiv die Köpfe. Zahlreiche Liebesbriefe wurden ausgetauscht, die natürlich prompt den Lehrern in die Hände fielen. Als sich die Direktorin bei den Eltern beschwerte, redete sich Violette gekonnt heraus. Für sie war das alles noch ein Spiel, das erst ernster wurde, als ihre ältere Freundin Madeleine Debizes ihr von den Freuden der körperlichen Liebe vorschwärmte. Violettes erster Versuch mit dem Jugendfreund aus Neuvy verlief jedoch alles andere als erfreulich. Madeleine riet dennoch zum Weitermachen und Violette suchte sich einen neuen Partner, den Nachbarssohn aus der Rue Madagascar, Raymond Rierciadelli. Doch auch mit ihm stellten sich das versprochene Glück und die ersehnte Befriedigung nicht ein.

Immerhin wusste sie jetzt genau, was die Männer wollten, und sie lernte sehr schnell, was sie dafür zu geben bereit waren. Die Schule interessierte sie nicht mehr, viel wichtiger war es, die neuen Erfahrungen in die Tat umzusetzen. Natürlich wussten die Eltern nichts davon, da Violettes Arsenal an Ausreden und Entschuldigungen dementsprechend perfekt war. Als sie im Sommer 1931 aus der Schule geworfen wurde – im Abgangszeugnis stand »faul, hinterhältig und schamlos« –, verstand sie es, ihren naiven Eltern ein Komplott der Lehrer einzureden, das entstanden sei, weil sie dem Mathematikprofessor nicht zu Willen gewesen wäre.

Daraufhin wechselte sie die Schule und besuchte fortan das Fenelon-Gymnasium in St. Germain de Près. Das Quartier Latin der 30er-Jahre war für Violette das ideale Einsatzgebiet. Es wäre sicher falsch gewesen, sie als Prostituierte zu bezeichnen, doch sie verwendete sich selbst und zahlungswillige Männer, um sich all das leisten zu können, was sie – oder man – damals für notwendig hielt, um ein gutes Leben zu führen.

Die Eltern glaubten nach wie vor an den Schulbesuch ihrer Tochter. Ihre Mutter holte Violette jeden Tag ab, wobei es dem Mädchen gelang, sich unter ihre Kolleginnen zu schmuggeln, die gerade die Schule verließen, obwohl sie vorher den ganzen Tag auf den Boulevards oder in Kaffeehäusern verbracht hatte. Das ganze Viertel wusste um ihr Treiben, und als es endlich doch auch ihren Eltern zu Ohren kam, wurde Violette mit Fernunterricht und Hausarrest bestraft. Daher erfand sie eine Freundin, Jeanette Déron, die angebliche Schwester ihres Hausarztes. Mit ihrer Hilfe schaffte sie es immer wieder, der engen Häuslichkeit zu entfliehen.

Dabei war Violettes körperlicher Zustand gar nicht gut und sie konnte einen Arzt tatsächlich gut gebrauchen. Sie litt unter Kopfschmerzen, Fieberanfällen und – besonders schrecklich – an schwerem Haarausfall. Dr. Déron dachte an Tuberkulose und ließ Blutproben untersuchen. Über das Ergebnis erschrak selbst er: Syphilis.

Violette konnte ihn dazu überreden, die notwendige Mitteilung an die Eltern so unverfänglich wie möglich zu halten. Der Arzt attestierte ihr eine unverletzte Jungfernschaft und behauptete, dass die Syphilis ererbt sei und wahrscheinlich eine Generation übersprungen habe. Auch wenn man ihr zu Hause glaubte und Dérons Zeugnis für die Wahrheit nahm – das alte, blinde Vertrauen der Eltern in ihr Kind war zerbrochen.

Violette wusste, dass sie ihr bisher so leichtes und spielerisches Leben wohl nicht mehr auf diese Art fortsetzen würde können. Ihr Vater hatte ihr strengste Überwachung angedroht, und solche Maßnahmen passten ihr ganz und gar nicht ins Konzept.

Am 23. März 1933 erwarb sie in der Apotheke Laurent in der Avenue Deaumesnil das Schlafmittel Somenal, ein Röhrchen mit 30 Tabletten. Somenal war eigentlich das beliebte Präparat Veronal, nur unter einem anderen Namen und damals rezeptfrei erhältlich. Die Pillen zerstieß Violette zu einem Pulver, das sie in zwei kleine Papiertütchen füllte. Am Abend legte sie das Mittelchen zu Hause den Eltern vor. Sie behauptete, dass Dr. Déron ihnen das Medikament verschrieben habe. Sie müssten es nach dem Essen einnehmen, um eine Ansteckung mit der Syphilis zu verhindern. Beide schluckten das scheußlich schmeckende Pulver brav und fielen fast sofort in Tiefschlaf – die Dosis war ja reichlich genug bemessen. Violette küsste ihre Eltern und die Nachbarin Mme. Mayeul hörte noch, wie sie sagte: »Mama, Papa, schlaft ihr?« Dann verließ sie Wohnung und Haus.

Um 2 Uhr morgens wurde Monsieur Mayeul aus dem Schlaf gerissen. Violettes panische Stimme war aus der Nebenwohnung zu vernehmen:

»Hilfe, Papa, es brennt, es brennt!« Der Nachbar eilte auf den Gang hinaus, doch seltsamerweise war mittlerweile alles wieder ruhig. Mayeul legte sich also wieder ins Bett. Zehn Minuten später ertönte ein trommelndes Klopfen an seiner Wohnungstür. Draußen stand eine verstörte Violette im Nachthemd und sagte: »Kommen Sie bitte! Hilfe! Mama atmet nicht mehr!«

In der Wohnung brannte der Vorhang, der das Vorzimmer vom Schlafzimmer der Eltern trennte. Baptiste Nozière lag mit dem Gesicht nach unten vor dem Vorhang. Offenbar hatte er versucht, ihn wegzureißen, bevor er das Bewusstsein verloren hatte. Seine Frau lag, offenbar ebenfalls bewusstlos, angezogen auf dem Bett. »Ein Kurzschluss, ein Kurzschluss«, stammelte Violette. Mayeul löschte das Feuer und holte Feuerwehr und Rettung. Baptiste kam bald wieder zu sich, doch Germaine musste, immer noch ohnmächtig, ins Krankenhaus eingeliefert werden. Diagnose: schwere Rauchgasvergiftung.

Eine kurze Untersuchung durch die Feuerwehr und den Nachbarn, der Elektriker war, konnte keine Ursache für einen Kurzschluss feststellen, doch weiter nachgeforscht wurde nicht. Germaine wurde am 4. April aus dem Spital entlassen. Die Familie bedankte sich mit einer Flasche Wein beim Ehepaar Mayeul, aber vom Genuss des Roten wurde allen schlecht – nur Violette nicht, die keinen Schluck zu sich genommen hatte.

Nach einem kurzen Genesungsaufenthalt, den Violette mit ihrer Mutter auf dem Lande verbrachte, kehrte sie wieder in ihre gewohnten Jagdgründe zurück, die Bars und Cafés von Montparnasse und St. Germain, wo sie ihrer einzigen und wahren Liebe begegnete: Jean Dabin. Der junge Mann war Student der Rechtswissenschaften, groß, schlank und ganz nach der neuesten Mode gekleidet. Er trug Zweireiher mit breiten Schultern, übergroßen Revers und schmaler Taille, Krawatte und Stecktuch, dazu die gerade modischen breiten Schuhe mit dicker Kreppsohle. Dabin kam offenbar aus wohlhabendem Haus, hatte gute Manieren und war charmant, verkörperte also all das, was Violette so gefiel und was sie selber gern sein wollte.

Sie hatte bei ihren Ausflügen schon bisher mit einer fiktiven Biografie gearbeitet und diese baute sie nun für ihren Jean noch weiter aus. Ihr Vater avancierte darin zum Chefingenieur der Eisenbahn, die Mutter zur Direktrice des Modesalons Paquin und sie selbst war dort als Designerin tätig.

Eine Woche nach dem ersten Rendezvous erfuhr sie, dass ihre Syphilis ausgeheilt war; in einem Hotelzimmer liebten sie und Jean sich daraufhin zum ersten Mal. Violette war glücklich. Der Mann, den sie liebte,

hatte es auch geschafft, ihr erstmals körperliche Befriedigung zu schenken. Sie wusste, dass sie ihn nie mehr verlieren wollte, selbst dann nicht, als sich herausstellte, dass es mit der Wohlhabenheit des Jus-Studenten nicht so weit her war und seine Biografie ebenso wie die ihre erfunden war. Auch sein Vater war als Stationsvorstand des Vorortebahnhofs Ivry nur ein kleiner Eisenbahnbeamter und das Taschengeld von 200 Francs reichte bei weitem nicht für modische Kleidung, Bars und Hotelbesuche. Violette wusste Abhilfe. Sie beschaffte das notwendige Geld auf gewohnte Weise und verdiente mit ihrem Körper jeden Tag 20, 30 Francs, die sie Jean Dabin gab. Der beglich damit die gemeinsamen Rechnungen, benützte das Geld aber auch bald für seine eigenen Bedürfnisse.
Als Vater Baptiste einen Unfall hatte und ins Krankenhaus musste, durchsuchte Violette die elterliche Wohnung, fand aber nur wenig Bargeld, das sie gerade jetzt so dringend nötig gehabt hätte. Sie und ihr Liebster wollten nämlich in die Ferien fahren, doch dazu war laut Jean ein Wagen nötig, und zwar ein Bugatti, der selbst gebraucht mindestens 10 000 Francs kostete. »Die bringe ich dir«, versprach Violette, »weil ich dich liebe.«

Es herrschte Sommer in Paris und die reichen älteren Herren waren auf Sommerfrische gefahren. Einer ihrer Kunden gab Violette 200 Francs für das Begräbnis ihres Vaters, für das sie angeblich dringend Geld brauchte. Zu Hause entdeckte sie das Geldversteck von Baptiste, der in Wahrheit immer noch im Krankenhaus lag. Sie musste den Schlafzimmerschrank aufbrechen, um an die Finanzreserve zu kommen, und brachte die 400 Francs sofort zu Jean. Aber damit war der Bugatti noch lange nicht finanziert – und die Zeit drängte, da ihr Freund in wenigen Tage mit seinen Eltern in die Bretagne musste. Violette versprach, ihm zu schreiben und poste restante Geld zu schicken. Dann würden sie beide in die Ferien fahren können, im Luxusauto, wie sich das gehört, direkt an die Cote d'Azur.
Im Elternhaus gab es jedoch mittlerweile ernsthafte Probleme. Baptiste war aus dem Spital zurückgekehrt, hatte den Diebstahl entdeckt und Jeans Briefe aus der Bretagne abgefangen. Wegen des aufgebrochenen Schranks hatte Violette eine großartige Ausrede parat: Sie hätte das Geld gebraucht, um ihre Visiten bei Dr. Déron zu bezahlen, und Papa sei ja nicht da gewesen. Und Jean, na ja, der sei halt ein Studienkollege, der unsterblich verliebt in sie sei. Aber für sie sei das nicht Ernstes. Damit gelang es ihr wieder einmal, ihre naiven Eltern zu beruhigen.

Violette Nozière: Luxus mit vollem Körpereinsatz

Am 21. August frühstückte die Familie zusammen. Violette spielte mit ihrem Vater bis nach Mittag Karten, dann verließ sie das Haus, um mit ihrer alten Freundin Jeanette, der fiktiven Schwester Dr. Dérons, auszugehen. Dagegen hatten die Eltern nichts einzuwenden, und dass sie sich aus der geheimen Kasse im Schrank wieder einmal mit 100 Francs bedient hatte, merkten sie erst, als Violette schon längst weggegangen war. In der ihr schon vertrauten Apotheke kaufte sie neuerlich Somenal, diesmal gleich zwei Röhrchen, und in einer anderen Apotheke noch eine Portion, dazu ein Fläschchen mit Bittersalz. Dann setzte sie sich in ein Café in der Rue de Charenton und zerdrückte wie einige Monate vorher die Pillen zu Pulver, das sie in zwei mitgebrachte Säckchen füllte. In ein drittes, aus anderem Papier, füllte sie nur Bittersalz, zeichnete ein Kreuz darauf und schrieb sodann einen langen, glühenden Liebesbrief an Jean. Für einen zweiten Brief verstellte sie ihre Schrift: »Sehr geehrte Frau Nozière! Verzeihen Sie bitte, dass ich Ihnen bisher nicht geschrieben habe. Ich war mir über das, was sie mir bezüglich Ihres Gatten geschrieben haben, nicht im Klaren; aber ich schicke Ihnen drei Päckchen. Den Inhalt dieser Päckchen müssen Sie vor dem Schlafengehen einnehmen. Mein Freund, den ich in Sables d'Olonne getroffen habe, ist Professor Lacassé aus Lille; er ist sehr berühmt als Professor für Kopfschmerzen. Ich schicke Ihnen diese Medikamente gratis und es wird Sie überhaupt nichts kosten. Wenn Sie diese Päckchen nicht nehmen, wird das schwere Folgen haben. Mein Freund und ich werden alles tun, um bei Ihrem Gatten eine Besserung herbeizuführen. Vor allem sehen Sie zu, dass Violette das Päckchen mit dem Kreuz darauf nimmt, denn ihre Stirnhöhlen sind in einem sehr schlechten Zustand. Sehr herzlich, Ihr Dr. Henri Déron.«

Mit dem Brief und den Päckchen in der Tasche – die Dose, in der sich das Bittersalz befunden hatte, war in der Toilette des Cafés zurückgeblieben – kam Violette um halb 7 Uhr nach Hause in die Rue Madagascar zurück. Dort war die Stimmung im Keller.

»Setz dich, dein Vater hat mit dir zu reden.« Die Begrüßung war nicht besonders freundlich. Baptiste fragte nach den fehlenden 100 Francs. »Ja, Papa, die habe ich genommen«, sagte Violette. Leugnen war ohnehin sinnlos. »Als Honorar für Dr. Déron«, brachte sie ihre alte, schon bewährte Ausrede vor.

»Und was ist das?«, Baptiste legte ihr den letzten der abgefangenen, glühenden Liebesbriefe Jean Dabins vor.

»Jean ist mein Freund, eigentlich mein Verlobter. Wir wollen heiraten.«

Und dann schilderte Violette ihren Auserwählten mit so beredter Begeisterung, wie sie ihn wahrscheinlich selbst sehen wollte – als Sohn aus wohlhabendem Hause und erfolgreichen Studenten mit besten Aussichten. Die Eltern glaubten ihr. Baptiste verlangte nur noch, dass sie einen Brief an Jean schreiben sollte, in dem er um eine schriftliche Erklärung gebeten wurde, welche Absichten er ihr gegenüber habe und wann er bei ihren Eltern vorstellig werden wolle.

Das Abendessen verlief beinahe wieder harmonisch. Man freute sich über die strahlende Zukunft Violettes und die Mutter erzählte ihr, man habe gut für sie vorgesorgt – eine Mitgift von 5000 Francs liege bereit. Doch da lag immer noch der Brief von Dr. Déron auf dem Tisch. Die

Eltern lasen ihn, hatten jedoch berechtigte Zweifel an seinem Inhalt. Der Vater wollte das Pulver von einem Apotheker untersuchen lassen, und Violette musste diesem Vorschlag wohl oder übel zustimmen. Aber das Schicksal meinte es nicht gut mit Baptiste: Auf dem Weg zur Apotheke traf er einen alten Freund, unterhielt sich etwas zu lange mit ihm und stand dann vor einer verschlossenen Ladentür. Als er wieder zu Hause war, nahmen also alle drei die Pulver in den Säckchen zu sich – Germaine allerdings nur wenig, da es gar zu scheußlich schmeckte. Das Schlafmittel wirkte ziemlich langsam. Baptiste erzählte Violette gerade von seiner Ehe, als seine Worte immer schwerfälliger wurden, bis er schließlich am Tisch zusammensank.

»Mama, komm!«, sagte Violette. »Papa ist schlecht.« Gemeinsam gelang es den Frauen noch, Baptiste ins Bett zu bringen, dann wurde auch der Mutter übel und sie musste sich hinlegen. Violette behauptete ebenfalls, todmüde zu sein. Doch sie wartete geduldig ab, bis ihre Eltern das Bewusstsein verloren hatten. Dann nahm sie ihrer Mutter die Geldbörse mit 1000 Francs ab, stöberte im Schrank und fand das Lohnsäckchen des Vaters, das noch einmal 2000 Francs enthielt. Als sie mit ihren Erledigungen fertig war, zog sie den Vorhang vor die Tür, damit niemand von draußen das Röcheln hören konnte, und verließ das Haus.

Um 3 Uhr morgens nahm sie sich ein Zimmer im Hotel de la Sorbonne, wo sie ihre erste Liebesnacht mit Jean verbracht hatte.

Wenige Stunden später, um 8 Uhr früh, war Violette schon wieder auf den Beinen. Sie brachte ihrer Freundin Madeleine sieben geliehene Francs zurück, verabredete sich für den Abend mit ihr und schrieb einen Rohrpostbrief an die Eltern, in dem sie ankündigte, dass sie mit Jeanette zu Abend essen würde. Dann ging sie einkaufen und erwarb um fast 1000 Francs Kleider und Schmuck. Seltsamerweise schrieb sie nicht an Dabin und schickte ihm auch kein Geld.

Mit Madeleine besuchte sie abends das Palais de Café und dann das Coupole. Am Boulevard Montparnasse wurden die beiden Mädchen von zwei flotten jungen Herren, angeblich Diplomaten, zu einem Ausflug in den Bois de Boulogne und anschließend ins Tabarin eingeladen. Schon um 1 Uhr wollte Violette aber – ganz anders als sonst – nach Hause und ließ sich mit dem Auto hinfahren.

Als sie das elterliche Schlafzimmer betrat, erschrak sie. Die Körper ihrer

Eltern hatten sich nach ihrem Abgang letzte Nacht offensichtlich bewegt. Die Mutter lag jetzt vor dem Bett, die Arme nach ihrem Mann ausgestreckt, als wollte sie ihm zu Hilfe kommen. Baptiste atmete nicht mehr und war eindeutig tot, wohingegen Germaine noch schwach Luft holte. Sollte ein gemeinsamer Erstickungstod glaubhaft wirken, so musste Violette beide in ihre Betten ins Schlafzimmer bringen. Mit der Mutter hatte sie keine Probleme, doch der Vater war zu schwer, weshalb sie ihn auf der Liege in der Küche liegen ließ. Der Polster und der obere Teil der Decke waren blutgetränkt. Als sie ihr grausames Werk verrichtet hatte, riss die treusorgende Tochter den Gasschlauch heraus, öffnete den Hahn und verließ die Wohnung.
Um genau 2 Uhr morgens klopfte es heftig an die Tür von Monsieur Mayeul. Wieder stand draußen Violette, verzweifelt und im Nachthemd. »Hilfe, kommen sie bitte schnell«, rief sie. »Es riecht so nach Gas bei uns.«
Mayeul folgte Violette. Beim Betreten der Wohnung machte er kein Licht, da der Funke eine Explosion auslösen hätte können. Er drehte den Gashahn zu und sah im Schein der Hoflampe den leblosen Körper Madame Nozières. Als Feuerwehr und Rettung eintrafen, fanden sie im Esszimmer die Leiche Baptistes; für Germaine bestanden noch Überlebenschancen. Sie wurde ins Krankenhaus gebracht, wie schon vor einigen Monaten.
Der Polizei wurde bald klar, dass es sich hier weder um eine Gasvergiftung noch um gemeinsamen Selbstmord der Eheleute handelte. Wie man am Zähler ablesen konnte, wäre die ausgetretene Gasmenge viel zu gering gewesen; zudem fanden sich im Blut der bewusstlosen Frau kaum Spuren von Kohlendioxid. Die Ärzten stellten fest, dass es sich um eine andere Art von schwerer Vergiftung handeln musste, aber erst Baptistes Autopsie erbrachte Klarheit: Veronal. Das Schlafmittel fand sich auch in den kleinen Tüten, die in der Wohnung sichergestellt wurden. Als Frau Nozière zum ersten Mal wieder das Bewusstsein erlangte, war sie nicht fähig, die Ereignisse zu erklären. Und Violette sprach nur vom Selbstmord ihrer armen Eltern.
Noch bevor Germaine gegen ihre Tochter aussagen konnte, entfloh diese in einem unbewachten Augenblick. Sie wusste, dass man sie im Quartier Latin suchen würde, und begab sich daher ans andere Seine-Ufer. Nachdem ein Rendezvous mit einem der beiden Diplomaten fehlgeschlagen war, verbrachte sie die erste Nacht auswärts bei einem Jazz-Schlagzeuger. Der Mann finanzierte ihr zwei Nächte in einer Pension und schenkte ihr

noch 15 Francs. Am nächsten Tag lernte sie in einem Kaffeehaus Monsieur Alfred Roland kennen – Gewinn: 100 Francs. Die Nacht vom 27. auf den 28. August brachte ihr noch einmal dieselbe Summe ein. Beim Flanieren auf den Champs-Élysées ließ sie sich von einem sehr elegant gekleideten, sichtlich wohlhabenden jungen Mann – also genau ihrem Typ – ansprechen und vereinbarte mit ihm ein abendliches Treffen. Da der betreffende Herr aber Zeitung gelesen hatte, das Gesicht seiner Verabredung ihm irgendwie bekannt vorkam und sein Vater den Polizeipräsidenten gut kannte, benachrichtigte er diesen direkt. Violette wurde verhaftet, als sie am vereinbarten Ort, in der Brasserie de la Bière Brune in der Avenue de la Motte Picquet, eintraf.

In der Untersuchungshaft verfasste Violette Nozière eine längere schriftliche Beschreibung ihrer Tat, die sich nicht in allen Punkten mit den erhobenen Tatsachen deckte, und machte mysteriöse Andeutungen über einen fremden Willen, der sie bei ihrem Tun beherrscht und dazu getrieben habe. Weiters behauptete sie, sie hätte nur ihren Vater töten wollen, nicht aber die Mutter. Eine Gegenüberstellung mit Germaine im Krankenhaus verlief so dramatisch, dass der Staatsanwalt sie abbrechen musste. Am 6. September wollte Violette den Untersuchungsrichter sprechen und präzisierte vor ihm, warum sie ihren Vater umbringen hatte wollen. Sie habe ihn nicht nur wegen seiner strengen Vorschriften gehasst, sondern aus einem viel schwerwiegenderen Grund: Schon seit ihrem zwölften Lebensjahr sei sie laufend von ihm missbraucht worden. Die Mutter stritt dies natürlich empört ab.

Violettes Behauptung war zwar nicht beweisbar, blieb aber im Gedächtnis der Öffentlichkeit, die den anschließenden Prozess gierig verfolgte, haften und wurde auch geglaubt. Ein so hübsches, unschuldig wirkendes Mädchen aus gutbürgerlichem Hause konnte doch unmöglich derart böse Dinge getan, sich Männern gegen Geld angeboten und sogar die eigenen Eltern ermordet haben. Was nicht sein kann, darf nicht sein – diese Haltung tritt bei Verfahren gegen Frauen, vor allem besonders hübschen oder mütterlich wirkenden, oft zutage.

Bemerkenswert war, dass sich auch die intellektuelle Elite Frankreichs – wie auch bei den Schwestern Papin – des Falles annahm. Besonders die Surrealisten ergriffen Partei für das Mädchen und im belgischen Verlag Nicolas Flamel erschien im Dezember 1933 ein Gedichtband, für den unter anderem André Breton, Paul Eluard und René Char Textbeiträge geschrieben und Salvador Dali, René Magritte und Max Ernst Illustrationen beigesteuert hatten. Sie alle glaubten Violette Nozière und sahen in ihr die Personifikation der von spießbürgerlichen Eltern unterdrückten Jugend, die ihre Freiheit sucht. Im Gedicht Benjamin Perets heißt es zum Beispiel:

»Lass mich vergessen, den Papa, das Papachen,
Das mir Gewalt antat …
Und all die schwarzen Spürhunde des Aases
All die Väter, die Richter im roten Ornat
Jagen und hetzen sie
die wie der erste blühende Kastanienbaum ist.«

Die Psychiater, die Violette im Auftrag des Gerichts untersuchten, waren nicht so leicht zu beeindrucken. Sie attestierten ihr volle Schuldfähigkeit. Ihre Lügen seien Zwecklügen, keine pathologische Erscheinung, und Geisteskrankheit könne keine diagnostiziert werden – im Gegenteil, sie sei intelligent, rational, aber außergewöhnlich ichbezogen. Um dem verhassten Milieu zu entkommen, würde sie alles tun und auch vor Mord nicht zurückschrecken, meinten die Experten. Und die Geschichte mit der Ferneinwirkung durch Hypnose sei purer Unsinn.
Am 10. Oktober 1934 begann der Prozess in Paris. Er endete mit einem Schuldspruch und der Verurteilung zum Tode. Dem Verteidiger gelang es, das Urteil in lebenslängliche Kerkerhaft umwandeln zu lassen, indem er an den Präsidenten der Republik, Albert Lebrun, appellierte – denselben Politiker, den der ermordete Vater so oft im Staatszug gefahren hatte. Violette hatte sich in der Zwischenzeit mit ihrer Mutter ausgesöhnt, nahm die Vorwürfe gegen den Vater jedoch erst in einem Brief vom Oktober 1938 zurück. Sie habe alles erfunden, um weniger schuldig zu erscheinen. Ihre Haftstrafe verbrachte sie im Gefängnis von Rennes, aus dem sie bereits am 29. August 1945 bedingt und mit Aufenthaltsverbot für einer Reihe französischer Städte entlassen wurde.
Als sie wieder in Freiheit war, wurde Violette prompt von genau dem kleinbürgerlichen Leben eingeholt, dem sie zu entfliehen versucht hatte. Sie heiratete den Koch Pierre Garnier, den sie im Gefängnis kennengelernt hatte. Mit ihm führte sie eine kleine Pension mit angeschlossenem Restaurant und das glückliche Paar hatte fünf Kinder.
Am 18. November 1966 starb Violette Nozière an Krebs.

Weiblich, ledig, jung sucht ...

Der Fall Belle Gunness

Mr. Asle Helgelein machte sich ernsthaft Sorgen. Sein Bruder Andrew war vor mehr als fünf Monaten abgereist, nachdem er sich seinen Anteil an der gemeinsam bewirtschafteten Farm von ihm hatte ablösen lassen. Immerhin hatte es sich um einen Betrag von 3000 Dollar gehandelt. Da eine solche Summe damals ein kleines Vermögen darstellte, war die Beschaffung des Geldes nicht ohne Schwierigkeiten möglich gewesen.
Begonnen hatte alles mit einer Annonce in der Chicagoer Zeitung »The Skandinaven«, die vor allem von Emigranten aus Nordeuropa gelesen wurde: »Reiche, junge Witwe, Besitzerin einer großen Farm, möchte mit einem Gentleman bekannt werden, der kultiviert und ebenfalls nicht ohne Vermögen ist. Heirat erwünscht.« Asle war die Sache von Anfang an nicht geheuer gewesen, doch Andrew hatte »nur einmal so« auf das Inserat geantwortet, woraus sich binnen kurzer Zeit eine rege Korrespondenz entwickelt hatte.
Die Witwe beschrieb sich selbst als »gute Norwegerin«, die sich einen treusorgenden, guten Gatten wünschte – und einen Mitbesitzer für ihre Farm, »die wohl schönste in ganz Indiana«. Bald darauf rückte sie auch mit ihren monetären Vorstellungen heraus, für die sie äußerst präzise Anweisungen vorbereitet hatte: »Schicke kein Bargeld über die Bank. Banken kann man heutzutage nicht trauen. Wechsle alles Bargeld, das du besitzt, in Noten mit dem höchsten Wert, den du bekommen kannst. Nähe die Banknoten dann so fest wie möglich in deine Unterwäsche ein und sage niemandem etwas davon, keinem Freund und auch keinem Verwandten. Es soll ein Geheimnis zwischen uns sein – und es wird sicherlich nicht unser einziges Geheimnis bleiben ...«

Andrew hatte schon auf Grund der Korrespondenz Feuer gefangen und war auch durch die Bedenken seines Bruders nicht von dem Vorhaben abzubringen gewesen, seine Zukünftige persönlich kennen zu lernen. Seither war er verschollen. Asles Sorgen wuchsen mit jedem Tag, an dem er vergebens auf Nachricht wartete. Nach einer weiteren Woche erfolglosen Wartens schrieb er an die Dame, die sich in den Briefen Bella Gunness genannt hatte, um sich nach seinem Bruder zu erkundigen. Die Antwort, die er bekam, war wenig hilfreich:
»Ich weiß auch nicht, wo Ihr Bruder ist. Ich würde alles Menschenmögliche tun, um ihn zu finden. Vor einiger Zeit verließ er frühmorgens mein Haus, offenbar fröhlich und gut gelaunt, ohne jede Ankündigung, und seit diesem Tag im Januar habe ich keine Spur mehr von ihm. Ich würde bis ans Ende der Welt gehen, um ihn zu finden.
Bella Gunness, McClung Road, La Porte, Indiana.«
Damit konnte sich Asle natürlich nicht zufrieden geben und er beschloss, selbst Nachschau zu halten. Per Brief kündigte er Frau Gunness sein persönliches Erscheinen an. Am 2. Mai wollte er in La Porte eintreffen.
In den frühen Morgenstunden des 28. April 1908 bemerkten die Bewohner von La Porte Feuerschein am Himmel. Die Gunness-Farm stand in Flammen. Einige Nachbarn waren als erste zur Stelle. Joe Maxon, der Knecht, der erst am Vortag seinen Dienst angetreten hatte, stand hilflos vor dem lichterloh brennenden Haus. Frau Gunness und ihre drei Kinder, die Mädchen Myrtle, elf, Lucy, neun, und Phillip, fünf, mussten sich noch im Haus befinden. Doch auch die sofort alarmierte Feuerwehr konnte nicht mehr helfen. Die Farm und der Schweinestall (Frau Gunness hatte sich auf die Zucht dieser Tiere spezialisiert) brannten bis auf die Grundmauern nieder.

Als Polizei und Feuerwehr die noch rauchenden Trümmer untersuchten, machten sie eine schreckliche Entdeckung. Die anfängliche Befürchtung, die Farmerin und ihre Kinder seien im Schlaf vom Feuer überrascht worden und hätten sich nicht mehr retten können, schien sich zu bestätigen. Man fand die verkohlten Überreste einer Frau und drei kleiner Körper. Seltsam war nur, dass der Frauenleiche der Kopf fehlte und die Kinder unter dem ebenfalls völlig verbrannten Klavier lagen statt in ihren Betten. Hatten sie sich ins Wohnzimmer geflüchtet und waren dort in den Flammen umgekommen? Und wo steckte Frau Gunness' Kopf? Nur ihr

Gebiss fand sich im Schutt, völlig unversehrt, und konnte von ihrem Zahnarzt identifiziert werden.
Für Sheriff Al Smutzer, der die Untersuchungen leitete, war alles klar: Frau Gunness und die Kinder waren ermordet worden, der Brand gelegt, um die Spuren zu verwischen. Einen dringenden Tatverdächtigen hatte er auch schon parat: Ray Lamphere, bis vor kurzem Knecht und Lebensgefährte von Frau Gunness, die ihn gegen Ende des vergangenen Jahres plötzlich entlassen hatte. Ihrem Anwalt, bei dem sie am 26. April ihr Testament aufsetzen ließ, hatte sie von ihrer Angst vor der Rache des ehemaligen Helfers erzählt. Lamphere hatte also Motiv, Gelegenheit – denn natürlich kannte er die Farm gut – und außerdem kein Alibi. Er wurde verhaftet und ins Ortsgefängnis eingeliefert.
Am 2. Mai erschien Asle Helgelein, um nach seinem Bruder zu suchen. Viele der Ortsbewohner, die er nach Andrew fragte, konnten sich noch gut an ihn erinnern. Sie hatten ihn oft mit Frau Gunness im trauten Umgang gesehen, doch das war bereits im Winter gewesen. Wo war er jetzt? Asle ging zu Sheriff Smutzer, um den Fall in die Hände der Behörden zu legen.
Die Farm in der McClung Road hatte ohnedies nie einen guten Ruf gehabt. Bevor Mrs. Gunness sie übernommen hatte, war das eher einsam gelegene Haus ein Bordell gewesen, aber auch später war den Ortsansässigen aufgefallen, dass immer wieder Männer zu Besuch waren. Diese Herren schienen jeweils eine Zeitlang ein durchaus intimes Verhältnis mit Belle zu pflegen, bis sie plötzlich nicht mehr gesehen und schnell durch einen Nachfolger ersetzt wurden. Und Ray Lamphere hatte immer wieder seinen Platz im Haus verlassen müssen …
Sheriff Smutzer beschloss, bei seinen Ermittlungen gründlicher vorzugehen. Er organisierte ein großes Sandsieb und befahl seinen Deputies, den Brandschutt sorgfältig zu durchsuchen. Bald kamen Dinge zum Vorschein, die auf die Anwesenheit mehrerer Herren im Haus schließen ließen: Manschettenknöpfe, eine silberne Eisenbahneruhr, Stiefeleisen und ein silberner Pfeifenbeschlag. Der Knecht Joe Maxson machte Asle Helgelein außerdem noch auf die Abfallgrube im Schweinestall aufmerksam. Die beiden beschlossen daraufhin mit Zustimmung des Sheriffs, auch dort nachzuforschen.
Am 5. Mai begannen sie zu graben und schon nach wenigen Schaufeln voll Erde stießen sie auf Männerstiefel, denen ein ekelerregender Geruch entstieg. Trotzdem gruben sie weiter. Sie entdeckten etwas, das in ein großes Öltuch verpackt war, fanden dann zuerst einen Arm und kurz da-

nach die schon in Verwesung begriffene Leiche eines Mannes. Asle erkannte seinen Bruder wieder. Der Tote war zerstückelt worden. Beine, Arme und den Kopf hatte man vom Rumpf abgetrennt und dann, offenbar hastig, in Säcke verpackt und oberflächlich im Schweinestall vergraben. Sheriff Smutzer ließ, eingedenk der Gerüchte, weiter graben. Am Ende des Tages waren vier weitere Tote, zwei Männer und zwei Frauen, gefunden worden – alle zerstückelt und in Säcke gepackt wie der unglückliche Andrew.

Eine der Frauen konnte sofort identifiziert werden. Es musste sich um Jennie Olsen handeln, die 16 Jahre alte Stieftochter von Frau Gunness, die vor zwei Jahren angeblich in ein College in Kalifornien gegangen war. Insgesamt waren am Ende der Woche, nachdem man das gesamte Areal des Schweinestalls durchsucht und umgegraben hatte, die mehr oder weniger vollständigen Überreste von 13 männlichen Leichen gefunden worden. Den Toten Namen zuzuordnen war nur auf Grund von Briefen und Nachrichten von Angehörigen möglich, die wussten, dass Verwandte oder Freunde auf Grund eines Inserats nach Indiana aufgebrochen waren. Sie alle hatten, genau wie Andrew Helgelein, in eine Farm einheiraten wollen und waren bei ihrer Abreise mit genügend Bargeld ausgestattet gewesen.

Unter den identifizierten Männern befanden sich Ole Budsberg, der am 26. April 1907 mit 1800 Dollar aufgebrochen war; der erst vor kurzem aus Norwegen ausgewanderte Olaf Lindblom; Henry Gurholt, der 1905 auf die Heiratsanzeige reagiert hatte; George Barry aus Indiana, der sich im selben Jahr mit 1500 Dollar eingestellt hatte; Herman Konitzer (5000 Dollar); der Eisenbahnbeamte Abraham Philipps aus West Virginia, von dem möglicherweise die gefundene Uhr stammte und der 500 Dollar sowie einen wertvollen Brillantring mitgebracht hatte; Emil Tell aus Kansas (5000 Dollar in Scheinen); weiters Olaf Jensen, Christian Hinckley aus Wisconsin, Charles Nieburg aus Philadelphia, Tonnes Lien aus Minnesota, E. J. Thiefland, John Bunter usw. usf.

Viele Leichen mussten anonym bleiben, wie die der zweiten aufgefundenen Frau oder die eines Knaben, der höchstens 14 Jahre alt gewesen sein konnte, was der Gerichtsmediziner daran sah, dass die Weisheitszähne des Opfers gerade durchzubrechen begonnen hatten.

Ray Lamphere hatte jetzt dringenden Erklärungsbedarf. Im Verhör stritt der Farmarbeiter jedoch alle Mitwisserschaft ab. Nur vom letzten Mord an Andrew Helgelein wisse er. Er sei zufällig dazugekommen, als Frau Gunness gerade in der Küche, in der sie sonst das Futter für die Schweine vorbereitet hatte, die Leiche zerteilt habe. Übrigens sei er auch nicht gekündigt worden, sondern habe seither die Farm aus Angst nicht mehr betreten. Und die Mordtaten seien alle von Belle Gunness alleine begangen worden.
Am 13. November 1908, nach einem langen, heißen Sommer, begann vor dem Bezirksgericht von La Porte der Prozess gegen Lamphere. Die Anklage lautete auf Mord an Belle Gunness und ihren Kindern, Brandstiftung und Beihilfe zum Mord in mindestens 13 anderen Fällen. Lamphere plädierte auf nicht schuldig. Die Verhandlung entwickelte sich, auch dank der Bemühungen des Verteidigers Wirt Worden, weniger zu einem Verfahren gegen den Angeklagten als zu einer Untersuchung gegen Mrs. Gunness. Zuerst gelang der Verteidigung der Nachweis, dass die im Haus gefundene kopflose Leiche nicht mit Sicherheit, wie die Anklage behauptete, die von Gunness sein müsse. Die anthropometrischen Merkmale stimmten nicht überein – die Tote dürfte kleiner und zierlicher gewesen sein –, und ohne den nach wie vor fehlenden Kopf war eine genaue Bestimmung sowieso unmöglich. Das eindeutig identifizierte Gebiss zeigte keinerlei Spuren des Brandes, der das Haus in Schutt und Asche gelegt hatte. War es nachträglich deponiert worden, um eine falsche Spur zu legen? Und wer konnte Interesse an einer derartigen Verschleierungstaktik haben?
Noch zweideutiger waren die Befunde an den drei Kindern. Sie waren unter dem Klavier im Wohnzimmer gefunden worden, wohin sie sich offenbar in Todesangst geflüchtet hatten. Den Gerichtschemikern war es jedoch gelungen, in Gewebeteilen der kleinen Leichen Spuren von Arsen und Strychnin nachzuweisen. Waren die Kinder vorher vergiftet und erst als Tote an diesen Platz gelegt worden? Und wenn ja, von wem?
Verteidiger Worden informierte die Geschworenen ausführlich über das Vorleben von Frau Gunness. Sie war als Brynhild Paulsdatter Storset am 22. November 1859 in Selbu bei Trondheim in Norwegen zur Welt gekommen und 1881 nach Amerika ausgewandert, wo sie anfangs bei ihrer Schwester in Chicago wohnte. 1884 hatte sie ihren Landsmann Max »Mads« Sorenson geehelicht, der als Kaufhausdetektiv tätig gewesen war. Mit ihrem Gatten hatte sie ein kleines Geschäft eröffnet, das erfolglos geblieben und bald unter mysteriösen Umständen niedergebrannt war.

Das Geld von der Versicherung hatte es dem Pärchen ermöglicht, ein Haus im Vorort Austin zu erwerben, das 1898 ebenfalls durch ein Feuer zerstört worden war.

Belle hatte ihrem Ehemann vier Kinder geschenkt; zwei der Kleinen waren allerdings schon in jungen Jahren an akuter Colitis verstorben – wobei die Symptome dieser Krankheit mit denen einer Vergiftung übereinstimmen. Doch auch der Nachwuchs war gut versichert gewesen. Trotz der Todesfälle war Belles Kinderliebe allgemein gerühmt worden; sie hatte sogar Jenny Olsen, ein Mädchen aus der Verwandtschaft ihres Mannes, bei sich aufgenommen – ihre Leiche wurde später unter dem Schweinestall entdeckt. Zudem hatte sie freiwillig in der Sonntagsschule unterrichtet und sich ehrenamtlich um den örtlichen Kindergarten gekümmert.

Leider war Max Sorenson am 30. Juli 1900 (dem einzigen Tag, an dem sich gerade zwei seiner Lebensversicherungspolizzen überlappten) plötzlich und unerwartet verstorben. Ein Arzt hatte Strychninvergiftung diagnostiziert, aber der Fall war dennoch nicht näher untersucht worden, da der Verstorbene an einer Herzkrankheit gelitten hatte, die medikamentöse Behandlung erforderte. Mit den 8500 Dollar von der Versicherung (die der Frau verdrossen nahegelegt hatte, doch endlich die Wohngegend zu wechseln) hatte Belle für sich, Jenny und ihre beiden Kinder die Farm in La Porte gekauft. Dort hatte sie am 1. April 1902 einen gewissen Peter Gunness geheiratet, dessen kleine Tochter bereits eine Woche nach der Eheschließung verstorben war und von dem sie später ihren Sohn Phillip bekommen hatte. Peter hatte wenigstens bis Dezember durchgehalten, bevor er einem seltsamen Unfall zum Opfer gefallen war – angeblich war ihm das schwere Schneideblatt einer Fleischmaschine von einem hohen Regal auf den Kopf gefallen. Und Belle hatte wieder einmal 3000 Dollar Lebensversicherung kassieren dürfen.

Von da an dürfte ihr diese Art des Gelderwerbs jedoch zu riskant gewesen sein, also entwickelte Belle die Idee mit den Heiratsannoncen, die sie vorzugsweise in Zeitungen für norwegische Auswanderer schalten ließ. Die Inserate waren immer in demselben Wortlaut gehalten, der auch Herrn Andrew Helgelein so positiv aufgefallen war. Die Herren waren angereist und hatten anfangs auch einen ganz guten Eindruck gewonnen. Die Farm war gut erhalten und sicher ertragreich, die Farmerin zwar nicht mehr ganz so jung, wie sie angegeben hatte, aber durchaus ansehnlich, mit schönem blonden Haar und einer – dem Zeitgeschmack entsprechend – üppigen und dank eines Korsetts wohlgerundeten Figur.

Sogar Belles Maße waren von einem begeisterten Freier notiert worden: 122 Zentimeter Brust- und 137 Zentimeter Hüftumfang.

Wie es Mrs. Gunness gelungen war, all die Herren, die ja immer einiges an Barmitteln mitgebracht hatten, umzubringen, konnte nur vermutet werden, da Lamphere jede Mitwisserschaft abstritt. Wahrscheinlich hatte sie ihnen in einer Liebesnacht einen Schlummertrunk verabreicht, der Betäubungsmittel enthalten hatte oder vergiftet war. Der nicht geklärte Tod ihres ersten Mannes durch Strychnin und der Befund an den Kinderleichen konnten Hinweise auf diese Methode sein. Anschließend musste sie die Leichen zerteilt und im Schweinestall vergraben haben.
Der Verteidigung gelang es sogar, Zeugen zu finden, die aussagten, sie hätten Belle am Tag vor dem Brand in Begleitung einer Frau gesehen, die kleiner und zierlicher war als sie. War die kopflose Tote etwa diese Unbekannte gewesen?
Die Sensation in dem ursprünglich ausschließlich gegen Lamphere gerichteten Prozess war perfekt. Aller Wahrscheinlichkeit nach war Frau Gunness nicht nur eine äußerst raffinierte Massenmörderin – es war ihr außerdem noch gelungen, mit den mindestens 15000 Dollar, die sie ihren Freiern abgenommen hatte, unerkannt das Weite zu suchen, nachdem sie alle Spuren verwischt, mit Hilfe einer ebenfalls ermordeten Frau ihren Feuertod vorgetäuscht und sich auch der Kinder entledigt hatte.
Ray Lamphere konnte weder wegen Mordes noch wegen Mittäterschaft verurteilt werden, bekam aber eine Gefängnisstrafe von 21 Jahren wegen Brandstiftung; seine Mithilfe an diesem Delikt konnte auch die Verteidigung nicht ausschließen. Im Gefängnis gestand er, bereits todkrank, einem Mithäftling, dass er sehr wohl gewusst habe, dass Belle am Vortag des Brandes eine Landstreicherin, die ihr in Statur und Alter glich, ins Haus gelockt und dort mit der bewährten Axt, mit der auch ihre Freier zerteilt worden waren, ermordet hatte. Den Kopf habe sie danach selbst noch versteckt und das Gebiss sorgfältig hinterlegt. Am 30. Dezember 1909, etwas mehr als ein Jahr nach dem Urteil, starb Lamphere im Staatsgefängnis von Indiana an Tuberkulose. Von Belle Gunness fand man keine Spur – oder doch?
Schon am 29. April, sechs Tage vor Entdeckung der ersten Leichen im Schweinestall, hatte der Schaffner Jesse Hurst angeblich Mrs. Gunness gesehen, wie sie in Decatur, Indiana in den Zug gestiegen war. Eine Frau

aus La Porte wollte sie am 30. April bei einer gemeinsamen Freundin namens Almetta Hay getroffen haben. Als Almetta 1916 starb, kam in ihrem Nachlass ein menschlicher Schädel zum Vorschein. Handelte es sich um den Kopf der Landstreicherin, den Belle dort deponiert hatte?
1931 benachrichtigte die Polizei von Los Angeles ihre Kollegen in La Porte, dass eine gewisse Esther Carlson, angeklagt wegen Mordes am 81 Jahre alten August Lindstrom und ins Gefängnis gesperrt, den Beschreibungen und dem Steckbrief der Gunness entsprechen würde. Sie hätte auch Fotos bei sich, die Bilder der drei toten Kinder sein könnten, doch die Gemeinde von La Porte hatte zuwenig Geld, um einen Sheriff auf eine so weite Dienstreise zu schicken. Esther Carlson starb in der Haft an Tuberkulose, noch bevor ihr der Prozess gemacht werden konnte. Amateurdetektive gingen scharenweise auf Spurensuche, ohne aber nachvollziehbare Resultate liefern zu können.
Das Rätsel um Belle Gunness bleibt deshalb bis heute ungelöst.

Die Mätresse des Präsidenten

Der Fall Marguerite Steinheil

Paris, am späten Nachmittag des 16. Februar 1899: Vor den großen Fenstern des Präsidentenpalasts an den Champs-Élysées war es bereits dunkel geworden. Es war still in dem weitläufigen Gebäude; die Beamten waren alle schon vor einer halben Stunde nach Hause gegangen. Plötzlich ertönten schrille Schreie einer Frauenstimme aus dem Geheimkabinett des Präsidenten. Jean Noget, der Sekretär, der wie üblich die Schäferstündchen seines Chefs bewachte, fuhr aus seinem Sessel auf und lief durch den schmalen Korridor zu dem »La chambre bleue« genannten Zimmer, das nur durch eine verdeckte Tapetentür von den offiziellen Amtsräumen getrennt war. Er fand Félix Faure, den Präsidenten der französischen Republik, leblos auf der Chaiselongue vor dem Kamin, nackt und mit noch deutlich sichtbaren Zeichen sexueller Erregung. Halb über ihm, halb auf dem Boden lag eine noch immer schreiende nackte Frau, die sich verzweifelt von der in ihrem üppigen blonden Haar verkrallten Hand des Politikers zu befreien versuchte.

Monsieur Noget reagierte rasch. Ein leichter Schlag in das Gesicht der Frau ließ sie verblüfft verstummen. Er warf ihr einige der am Boden verstreuten Kleidungsstücke hin und wandte sich dann dem Präsidenten zu. Dieser lag auf dem Rücken und sein Kopf hing über den Rand des Liegebettes hinab. Faures Mund stand offen, die Augen blickten starr zur Decke; weder Puls noch Augenreflex waren festzustellen. Den Präsident hatte der Tod ereilt – offenbar während des Geschlechtsakts mit seiner Mätresse Marguerite Steinheil.

Zuallererst, das war Noget klar, musste die Dame verschwinden. Er führte sie zu einer geheimen Seitentreppe, die durch einen Nebeneingang des

Palasts in die stille Rue du Colisée mündete. Dort wartete eine verdeckte Droschke – dieselbe, die die Frau erst vor wenig mehr als einer halben Stunde hergebracht hatte. Höchste Eile war vonnöten, da Madame Faure jeden Augenblick aus der Präsidentenwohnung über den Amtsräumen herunterkommen konnte. Als der Sekretär wieder im Zimmer angelangt war, brachte er zunächst die Leiche in eine weniger verfängliche Position, ließ dann das von der Dame vergessene Spitzenkorsett verschwinden und schaffte die zwei Champagnergläser fort. Dann benachrichtigte er die Dienerschaft, rief nach einem Arzt und überbrachte die traurige Nachricht schließlich Mme. Faure, die sich in ihre Privaträume zurückgezogen und Gott sei Dank nichts von den Vorgängen bemerkt hatte. Der Arzt bestätigte den Tod durch Herzschlag um etwa 18.30 Uhr, doch die Öffentlichkeit erfuhr erst um 23 Uhr von Kabinettschef La Galle offiziell vom Ableben des Präsidenten. Dabei wurde als Todeszeitpunkt 22 Uhr angegeben. Damit sollte Mme. Steinheil die Möglichkeit eines Alibis gegeben werden. Es war anzunehmen, dass sie um diese Zeit längst zu Hause angekommen war.

Félix Faure, der sechste Präsident der französischen Republik, stammte aus so genannten »einfachen« Verhältnissen. Er war 1841 in Paris zur Welt gekommen und hatte in jungen Jahren das Handwerk der Lohgerberei erlernt. Als Mitglied der Partei der Opportunisten (Wo sind die Zeiten, in denen eine politische Partei ihre Grundsätze schon im Namen so unbefangen deklarieren konnte?!) war er rasch die Erfolgsleiter hinaufgestiegen, zuerst zum Unterstaatssekretär für Kolonialfragen, dann zum Marineminister und 1895 zum Präsidenten, dem höchsten Amt im Staat. Politisch wurde er den Konservativen zugerechnet, die von einer Welt unter der Führung Frankreichs träumten, auch wenn ihre außenpolitischen Versuche in Algier und Ägypten kläglich gescheitert waren, und die vor allem in der berüchtigten Affäre um den angeblichen Landesverrat des Hauptmanns Dreyfus die führende Rolle gespielt hatten. Zwar waren die Anschuldigungen längst widerlegt und Oberst Henry, der die belastenden Unterlagen gefälscht hatte, hatte sich im Gefängnis durch Selbstmord der irdischen Gerechtigkeit entzogen, aber Dreyfus saß immer noch im Kerker der berüchtigten Teufelsinsel Cayenne. Faure gehörte jener Fraktion an, die mit aller Macht die längst fällige Neuaufnahme des Prozesses und die Rehabilitierung des Angeklagten zu verhindern suchte. Kein Wunder, dass schon kurz nach seinem Tod Gerüchte kursierten, die Anhänger der Linken, Freunde von Dreyfus, Freimaurer und Juden, hätten den Präsidenten ermorden lassen. Und bald wusste ganz Paris trotz aller Geheimhaltungsversuche nicht nur, dass es eine Frau gewesen war, die dem Präsidenten den Tod gebracht hatte, sondern auch, um wen es sich handelte:

Marguerite Steinheil – von Freunden »Meg« genannt – war zweifellos eine der schönsten Frauen von Paris. Sie war 29 Jahre alt, stammte aus einer gutbürgerlichen Familie im Elsass und war seit drei Jahren mit dem Maler Adolphe Steinheil verheiratet, der sich mehr durch Geduld und Wegschauen als durch künstlerische Talente auszeichnete. Freilich erzielten seine Bilder hohe Preise, was aber in erster Linie auf die Begabung seiner Frau zurückzuführen war. Ebenso stadtbekannt wie ihre Schönheit waren nämlich ihre sinnlichen Talente und die Zielstrebigkeit, mit der sie sie einsetzte. Präsident Faure hatte sie bei Manövern in den Alpen kennen gelernt; ihrem Mann hatte sie damals befohlen, genau dort seine Staffelei aufzustellen, von wo aus der Präsident die militärischen Übungen beobachten sollte. Bald kam sie regelmäßig in das bekannte blaue Geheimkabinett, wobei es offiziell hieß, sie würde dem Präsidenten bei der Abfassung seiner Memoiren helfen. Ob es diese Memoiren tatsächlich gab oder ob sie nur ein simpler Vorwand waren, konnte nie geklärt werden, was zu einer Reihe von Gerüchten Anlass gab.

Auch wenn der Skandal alle notwendigen Ingredienzen – Macht, Geld, Sex und Geheimnis – gehabt hatte, verschwand er durch die politischen, wirtschaftlichen und sozialen Ereignisse zur Jahrhundertwende bald aus dem Blickpunkt des öffentlichen Interesses. Die Herrschaft nationaler und konservativer Kreise schien, zumindest an der Oberfläche, gebrochen; Dreyfus wurde am 3. März 1904 endlich rehabilitiert; die französischen Sozialisten kamen zum ersten Mal in die Regierung; und die glanzvolle Weltausstellung von 1900 in Paris dokumentierte nachdrücklich die schöne Welt des neuen Jahrhunderts.

Während all der politischen Auseinandersetzungen waren die geheimnisvollen Memoiren Félix Faures mit ihrem möglicherweise brisanten Inhalt nie aufgetaucht. Wenn es sie tatsächlich gab, so mussten sie sich wohl in der Wohnung der Steinheils in der Rue Vaugirard, Impasse Ronsin Nr. 6. im 15. Pariser Arrondissement, befinden.

In ebendieser Wohnung betrat am Pfingstsonntag, dem 31. Mai 1908, mehr als acht Jahre nach den Vorfällen im Elysee-Palast, um 6 Uhr morgens der Diener der Familie, Monsieur Rémy Couillard, die Räume seiner Herrschaft. Ganz gegen die Gewohnheit stand die Tür zum Schlafzimmer der Tochter, in dem ausnahmsweise die Hausherrin Marguerite Steinheil schlief, an diesem Tag offen. Der Diener näherte sich dem Zimmer vorsichtig und als er sich durch ein Räuspern ankündigte, hörte er drinnen im Zimmer leises Stöhnen. Seine Herrin lag gefesselt im Bett, die Beine an die unteren Bettpfosten gebunden, die Hände über der Brust zusammengeschnürt. Neben ihrem Kopf befand sich ein Wattebausch, der offenbar als Knebel hätte dienen sollen. Couillard eilte ihr zu Hilfe, doch die Fesseln schienen ohnehin nicht allzu fest verknotet zu sein; sie seien, so sagte er später aus, fast von selbst abgefallen. Er half der stöhnenden Frau, die jedoch unverletzt schien, aus dem Bett. Zusammen machten sie dann die nächste fürchterliche Entdeckung: An der Schwelle des Badezimmers lag zusammengekrümmt der Hausherr, der nur einen Bademantel trug und mit einer Schnur erdrosselt worden war. Im Schlafzimmer der Steinheil, das sie für diese Nacht ihrer Mutter, Madame Japy, überlassen hatte, lag diese quer über das Bett ausgestreckt. Auch sie war tot, an einem in Äther getränkten Knebel erstickt.

Couillard rief die Polizei, die sofort die Wohnung versiegelte und nach Spuren zu suchen begann. Kommissar Duval befragte so schonend wie möglich die einzige Überlebende des Überfalls, Marguerite Steinheil, die sich bereits merkwürdig gefasst zeigte. »Meine Mutter«, so sagte sie aus, »ist gestern zu Besuch gekommen. Da sich meine Tochter bei Verwandten auf dem Lande aufhält, stellte ich ihr, wie stets in solchen Fällen, mein eigenes, bequemes Zimmer zur Verfügung und schlief selbst im Zimmer meiner Tochter.

Wir gingen etwa um 10 Uhr abends zu Bett, ich wurde aber plötzlich wach, wahrscheinlich infolge eines lauten Geräusches. Licht flammte auf und ich sah vier Menschen im Zimmer, drei Männer und eine Frau, alle in gleich aussehende, lange schwarze Gewänder mit engen Ärmeln gekleidet, wie die Kaftane der Juden, mit breiten schwarzen Hüten. Ein Mann, der auf der linken Seite meines Bettes stand, trug eine Lampe. Er war rothaarig wie auch die Frau, die rechts von mir stand. Sie hielt mir eine Pistole ins Gesicht, und einer der vier fragte nach Geld und meinem Schmuck. Ich deutete auf die Tür zum Salon und flehte sie an, meiner Mutter und meinem Mann nichts zu tun. Die Männer verließen daraufhin das Zimmer, während die Frau mir weiter die Pistole an die Schläfe hielt.

Ich hörte meine Mutter ›Meg!‹ schreien und dann war Stille, schreckliche Stille, in der ich nur die Kirchturmuhr vernahm, die Mitternacht schlug. Die Männer kamen nach einiger Zeit, die mir endlos lang vorkam, wieder. Die Frau riet ihnen, jetzt auch mich zu erledigen, doch einer der Männer widersprach. Was weiter war, weiß ich nicht, denn ich erhielt einen Schlag, der mir die Besinnung raubte. Die Täter müssen durch das Küchenfenster eingedrungen sein, denn dieses steht meist offen.«

Schon Kommissar Duval war klar, dass vieles an dieser Aussage nicht stimmen konnte. Wieso wusste Madame Steinheil beispielsweise, wie die Täter ins Haus gekommen waren? Es gab keinerlei Spuren eines gewaltsamen Eindringens. Das Küchenfenster stand zwar sperrangelweit offen, aber das war keineswegs üblich, sagte der Diener. Und wenn es so hell gewesen war, dass die einzige Überlebende die Kleidung und sogar die Haarfarbe der Täter genau beschreiben konnte, wieso hatte dann einer von ihnen eine Lampe getragen? Diese allein konnte mit Sicherheit nicht genug Licht gegeben haben.

Dem Polizeibeamten waren noch weitere Ungereimtheiten aufgefallen. Woher hat jemand, der seine Mutter und seinen Ehemann in höchster Todesgefahr weiß und selbst mit einer Pistole bedroht wird, die Zeit und die Nerven, die Schläge einer entfernten Kirchturmuhr nachzuzählen? Auch die Aussage Marguerites, sie wäre bewusstlos geschlagen worden, war unglaubwürdig, da die Frau keinerlei sichtbare Verletzung am Kopf aufwies. Zudem waren ihre Fesseln so leicht zu lösen gewesen, dass sie sich sicher aus eigener Kraft hätte befreien können.

Dazu kamen einige Widersprüche zur Tatortaufnahme: Der Knebel, der neben ihr auf dem Bett gefunden worden war und von dem sie sich offenbar selbst befreit hatte, war weder nass von ihrem Speichel noch mit Äther getränkt. Dann war im Zimmer ihres ermordeten Mannes ein Tintenfass umgestoßen worden und Duval hatte am Oberschenkel der Steinheil Tintenflecken gesehen. (Als er bei der Verhandlung aussagte, er habe die Flecken bemerkt, als er die frischgebackene Witwe genauer in Augenschein nahm, sorgte dies für entsprechende Heiterkeit im Auditorium.) Besonders eigenartig war aber, dass die Madame den scharfen und mutigen Wachhund Turque erst vor wenigen Tagen dem Züchter Monsieur Geoffroy zurückgeschickt hatte – angeblich, weil er so schlecht roch, was der Diener jedoch nicht bestätigen konnte.

Trotzdem musste die Polizei zunächst davon ausgehen, dass es sich um einen räuberischen Überfall mit zwei Morden und entsprechend großer Brutalität seitens der unbekannten Täter gehandelt hatte. Es fehlte, entsprechend der Aussage Mme. Steinheils, eine beträchtliche Menge an Bargeld und Schmuck; eine Aufstellung der geraubten Wertgegenstände würde sie so schnell wie möglich der Polizei geben.
Natürlich waren den Behörden die mit Marguerite Steinheil in Zusammenhang stehenden Gerüchte und die politischen Verwicklungen, die der Fall mit sich bringen konnte, wohlbekannt. Polizeidirektor Hamard sah sich daher veranlasst, selbst die Untersuchung zu übernehmen. Er verhörte Mme. Steinheil ein zweites Mal und stellte dabei fest, dass sie die Widersprüche in ihrer Aussage nicht erklären konnte. Auch die Untersuchungen am Tatort brachten keinerlei verwertbare Spuren und Vertrauensleute in der Unterwelt wussten nichts von dem großen Coup. Hamard beschloss daher, die Steinheil überwachen zu lassen. Er selbst wollte sich um ihren Bekanntenkreis kümmern.
Seit der tödlichen Affäre mit dem Präsidenten waren immerhin acht Jahre vergangen, doch Meg war immer noch eine ausnehmend schöne Frau. In ihren Beziehungen allerdings dürfte sie, wohl auch wegen der Sache mit Faure, nie mehr wirklich Erfolg gehabt haben; sie musste sich daher unter ihrem Wert verkaufen. Für ihre Arbeit hatte sie ein kleines, eher schäbiges Landhaus gemietet, wo ihr ihre einzige Vertraute, die Köchin Mariette Wolff, assistierte. Von ihr erfuhr Hamard, dass es mit den Finanzen der Steinheils – entgegen allgemeiner Annahme – gar nicht mehr zum Besten stand. Sie waren der Köchin Löhne schuldig geblieben und auch die Miete für das Landhaus und die Stadtwohnung war mehrere Monate überfällig.
Frau Wolff kannte auch den Namen des letzten festen Liebhabers ihrer Arbeitgeberin: Monsieur Borderel. Der Polizeidirektor besuchte daraufhin diesen würdigen, weißhaarigen alten Herrn, der in einem mit kirchlichen Kunstgegenständen überfüllten Stadtpalais lebte. Borderel gab sein Verhältnis bereitwillig zu und sagte auch, dass Mme. Steinheil ihn durchaus hätte heiraten wollen, was er aber abgelehnt habe, da sie ja noch verheiratet gewesen sei. Daraufhin hätte sie angeboten, sich scheiden zu lassen, aber auch das sei für ihn als Katholiken und Mitglied eines der ältesten französischen Adelsgeschlechter inakzeptabel gewesen. War diese letzte Möglichkeit, sich vor dem offenbar drohenden finanziellen Ruin zu retten, nicht ausreichendes Motiv für einen mehrfachen Mord?

Die Überwachung durch die Polizei brachte schon nach zwei Tagen ein überraschendes und die Steinheil schwer belastendes Ergebnis: Am Dienstag nach dem Raubmord hatte sie einen Juwelier besucht und ihm Ringe zum Kauf angeboten – und zwar eindeutig solche, die auf ihrer Liste der angeblich geraubten Schmuckstücke standen. Hamard legte seine Verdachtsmomente dem Untersuchungsrichter vor, dieser aber zögerte noch. Madame Steinheil hatte nämlich gerade ihren Diener Couillard angezeigt, da er angeblich mit den Räubern unter einer Decke gesteckt und sie eingelassen hätte. Tatsächlich wurde Couillard in Untersuchungshaft genommen, konnte aber ein einwandfreies Alibi für die Tatnacht vorlegen. Endlich – am 27. November 1908, sechs Monate nach der Tat – gab die Untersuchungsbehörde nach und unterzeichnete den Haftbefehl.

Am frühen Morgen des nächsten Tages wurde Marguerite Steinheil in ihrer Wohnung verhaftet und ins Untersuchungsgefängnis Sainte Lazare gebracht. Die Sensation, die diese Neuigkeit in der ganzen Stadt hervorrief, war vorauszusehen gewesen, ebenso die Gerüchte und zahllosen Spekulationen um politische Implikationen. Auch des sagenumwobenen Faure-Manuskripts wurde wieder gedacht.

Die Vorbereitungen für den Prozess dauerten noch fast ein ganzes Jahr. Die Staatsanwaltschaft unter Maître Trouard-Riolle hatte eine scheinbar lückenlose Indizienkette aufgebaut. Laut Anklage hatte Madame Steinheil selbst die Tat begangen oder die gedungenen Mörder eingelassen. Dies sei dadurch bewiesen, dass es weder Spuren für ein gewaltsames Eindringen noch mögliche Zeugen gab und dass sie ihre Tochter und den Wachhund zuvor weggeschickt hatte. Zudem stammten die Mordwerkzeuge – Klingelschnur und Vorhangleine – aus dem Haushalt; zufällige Täter hätten sie in der Dunkelheit kaum finden und verwenden können. Man konnte auch davon ausgehen, dass der Angeklagten ihre Fesseln nur pro forma angelegt worden waren; schließlich gab es keinerlei Indiz dafür, dass sie tatsächlich niedergeschlagen worden war, und auch der Knebel war nicht mit Äther getränkt und angelegt, sondern einfach nur auf dem Bett platziert worden. Das Motiv für die Tat sei Geldgier oder Geldnot gewesen, was die dem Juwelier angebotenen, angeblich geraubten Ringe eindeutig belegten. Und es gab wohl kein besseres Geständnis als ihren Versuch, den unschuldigen Diener der Tat zu bezichtigen.

Verteidigt wurde Mme. Steinheil von Maître Antoine Aubert, dem damals berühmtesten Strafverteidiger Frankreichs. Natürlich vermeldete

die Gerüchtebörse sofort, der Anwalt sei früher Geliebter seiner schönen Klientin gewesen und würde auch sein Honorar in weiblichen Naturalien ausgezahlt bekommen.
Am 3. November 1909 begann der Prozess unter dem Vorsitz des Präsidenten De Vallées im großen Schwurgerichtssaal. Das Interesse des Publikums war – wie zu erwarten – enorm; Eintrittskarten waren auf dem schwarzen Markt nicht unter 1500 Francs zu haben. Und die Verhandlung verlief auch genau so, wie sich Presse und Öffentlichkeit das erwartet und erhofft hatten. Maître Aubin hatte seine Mandantin gut vorbereitet: Sie trug ein zwar altmodisches, aber raffiniert geschnittenes schwarzes Kleid, hatte die Haare nicht blondiert und weiße Schminke aufgelegt.
Den ersten Höhepunkt der Zeugenvernehmung und Beweisaufnahme bildeten die Tintenflecken, die Kommissar Duval am Oberschenkel der Angeklagten bemerkt hatte, den zweiten der Auftritt des Dieners Couillard. Kaum hatte dieser den Saal betreten, als sich Madame Steinheil mit großer Geste vor ihm auf die Knie warf und ihn mit Tränen in den Augen um Verzeihung bat. »Sie sehen«, schluchzte sie, »vor sich eine unglückliche und zutiefst verunsicherte Frau, die unter dem Druck unverdienter Anschuldigungen in ihrer Verzweiflung Dinge getan hat, die sie jetzt selbst nicht mehr versteht und mit aller Kraft ihres Herzens bereut.«
Die Strategie der Verteidigung wurde schnell klar. Jedem belastenden Detail der Staatsanwaltschaft würde sie die These von der verwirrten, unglücklichen, leidenschaftlichen Frau entgegensetzen, eine Rolle, die Marguerite Steinheil direkt auf den Leib geschrieben schien und die sie perfekt verkörperte. Oberstaatsanwalt Trouard-Riolle, der immer sehr bedächtig und um eine Spur zu trocken und intellektuell argumentierte, konnte dagegen wenig ausrichten.
Trotzdem war die Beweiskraft der Indizien so erdrückend, dass die Sache der Angeklagten schon verloren schien, als die Verteidigung nach der ausgedehnten Mittagspause des zweiten Verhandlungstags eine unvorhergesehene Bombe platzen ließ: Madame hatte doch genau und bis in die kleinste Einzelheit die Kleidung der Attentäter beschrieben – so eingehend, dass ihr nicht geglaubt wurde und diese scheinbar erfundene Aussage sogar als Beweis für ihre Schuld galt.
Maître Aubin rief als ersten Zeugen einen Schaffner der Metro, einen gewissen Herrn Villemont, in den Zeugenstand. Dieser sagte aus, er habe am 31. Mai abends in einem Abteil eine Einladungskarte gefunden, die ihm aufgefallen sei, da sie zum Besuch einer Ausstellung von Werken des

Malers Adolphe Steinheil aufforderte. Auf der Rückseite war handschriftlich die Adresse des Kostümverleihs Guilbert am Boulevard Saint-Martin notiert. Die dortige Geschäftsführerin, Mme. Georgette Rallet, gab als zweite Zeugin an, dass tatsächlich am 27. Mai, vier Tage vor dem Mord, drei schwarze Roben und ein Mantel bei ihr entlehnt worden seien. Ausgeliehen wurden die Kostüme vom soeben in Paris gastierenden jüdischen Theater Goldstein und Feinberg, und sie seien bis heute nicht zurückgegeben worden. Theaterdirektor Goldstein wurde als dritter Zeuge aufgerufen und konnte diese Aussage bestätigen – man habe die Kostüme für eine Vorstellung am 28. Mai benötigt. Als man das Stück am 31. Mai wiederholen wollte, fehlten sie jedoch und konnten trotz aller Suche nicht mehr gefunden werden. Sie mussten gestohlen worden sein, aber entgegen der Behauptung der Leihanstalt habe man den Verlust sehr wohl gemeldet.

Damit war, trotz aller Bemühungen des Gerichts, doch wieder die These von der jüdischen Verschwörung ins Spiel gekommen. Das war natürlich Wasser auf die Mühlen der Antisemiten und Wind in den Segeln der Anti-Dreyfusianer, die ihre Niederlage noch lange nicht verwunden hatten. Staatsanwalt Trouard-Riolle hatte sofort eine gelungene Replik parat. Es sei recht seltsam, dass ein Metro-Schaffner sich ausgerechnet an dieses recht bedeutungslose Stück Papier erinnere, wie es ihm wohl Hunderte Male im Laufe eines Tages unterkommen musste, und sich diese Eintrittskarte noch dazu so gut eingeprägt habe, dass er sie eineinhalb Jahre danach mit dem Mordfall Steinheil in Verbindung bringen könne.

Völlig unwahrscheinlich sei auch, dass sich jüdische Verschwörer, wenn es diese überhaupt gäbe, ausgerechnet jüdische Kostüme aus der Garderobe eines hebräischen Theaters besorgen würden. Madame Steinheil hatte auch behauptet, die Täter hätten steife schwarze Hüte getragen; doch gerade die, eigentlich zu den Kostümen gehörig, waren nicht gestohlen worden. Und schließlich: Welches Motiv würde einen derartigen Anschlag rechtfertigen? Es sei doch viel eher anzunehmen, dass die Steinheil, wenn sie schon in allen Details ein so erstaunliches, aller psychologischen Wahrscheinlichkeit widersprechendes Erinnerungsvermögen hatte, selbst an der Inszenierung beteiligt gewesen sein müsse.

Mit dem fehlenden Motiv für einen jüdisch-freimaurerischen Überfall war nicht nur die Politik, sondern mit ihr auch Madame Steinheils Beziehung zu Präsident Faure mit ins Spiel gekommen. Auffallend war, wie sehr sich alle Beteiligten – Gericht, Staatsanwalt und Verteidigung – bemühten, dabei nicht unnötig ausführlich zu werden. Félix Faure hatte seiner Freundin eine überaus wertvolle Perlenkette geschenkt, ihr aber verboten, diese zu tragen oder als Ganzes zu verkaufen. Er sagte, er hätte sie beim Kartenspiel mit einem hohen Adeligen gewonnen, doch die Kette stammte nachweislich aus dem Krönungsschatz der französischen Könige. Hatten die Täter etwa nach dem Schmuckstück gesucht, um Beweise für das korrupte Verhalten des Präsidenten zu finden? Madame Steinheil hatte übrigens einen Großteil der Perlen bereits einzeln verkauft …

Oder war vielleicht das ominöse Manuskript Motiv des Überfalls gewesen? Diese offenbar für alle höchst unangenehme Frage musste nicht mehr erörtert werden, da plötzlich, wie bestellt, mitten in der Verhandlung ein junger Mann aufsprang und sich als tatsächlicher Täter vorstellte. Natürlich handelte es sich nur um einen jener Verrückten, wie sie bei Prozessen mit großer Öffentlichkeit immer auftauchen, doch der Tumult genügte, um die möglichen politischen Aspekte des Falles wieder unter den Teppich zurückzukehren, wo man sie offensichtlich haben wollte.

Der Auftritt der 18-jährigen Tochter Marthe stellte den vorletzten Höhepunkt der Verhandlung dar. Sie war während der Tatnacht zu Verwandten aufs Land geschickt worden, wie immer, wenn ihre Mutter Liebhaber in der Wohnung empfing. Zu den Ereignissen konnte sie nichts aussagen und von einem Streit zwischen ihrer Mutter und ihrer Großmutter, der für die Staatsanwaltschaft ein Motiv für die Mordtat dargestellt hätte, wusste sie nichts. Deutlich wurde nur, dass es zwischen ihr und ihrer Mutter unüberbrückbare Spannungen gab, was allerdings wenig erstaunlich war. Marthe hatte kein einziges Mal während ihrer Aussage zu ihrer Mutter hingesehen und danach wortlos den Saal verlassen, ohne sich noch einmal umzudrehen.

Am Abend des 11. November begann der Staatsanwalt auf Aufforderung des Vorsitzenden sein Plädoyer. Ausführlich legte er alle Indizien gegen Mme. Steinheil dar, wobei er eine fast lückenlose und überzeugende Kette von Details lieferte. Nach einer Verhandlungsunterbrechung fuhr Trouard-Riolle am nächsten Morgen, einem klaren und kalten Wintertag, mit seiner Argumentation fort. Den ganzen Vormittag brachte er damit zu, die Glaubwürdigkeit der von der Verteidigung vorgebrachten Entlastungszeugen in Frage zu stellen und die Theorie von der jüdischen Verschwörung in den ausgeliehenen Kostümen des hebräischen Theaters zu widerlegen.

Den wichtigsten Punkt seines Plädoyers hatte er allerdings auf den Nachmittag verschoben. Er verlas die Aussage des Zeugen Marcel Hutin, die bei der Beweisaufnahme beinahe untergegangen war. Hutin war Reporter und von Madame Steinheil unmittelbar nach dem Mord mit einer privaten Untersuchung beauftragt worden. Er hatte Beweise gegen den Sohn der Köchin, den Pferdehändler und mehrfach vorbestraften Alexandre Wolff, gefunden und diese auch seiner Auftraggeberin vorgelegt. Dass sie damit nicht zur Polizei gegangen war, konnte doch nur bedeuten, dass sie selbst in die Tat verwickelt war. Sie soll Hutin gegenüber sogar erklärt haben: »Der ungeschickte Mörder hat nicht nur meinen Mann, sondern auch meine Mutter getötet.«

Marguerite Steinheils Sache schien zu diesem Zeitpunkt endgültig verloren, als Maître Aubin sein Plädoyer begann. Nachdem er ein möglichst positives Bild seiner Klientin gezeichnet hatte, nach dem mittlerweile hinlänglich bekannten Muster der leidenden, verwirrten Frau, beschränkte er sich darauf, die Schwachpunkte im System der Anklage deutlich zu machen. Zuerst habe die Steinheil die Tat angeblich allein, dann aber doch mit Komplizen begangen; zuerst unabsichtlich, dann vorsätzlich ihre Mutter umgebracht, und zwar mit so brutaler Gewalt, dass sie kaum einem starken Mann zuzutrauen gewesen wäre.

Könnten die Eindringlinge den Raub nicht doch nur vorgetäuscht und die Schmuckstücke irgendwo versteckt haben, um ihre wahre Absicht, das Perlenkollier oder das Manuskript an sich zu bringen, zu verschleiern? Und warum hatte die Polizei die mögliche Täterschaft des Alexandre Wolff nicht weiterverfolgt, wenn sie sich derselben so sicher gewesen sei? War hier nicht vielleicht doch eine jüdisch-freimaurerische Verschwörung am Werk gewesen?

Am Abend des 13. November 1909, kurz nach 7 Uhr, zogen sich die Geschworenen zur Beratung zurück. Fünfeinhalb Stunden später, um 1.45 Uhr nachts, wurde die Angeklagte wieder in den Saal geführt. Den Spruch des Gerichts hörte sie nicht, da sie nach den Anspannungen der letzten Wochen in eine tiefe Ohnmacht gesunken war, aus der sie erst der Tumult im Saal und die Jubelrufe ihrer Anhänger wieder weckten. Sie war freigesprochen worden.

Der Mord an Monsieur Steinheil und Madame Japy konnte nie aufgeklärt worden. Marguerite Steinheil selbst veröffentlichte in England, wohin sie nach dem Prozess ausgewandert war, ihre Memoiren, die jedoch keine neuen Fakten enthielten. Allerdings druckte sie darin einen Brief ihrer Tochter vom 12. März 1910 ab: »Mme. Jousselin hat mir Ihren Brief überbracht, den ich beantworten muss, um Ihnen ein letztes Mal zu sagen, was Sie sich zu verstehen beharrlich weigern. Die Entscheidung, die ich getroffen habe, Sie nie wieder zu sehen, habe ich aus mir selbst und ohne jeden fremden Einfluss getroffen. Sie entspricht einzig und allein meinem Gewissen. Ich bin überzeugt, dass gewisse Bande durch grausame Ereignisse für immer und auf nie wieder gutzumachende Weise zerbrochen werden können. Ich kann die Leiden und den Ruin meines armen Vaters nie vergessen. Sie haben mir immer die Hilfe, um die ich Sie bat, versagt, und mir erst dann Hilfe angeboten, als Sie mein Leben durch Ihre Handlungen vernichtet hatten. Ich bitte Sie, mir nie wieder zu schreiben. Zwischen uns kann es nur das Schweigen zweier Wesen geben, die sich nie gekannt haben.«

Nach Meinung mancher Experten ist die Wiedergabe dieses Schreibens einem späten Schuldgeständnis gleichzusetzen. Ihre Tochter hielt sie für schuldig, der Brief sollte also eine Art indirektes Geständnis an die Öffentlichkeit sein – eine etwas weit hergeholte, psychologisierende These.

Madame Steinheil blieb in England, heiratete dort den wohlhabenden Lord Abinger und starb im würdigen Alter von 86 Jahren 1954 in London. Ihr Tod wurde von den Medien zum Anlass genommen, den Fall neu zu diskutieren und alle alten Verschwörungstheorien wieder aufzuwärmen. Nicht die jüdischen Freimaurer seien es gewesen, die den Überfall inszeniert und den Raubmord vorgetäuscht hätten, sondern wahlweise russische Agenten, deutsche Geheimdienste oder die Anhänger Clemenceaus, des entschiedensten politischen Gegners der Partei Faures, die mit mehr oder weniger Teilnahme Mme. Steinheils nach politischem Belastungsmaterial gesucht hätten.

Eine Theorie, die Privates und Politisches vereint, wurde in der Zeitschrift »Carrefour« vom 28. Juli 1954 veröffentlicht. Danach hätte Marguerite Steinheil einen prominenten Minister in ihrer Wohnung empfan-

gen, als plötzlich der Ehemann, eifersüchtiger als üblich, dazwischengetreten sei. Im Handgemenge habe der stärkere Politiker den Maler erwürgt und auch Mme. Japy, die Schwiegermutter, die durch den Lärm geweckt worden war, getötet. Ein eilig herbeigerufener Magistratsbeamter und ein Polizist hätten dann die Szene präpariert, um den Skandal zu vertuschen.
Diese These klingt nicht unwahrscheinlich, wird sich aber – nach fast 100 Jahren – ebenso wenig beweisen lassen wie alle anderen Theorien.

Doppelmord in Fall River

Der Fall Lizzie Borden

»Lizzie Borden took an axe,
And gave her mother forty whacks.
When she saw what she had done,
She gave her father forty-one.«
amerikanischer Kinderreim

Es war ein brütend heißer Augusttag in Fall River, Massachusetts. Bridget Sullivan, das irische Dienstmädchen der Familie Borden, ruhte sich gegen 11 Uhr in ihrer Dachbodenkammer von der vormittäglichen Arbeit aus, als sie plötzlich von unten die aufgeregte Stimme der 32-jährigen, noch bei ihren Eltern lebenden Tochter Lizzie hörte: »Komm schnell herunter! Vater ist tot. Irgendjemand muss ins Haus gekommen sein und ihn umgebracht haben!«
Bridget stürmte die Treppe hinunter und wurde an der Tür zum Wohnzimmer bereits von Lizzie erwartet. Als sie einen Blick in den Raum werfen wollte, wo sich ihr Arbeitgeber Andrew Borden keine halbe Stunde zuvor zu einem Schläfchen hingelegt hatte, verweigerte ihr Lizzie den Zutritt und wies sie an, über die Straße zu laufen und Dr. Bowen, den Hausarzt der Familie, zu holen. Eine Minute später war das Dienstmädchen wieder da und meldete, dass der Arzt unterwegs sei, aber so schnell wie möglich kommen würde. Die nicht besonders schockiert wirkende Tochter des Verstorbenen beauftragte sie daraufhin, ihre alte Freundin Alice Russell zu holen, damit sie nicht ganz allein im Haus sein müsse.
»Miss Lizzie, wo waren Sie denn, als das passiert ist?«, stellte Bridget daraufhin die Frage, die im Lauf der kommenden Monate noch oft gestellt

und höchst unterschiedlich beantwortet werden sollte. »Ich war im Hof und habe ein Stöhnen gehört«, erwiderte Lizzie. »Und als ich dann zum Haus zurückging, stand die Außentür weit offen.«

Mrs. Churchill, einer aufmerksamen Nachbarin, war auf Grund der hektischen Aktivität im Nebenhaus längst aufgefallen, dass etwas nicht in Ordnung war. Sie fragte Lizzie über den Gartenzaun hinweg, was passiert sei. Erstaunlicherweise machte die junge Frau erst ein paar Bemerkungen über die Hitze, bis sie ganz ruhig sagte: »Kommen Sie doch rüber. Jemand hat Vater umgebracht.« Mrs. Churchill eilte auf das Nachbargrundstück und erfuhr dann, dass Mr. Borden tot auf dem Sofa im Wohnzimmer läge, dass Lizzie während der Tat in der Scheune gewesen sei und ein Stück Eisen gesucht habe und dass ihre Stiefmutter allem Anschein nach nicht zu Hause sei, weil sie am Vormittag eine Nachricht erhalten habe, dass sie jemandem einen Krankenbesuch abstatten solle.

Mrs. Churchill sorgte dafür, dass die Polizei verständigt wurde, die in Gestalt von Officer Allen auch bald eintraf – ebenso wie Dr. Bowen, der sich sofort ins Wohnzimmer bringen ließ. Der Arzt konnte nur mehr den Tod seines Nachbarn feststellen. Offenbar war Andrew Borden durch zwölf brutale Axthiebe auf den Kopf und ins Gesicht getötet worden. Ein halb abgetrenntes Auge hing ihm über die blutverschmierte Wange. Dr. Bowen diagnostizierte, dass der Tod bereits durch den ersten Schlag und innerhalb der letzten 20 Minuten eingetreten sein musste.

Während all der Aufregung bewahrte nur Lizzie Ruhe und Gelassenheit. Auf die Frage, wo denn Mrs. Borden sei, antwortete die Stieftochter, dass sie glaube, Abby Borden einige Zeit vor dem Mord hereinkommen und nach oben gehen gehört zu haben. Bridget und Mrs. Churchill wagten sich endlich ins Obergeschoß und sahen im Gästezimmer einen weiteren Körper auf dem Boden liegen. Die beiden Frauen riefen den Arzt, der auch bei Mrs. Borden nur mehr den Tod feststellen konnte. Abby war mit 19 Axtstreichen auf Rücken und Hinterkopf umgebracht worden; ihr Kopf war völlig zerschmettert, Teile der Kopfhaut waren durch die Wucht der Schläge abgerissen worden. Neben der Leiche lag ein blutiges Taschentuch. Der erste ärztliche Befund ergab, dass die Frau eineinhalb bis zwei Stunden vor ihrem Mann ermordet worden sein musste.

Die Bordens waren alles andere als eine Familie, von der man solche Tragödien erwartet hätte. Sie waren 1871 in das Haus in der Second

Street in Fall River eingezogen, in eine ehemals gute Wohngegend, die in den vorangegangenen Jahren einiges an Attraktivität verloren hatte. Doch das bedeutete keineswegs, dass Andrew Borden zu den ärmeren Bewohnern der Stadt zählte. Er entstammte einer einst wohlhabenden Dynastie, hatte sich seinen Wohlstand aber selbst erarbeiten müssen. Mr. Borden hatte seine typisch amerikanische Laufbahn als Fischhändler begonnen, sich dann als Bestattungsunternehmer eine goldene Nase verdient und das Geld anschließend klug in Immobilien investiert. Mit 70 Jahren war er etwa eine halbe Million Dollar wert und besaß Mühlen, Stadthäuser, Farmen und eine Bank. Dennoch galt er allgemein als Geizhals, dessen einziges Vergnügen darin bestand, Reichtum anzuhäufen.

1845 heiratete Andrew Borden seine erste Frau Sarah. Sie schenkte ihm drei Töchter, von denen zwei überlebten: Emma kam 1849 zur Welt, Lizzie 15 Jahre später. Zwei Jahre nach Lizzies Geburt starb ihre leibliche Mutter und weitere zwei Jahre danach ehelichte der Vater die 37-jährige Abby Durfee Gray. Übergewichtig und unattraktiv, wie Emmas und Lizzies Stiefmutter war, musste sie wohl froh sein, als »alte Jungfer« damals noch einen Mann zu finden – und der brauchte sie wohl am ehesten dazu, ihm den Haushalt zu führen und seine zwei Kinder großzuziehen.

1892 lebten beide Töchter noch im Elternhaus. Emma war bereits 41 Jahre alt und hatte sich offensichtlich mit einem relativ zurückgezogenen Dasein ohne Ehemann und Kinder abgefunden; sie ging nur gelegentlich aus dem Haus, um Freundinnen zu besuchen. Lizzie, die mittlerweile 32 war, pflegte ein wesentlich aktiveres Gesellschaftsleben, als wollte sie um jeden Preis beweisen, dass sie einer reichen Familie entstammte. Sie unterrichtete an der Sonntagsschule und war Mitglied zahlreicher wohltätiger Organisationen; mehr war selbst einer intelligenten Angehörigen des weiblichen Geschlechts im viktorianischen Zeitalter und in der amerikanischen Provinz nicht möglich. Die nicht mehr ganz junge, aber stets gut gekleidete und perfekt frisierte Frau hatte große Augen, die – wie Zeitgenossen berichteten – fast farblos und völlig gefühlsleer waren. Lizzie war energisch und verstand es, fast immer ihren Willen durchzusetzen. Nur gegen ihren Vater hatte sie keine Chance, vor allem dann, wenn es zu Streitereien um Geld und fehlenden Luxus kam. Immerhin waren die Schwestern finanziell von Mr. Borden abhängig und mussten mit vier Dollar Taschengeld pro Kopf und Woche ihr Auslangen finden.

Es war kein Wunder, dass zwischen dem Ehepaar und den Töchtern keine allzu große Zuneigung herrschte. Im Jahr 1887 kam es zum Eklat, als Andrew Borden Abbys Halbschwester und deren Kinder vor der Zwangsräumung rettete, indem er ihr Haus kaufte und dieses dann seiner Frau überschrieb. Lizzie und Emma fühlten sich verraten und warfen ihrem Vater vor, ihnen nicht genug Zuneigung zu schenken. Obwohl sie danach ebenfalls eine Immobilie im Wert von 3000 Dollar zugeeignet bekamen, distanzierten die Schwestern sich immer mehr von ihren Eltern, nahmen ihre Mahlzeiten getrennt ein und sprachen mit ihrer Stiefmutter nur noch das Allernotwendigste.

Die Stimmung im Hause Borden wurde immer eisiger. Schon zuvor waren die Außentüren stets doppelt und dreifach versperrt gewesen; nun fingen die Bewohner aber auch an, ihre Schlafzimmertüren, Schränke, Kommoden stets zuzusperren, da sie das Vertrauen zueinander verloren hatten. Im Frühsommer 1892, als Andrew und Abby Borden gerade unterwegs waren, kam es zu einem folgenschweren Einbruch. Aus Mrs. Bordens Schlafzimmer wurden am helllichten Tag Schmuck und die bescheidene Summe von 40 Dollar gestohlen. Zur fraglichen Zeit waren nur Abby, Lizzie und das Dienstmädchen Bridget anwesend; die drei Frauen wollten im Haus gewesen sein, ohne etwas von dem Eindringling bemerkt zu haben, der auf dem Weg in besagtes Zimmer mindestens vier Schlösser geknackt haben musste. Die Polizei begann in dem Fall zu ermitteln, wurde aber von Mr. Borden zurückgepfiffen, der sich anscheinend seine eigenen Gedanken über den Diebstahl machte. »Ich fürchte, Sie werden nicht in der Lage sein, den wahren Dieb zu finden«, meinte er resigniert zu den Beamten.

In dieser angespannten und von gegenseitigem Misstrauen charakterisierten Situation quälten sich die Bordens durch einen der heißesten Sommer, den Fall River je erlebt hatte. Die Hitzewelle wirkte sich auch gesundheitlich auf die Mitglieder des Haushalts aus: Am 2. und 3. August litten sowohl das Ehepaar Borden als auch Lizzie und Bridget an Übelkeit und Brechreiz; nur Emma, die gerade wieder eine ihrer Freundinnen besuchte, blieb davon verschont. Möglicherweise war die Lammkeule, die seit drei Tagen für sämtliche Mahlzeiten verwertet wurde, schuld an den verdorbenen Mägen.

Abby glaubte aber nicht daran, dass das Fleisch in der Hitze schlecht geworden war, sondern verdächtigte ihre jüngere Stieftochter, sie vergiften zu wollen. Als sie am frühen Morgen des 3. August Dr. Bowen aufsuchte, beschwichtigte der Arzt die Frau und bot ihr an, auch ihren Ehemann zu untersuchen. Andrew Borden war jedoch höchst aufgebracht, als der

Mediziner plötzlich in seinem Haus auftauchte – er warf ihn hinaus und war nicht bereit, ihn für seine Dienste zu bezahlen.
Am Abend des 3. August kam auch noch der Bruder von Mr. Bordens erster Frau, ein Mann mit dem denkwürdigen Namen John Vinnicum Morse, zu Besuch und wurde im Gästezimmer einquartiert. Lizzies Verhalten an diesem und dem folgenden Tag deutete darauf hin, dass sie ihren Onkel nicht leiden konnte: Sie kam nicht zu den gemeinsamen Mahlzeiten, schloss sich in ihrem Zimmer ein und besuchte am Abend ihre Freundin Alice Russell. Dieser erzählte sie kryptische Geschichten von anonymen Drohungen gegen ihren Vater, den Wutanfällen Mr. Bordens und ihrem Verdacht, selbst auch vergiftet zu werden. Als sie wieder nach Hause kam, ging sie direkt in ihr Zimmer.
Am Donnerstag, dem 4. August 1892, war die Hitze noch schlimmer als an den Tagen vorher. Das Ehepaar Borden frühstückte gemeinsam mit Onkel John und wieder ohne Lizzie. Erst als der Schwager ihres Vaters gegangen war, nahm sie ein, zwei Kekse und etwas Kaffee zu sich. Bridget, die das Frühstück zubereitet hatte, fühlte sich nicht wohl und ging in den Hof, um sich zu erbrechen, bevor sie ihre Tätigkeit im Haushalt fortsetzte. Auch Mrs. Borden räumte auf und staubte ab, während Mr. Borden zur Arbeit ging. Wo Lizzie sich an diesem frühen Vormittag aufhielt, wusste später niemand so genau. Bridget, die von außen die Fenster putzte, sah sie nur einmal in der Haustür stehen und unterhielt sich kurz mit ihr.
Zwischen 9 und 9.30 Uhr wurde Abby Borden im Gästezimmer mit der Axt erschlagen.
Um 10.40 Uhr kam Andrew Borden von seinen Geschäften nach Hause; eine Nachbarin beobachtete ihn dabei, wie er erfolglos versuchte, die Haustür aufzusperren. Bridget half ihm dabei, ins Haus zu kommen, und beobachtete bei dieser Gelegenheit, wie Lizzie oben am Treppenabsatz stand und höhnisch lachte. Wenig später legte sich der erschöpfte Mr. Borden aufs Sofa ins Wohnzimmer, um ein Schläfchen zu halten. Zwischen 11 und 11.15 Uhr wurde auch er mit brutalen Axthieben getötet.

Diese spätere Rekonstruktion der Ereignisse, die den Morden vorangingen, gab leider keinerlei Hinweis auf den Täter. Bei der ersten Befragung durch die Polizei erzählte Lizzie einem der Beamten, dass vor etwa zwei

Lizzie Borden: Die Axt im Haus …

Wochen ein Mann ihren Vater aufgesucht habe, weil er ein Geschäftslokal von ihm mieten wollte. Als ihr Vater dieses Ansinnen abgelehnt habe, sei der Mann wütend geworden und gegangen. Und am Mordtag, so gegen 9 Uhr früh, sei er wieder aufgetaucht – doch sie habe nur seine Stimme erkannt und ihn wieder nicht gesehen.
Wie bei so vielen Mordfällen kam also auch hier der »große Unbekannte« ins Spiel, dem die Ermittler generell misstrauisch gegenüberstehen. Die amerikanische Presse war da schon eher ein Spiegel ihrer fremdenfeindlichen und vorurteilsbehafteten Zeit: Der Täter konnte nur ein Fremder sein, aller Wahrscheinlichkeit nach ein besitzloser Einwanderer. Der »Daily Herald«, die Tageszeitung von Fall River, berichtete bereits am Mordtag, dass die Polizei nach einem portugiesischen Landarbeiter fahnde, der auf einem der Bauernhöfe Mr. Bordens beschäftigt gewesen sei.

Während die Zeitungen mit einer Theorie nach der anderen aufwarteten – der Mörder hatte sich bereits am Abend vor der Tat im Haus einschließen lassen, sei wahrscheinlich ein früherer Mieter der Bordens gewesen und könne wegen der Wucht der Axthiebe nur ein Mann sein –, konzentrierten sich Polizei und Staatsanwaltschaft sofort auf die ihrer Ansicht nach einzig logische Tatverdächtige: Lizzie Borden.
Am 9. August wurde die jüngere Tochter des Ermordeten zur gerichtlichen Voruntersuchung am Zweiten Bezirksgericht von Fall River vorgeladen, wo sie unter Eid aussagen musste. Lizzie erzählte noch einmal die Geschichte vom wütenden Geschäftspartner ihres Vaters und dem angeblichen Vergiftungsversuch, verwickelte sich aber während der tagelangen Befragung immer tiefer in Widersprüche, vor allem, was ihren Verbleib und ihre Aktivitäten während der Tatzeiten betraf. Da die Gerichtsmediziner bei der Autopsie keinerlei Gift in den Opfern feststellen konnten und die Aussage der Verdächtigen zunehmend unglaubwürdiger wurde, wurde Lizzie Borden am 11. August 1892 wegen des Mordes an ihrem Vater verhaftet. (Die Anklage wegen der Ermordung Abbys erfolgte erst am 2. Dezember.) Lizzie nahm sich einen Anwalt, bekannte sich nicht schuldig und wurde ins Gefängnis von Taunton eingeliefert.
Schon bei der Anhörung vor der Anklagejury im November 1892 konnten die Vertreter des Staates nur äußerst holprige Beweise gegen Lizzie Borden vorbringen. Schließlich hatte man weder eine Mordwaffe noch blutverschmierte Kleidungsstücke gefunden; zudem gab es weder ein überzeugendes Motiv noch eine haltbare Theorie über den genauen Tathergang. Und auch die wenigen Indizien belegten keineswegs die Schuld der Angeklagten. Die Vergiftungstheorie war ja bereits durch die Leichenöffnung widerlegt worden und die Aussage eines Drogisten, dass Lizzie kurz vor dem Mord vergeblich versucht hätte, Blausäure bei ihm zu erwerben, trug auch eher zur Verwirrung denn zur Aufklärung bei. Halbwegs belastend waren nur die widersprüchlichen Erklärungen der Beschuldigten über ihren Aufenthalt während der Ermordung ihres Vaters; dazu kam die Aussage einer Zeugin, die gesehen haben wollte, wie Lizzie zwei Tage nach den Morden ein Kleid im Küchenherd verbrannte – angeblich, weil Farbe darauf gekommen war.
Es war dieser Augenzeugenbericht, der die Anklagejury davon überzeugte, dass ein Prozess angebracht war. Lizzie Borden wurde des Mordes an ihrem Vater, des Mordes an ihrer Stiefmutter und dann noch des Mordes an beiden Elternteilen (!) angeklagt. Die Verhandlung sollte am 5. Juni 1893 beginnen.

Nach fast zehn Monaten hinter Gittern stand Lizzie zum festgesetzten Zeitpunkt vor Gericht. Die Vertreter der Staatsanwaltschaft waren sich ihrer Sache nicht besonders sicher – und das merkte man. In den Wochen vor dem Prozessbeginn hatten sowohl die Medien als auch Lizzie Bordens Unterstützer in diversen Frauengruppen und religiösen Organisationen ziemlichen Druck auf die Anklagebehörde ausgeübt.
Hosea Knowlton und William Moody von der Staatsanwaltschaft hatten sieben Tage Zeit, ihren Fall den Geschworenen darzulegen. Sie riefen etliche Zeugen auf, deren Aussagen belegen sollten, dass Andrew Borden geplant habe, ein neues Testament aufzusetzen, dessen Hauptnutznießer seine Frau gewesen wäre. Damit hätte Lizzie ein Mordmotiv gehabt. Ihre »Veranlagung« zu einer solchen Tat wollten die Ankläger mit dem Protokoll der Voruntersuchung dokumentieren; das Gericht ließ dies aber nicht zu, da Lizzie Borden zum fraglichen Zeitpunkt noch nicht offiziell der Tat beschuldigt worden war. Auch eine Zeugenaussage des Drugstore-Verkäufers wurde vom Richter abgelehnt, da sie irrelevant und unzulässig sei.
Lizzies Anwälte – Andrew Jennings, George Robinson und Melvin Adams – brauchten nur zwei Tage, um dem Gericht ihre Verteidigung zu präsentieren. Ihre Strategie bestand hauptsächlich darin, Zeugen aufzurufen, die einen mysteriösen jungen Mann in der Nähe des Borden-Hauses gesehen haben wollten, sowie Emma Borden darlegen zu lassen, dass ihre Schwester keinerlei Motiv für einen Mord gehabt habe.
Nach den Schlussplädoyers der beiden Parteien am 19. und 20. Juni wurde die Angeklagte gefragt, ob sie noch etwas vorzubringen habe. In ihrer einzigen Äußerung während des Prozesses sagte sie nur: »Ich bin unschuldig und überlasse es meinen Anwälten, für mich zu sprechen.«
Die Zusammenfassung des Falles durch Richter Dewey war insofern bemerkenswert, als der Vorsitzende darin vor allem die Argumente der Verteidigung wiederholte. Daher war es auch kaum verwunderlich, dass die Geschworenen nur eine Stunde für ihre Beratungen brauchten. Ihr Urteilsspruch war ebenso eindeutig wie sensationell: unschuldig in allen drei Anklagepunkten. Die Jury hatte sich einfach nicht vorstellen können, wie eine »schwache« Frau zu einer solch grausamen Tat fähig gewesen sein sollte. Da glaubte man schon lieber an den großen Unbekannten …

Der Fall Lizzie Borden erregte nicht nur in der zeitgenössischen Presse großes Aufsehen, sondern beschäftigt Kriminalhistoriker und Kulturschaffende bis heute. Etliche Bücher und Theaterstücke wurden darüber geschrieben; in den USA gelangten sogar eine Oper und ein Ballettwerk über den Elternmord zur Aufführung. Eine Theorie über die Tat, die besagte, dass Lizzie sich vor den Morden nackt ausgezogen habe, um Blutspuren an ihren Kleidern zu vermeiden, wurde mit Elizabeth Montgomery in der Hauptrolle 1975 erfolgreich fürs Fernsehen verfilmt.
Zum einen ist das große Interesse der Öffentlichkeit sicherlich darauf zurückzuführen, dass ein solch brutales Verbrechen in einem respektablen Großbürgerhaushalt des 19. Jahrhunderts alles andere als normal war; zum anderen auf das untypische Erscheinungsbild der Beschuldigten, die keine verrohte Irre war, sondern eine fromme »alte Jungfer«, die sogar in der Sonntagsschule unterrichtet hatte. Auch der Prozess gegen Lizzie wird von Experten immer wieder aufs neue studiert, weil seine Begleitumstände – reine Indizienbeweise, die unfähige Staatsanwaltschaft und der offenbar voreingenommene Richter, der Freispruch sowie ein für die damalige Zeit ungewöhnlich großes Medieninteresse und die in ihrer Meinung gespaltene Öffentlichkeit – ein Muster für viele große US-Prozesse der letzten Zeit liefern; man denke nur an O. J. Simpson.
Bis in unsere Zeit ranken sich zahllose Verschwörungstheorien um die Ermordung des Ehepaars Borden. Eine von ihnen besagt zum Beispiel, dass das Dienstmädchen Bridget zu viel wusste und daher mit großzügiger finanzieller Unterstützung von Lizzie gleich nach ihrer ersten Aussage Richtung Irland zurückreiste, wo sie angeblich einen Bauernhof erworben haben soll. Auch Dr. Bowen, der die Familie schon wegen der scheinbaren Lebensmittelvergiftung untersucht und später sogar an den Autopsien teilgenommen hatte, wurde beschuldigt, in die Tat verwickelt gewesen zu sein – ebenso wie Emma, Onkel John Vinnicum Morse und einer von Lizzies Sonntagsschülern.
Geklärt konnte der Fall aber bis heute nie werden und gerade das macht ihn wahrscheinlich so interessant.

Lizzie und Emma Borden erwarben einige Wochen nach dem Freispruch ein Haus in der besten Wohngegend von Fall River, in das sie beide einzogen. Die gute Gesellschaft wollte wegen des Skandals jedoch nichts mit den beiden Frauen zu tun haben, weshalb die Schwestern ein recht

zurückgezogenes Leben führten. Als Lizzie im Jahre 1904 eine junge Schauspielerin kennen lernte und mit dieser eine recht intensive Beziehung einging, fühlte sich Emma dadurch so gestört, dass sie auszog.
Am 1. Juni 1927 verschied Lizzie im Alter von 67 Jahren nach einer Gallenblasenoperation. Neun Tage später stürzte Emma in ihrem Haus in Newmarket die Treppe hinunter und starb ebenfalls. Die beiden wurden im Familiengrab beigesetzt – neben ihrem Vater, der Mutter und der Stiefmutter.

Fremder Mann mit langen Haaren

Der Fall Diane Downs

Der 19. Mai 1983 in der Kleinstadt Springfield im US-Bundesstaat Oregon war ein milder, schöner Frühlingstag gewesen – also alles andere als das »Brotmesserwetter«, das Kriminalisten so fürchten. Die Beamten der Polizeistation konnten eine ruhige, angenehme Nachtschicht erwarten; bis 23 Uhr hatte es schließlich nur zwei kleine Bagatelleinsätze gegeben: Beim ersten war ruhebedürftigen Nachbarn eine fröhliche Party zu laut gewesen; beim zweiten hatte ein Mann in einem Vorort seine Frau angeblich mit dem Gewehr bedroht, doch als die Streife kam, schliefen beide friedlich in ihren Betten.

Der Anruf, der alles ändern sollte, kam um zehn Minuten vor Mitternacht aus der Notaufnahme des örtlichen Krankenhauses, dem McKenzie-Willamette-Spital: »Drei Personen mit Schusswunden eingeliefert. Zustand äußerst kritisch.«

Sofort wurden alle Einsatzwagen hinbeordert. Die Situation vor Ort war weit schlimmer, als es der kurze Anruf hatte erwarten lassen. Die drei Verletzten waren Kinder im Alter zwischen acht und drei Jahren, zwei Mädchen und ein Knabe. Eines der Mädchen war bereits bei der Einlieferung tot gewesen, um die zwei anderen bemühten sich die Ärzte in der Intensivstation, doch ihr Zustand war äußerst kritisch. Alle drei waren durch Schüsse in die Brust verletzt worden. Brustwunden sind bei Kindern besonders heikel, da die lebenswichtigen Organe sehr eng beisammen liegen. Die Kinder waren von ihrer Mutter hergebracht worden, die zuerst durch lautes Hupen auf dem Parkplatz auf sich aufmerksam gemacht hatte. Jetzt stand sie – eine junge blonde Frau in Jeans und Jacke, bleich und offenbar unter Schock – vor dem blutbespritzten roten Nissan. »Er hat auf meine Kinder geschossen, er hat einfach auf uns geschossen«, stammelte sie. Nur mit Mühe konnte sie ihre Personalien angeben: Ihr Name war Diane Downs; ihre Kinder hießen Christie, acht Jahre alt, Cheryl, sieben, und Danny, drei. Cheryl war tot.

Erst als man ihre Eltern geholt hatte, konnte sie erzählen, was passiert war. Dann aber, sagte einer der Polizisten später, brachen die Worte aus ihr hervor wie ein Wasserfall, kaum einzudämmen. Diane war Briefträgerin, erst vor einem halben Jahr aus Arizona wieder zurück an ihren Geburtsort gezogen, nachdem sie sich von ihrem Mann getrennt hatte. Sie war mittags mit ihren drei Kindern bei den Eltern gewesen. Am späteren Nachmittag fuhren sie dann zu einer Freundin und anschließend, nach Einbruch der Dämmerung, ein bisschen ziellos spazieren, zum Sightseeing, weil ihre Kinder das so liebten.

Zur Fahrt nach Hause hätte sie die Old Mohawk Road, eine kleine, kaum benützte und unbeleuchtete Seitenstraße, genommen. An einer engen Stelle zwischen Wald und Fluss sei ihr zuerst ein abgestellter gelber alter Chevrolet aufgefallen, dann sei plötzlich ein Mann mitten auf der Straße gestanden und habe Zeichen gegeben. In der Annahme, er brauche Hilfe, hatte sie angehalten. Doch kaum hatte sie gehalten, habe der Mann eine Pistole auf sie gerichtet, sie aus dem Wagen gezerrt und das Auto gefordert. Als sie so tat, als würde sie die Schlüssel in den Wald werfen, öffnete er die Türen, erst die vorderen, dann die hinteren, und schoss je zweimal auf die hilflos im Auto eingesperrten Kinder. Dann sei sie auf ihn losgegangen und er habe auch auf sie gefeuert, aber es sei ihr gelungen, ins Auto zu springen und davonzufahren. Die Personenbeschreibung, die sie von dem Attentäter gab, war trotz der Dunkelheit und des Schocks, unter dem sie gestanden sein musste, merkwürdig genau und detailreich: Er sei mit Sicherheit ein Weißer gewesen, unter 30, mit unfrisiertem, langem, dunklem Haar, etwa 1,75 Meter groß, zwischen 70 und 80 Kilo schwer, hatte Bartstoppeln und trug Jeans, eine Jeansjacke und ein schmutziges, verwaschenes T-Shirt.

Erst jetzt bemerkten die Beamten, dass auch Diane verletzt war – sie hatte einen Durchschuss im Unterarm, konnte aber sofort im Krankenhaus versorgt werden. Im Wald lauerte also offenbar ein verrückter Killer, der jederzeit wieder zuschlagen konnte. Alle verfügbaren Einheiten, auch die der Nachbarbezirke, wurden alarmiert; Streifen durchkämmten die Wälder am Stadtrand; die Old Mohawk Road und alle Zufahrtsstraßen wurden gesperrt. Beamte fuhren zu Dianes Freundin, die den Besuch bestätigte, und in die Wohnung der Frau. Doch auch dort fanden sie keine Spur eines Killers und die Patrouillen blieben ebenfalls erfolglos. Das Auto und der Verrückte waren wie vom Erdboden verschwunden.

Wenn der mysteriöse Mann kein wahnsinniger Zufallsattentäter war, konnte es sich eventuell auch um einen persönlichen Racheakt handeln. Diane, die inzwischen ruhiger und gefasster geworden war, gab die Erlaubnis zur Durchsuchung ihrer Wohnung. Sie besaß zwei Schusswaffen, ein Gewehr Kaliber .22 und einen Revolver, den sie aber verschlossen im Kofferraum ihres Wagens verwahrte. Beide Waffen fanden sich ebenso wie die dazugehörige Munition, doch aus beiden war lange nicht geschossen worden. Eigenartig fanden die Beamten nur, dass die Wohnung – inklusive der Küche – mit Ausnahme eines großen Fernsehers und dreier Betten völlig uneingerichtet war, obwohl Diane sie doch angeblich schon vor einem halben Jahr bezogen hatte. Auf dem Fernseher stand ein merkwürdiger Ziergegenstand: ein großes Einhorn aus bronziertem Plastik mit der auf dem Sockel eingravierten Inschrift »Christie, Cheryl und Danny. Ich liebe Euch. Mummy, 13. Mai 1983.« Das Objekt war also nur drei Tage vor dem Überfall angeschafft worden. Nichts unter den persönlichen Gegenständen, soweit überhaupt welche vorhanden waren, ließ den Schluss zu, das Attentat hätte persönliche Gründe gehabt.

Auf Dianes Schulterblatt war eine große Rose tätowiert, mit der Unterschrift »Lew«. Lew Lewiston, so berichtete Diane den Ermittlern, sei einer ihrer Liebhaber, eigentlich die große Liebe ihres Lebens. Er war Briefträger wie sie, wohnte in Arizona, war aber verheiratet und seinetwegen sei sie nach Oregon zurückgekommen. Steve, ihr Exmann und Vater ihrer Kinder, lebte als Elektrohändler ebenfalls in Arizona. Als er von dem Überfall verständigt wurde, reiste er sofort an und konnte für die Tatzeit ein bombensicheres Alibi nachweisen.

Am 20. Mai, dem Tag nach dem Mordanschlag, schien der Zustand der beiden überlebenden Kinder nach einer Reihe schwieriger Operationen immerhin Anlass zur Hoffnung zu geben, auch wenn die beiden keineswegs außer Lebensgefahr waren. Die Polizei sicherte weiterhin die Wälder um die Old Mohawk Road, nur für den Fall der Fälle. Zwei Beamte machten sich jedoch auf den Weg nach Arizona, um das Vorleben Dianes zu rekonstruieren und so möglicherweise ein Motiv für den brutalen Überfall zu finden.

Wer war Diane Elisabeth Downs? Die Frau, die am 5. August 1955 in Phoenix, Arizona, zur Welt gekommen war, hatte in ihrem äußerst bigotten, fundamentalistisch-protestantischen Elternhaus keine einfache Kindheit gehabt. Ihre Eltern hielten Zuneigung für sinnlose Sentimentalität; Spaß und Lebensfreude waren schwere Sünden vor einem allwissenden Gott. Durch ihre strengen Vorschriften isolierten sie das Mädchen völlig von anderen Kindern, doch als sich die ersten Zeichen der Pubertät erkennen ließen, missbrauchte sie ihr Vater drei Jahre lang. Kein Wunder, dass sie nur einen Wunsch hatte: so schnell wie möglich von ihren Erzeugern wegzukommen. Sie nützte die erstbeste Gelegenheit dazu und heiratete mit 18 ihren Highschool-Freund Steve Downs. Pünktlich nach neun Monaten bekam sie auch ihr erstes Kind, Christie. Die Ehe hielt natürlich nicht, was Diane sich möglicherweise versprochen hatte. Beide Partner waren zu jung und der Ehemann interessierte sich mehr für Autos als für seine Frau. Liebe und vor allem Sicherheit konnte er Diane nicht bieten. Die ersten finanziellen Probleme stellten sich ein, als Steve keine Arbeit finden konnte. Trotzdem kam nach nicht einmal einem weiteren Jahr mit Cheryl das nächste Kind zur Welt.
Die Beamten interessierten sich aber vornehmlich dafür, was sich in den letzten Jahren in Dianes Leben abgespielt hatte. Sie bekamen ein sehr zwiespältiges, bizarres Bild der jungen Frau: Freunde hatte sie kaum und ihre Kollegen beschrieben sie als besessene Arbeiterin, die unbedingt alles besser und schneller machen wollte, oft aber heftigen Gemütsschwankungen und aggressiven Ausbrüchen ausgesetzt war. Einerseits weigerte sie sich, Zeitschriften wie »Playboy« oder »Hustler« zuzustellen, andererseits hatte es kaum einen Arbeitskollegen zwischen 20 und 45 gegeben, den sie nicht zu verführen versucht hatte. Sie lebte getrennt von ihrem Mann, den sie ein Jahr nach der Geburt ihres dritten Kindes verlassen hatte, hielt aber immer noch die Verbindung zu ihm aufrecht.
Ihre Liebhaber stellten Diane ebenfalls kein gutes Zeugnis aus. Sie behaupteten, weniger verführt als benützt worden zu sein; manche klagten auch über sadistische Praktiken. Die Frau habe ihre Sexualpartner absichtlich gekratzt und verletzt – vor allem die Verheirateten, als wollte sie auf diese Art demonstrieren, dass sie haben konnte, wen sie wollte. An der Arbeitsstelle im Postamt hatte sie auch Lew kennen gelernt, den sie so abgöttisch liebte. Seinetwegen hatte sie sich von Steve getrennt, doch Lew wurde ihr besitzergreifendes Verhalten schnell zu anstrengend. Er kehrte lieber wieder zu seiner sanften Ehefrau Nora zurück (wenngleich

nicht ohne zahlreiche Rückfälle). Sowohl er als auch seine Frau hatten sich zur Tatzeit in Arizona aufgehalten, kamen also als Täter nicht in Frage.

Neben ihrer Briefträgerarbeit hatte sich Diane noch in einem ungewöhnlichen Erwerbszweig versucht. Durch Zeitungsannoncen war sie auf die Möglichkeit gekommen, Leihmutter zu werden, also Kinder für Ehepaare auszutragen, bei denen die Frau dazu nicht in der Lage war. Sie meldete sich bei einer Agentur, wurde angenommen und brachte tatsächlich ein fremdes Kind zur Welt. Mit dem ansehnlichen Honorar kaufte sie sich ein neues Wohnmobil und versuchte, obwohl sie keinerlei Erfahrung im Geschäftsleben hatte, selbst ein derartiges Unternehmen aufzubauen und ihre Dienste als fähige Leihmutter anzubieten. Das teuer angemietete Büro musste aber – mangels Nachfrage und behördlicher Genehmigung – bald wieder schließen.

Die Arbeit bei der Post hatte sie in der Zwischenzeit nicht aufgegeben. Doch ihre vielfältigen beruflichen Aktivitäten und Liebschaften ließen ihr kaum Zeit für die drei Kinder, die ihr nach der Scheidung zugesprochen worden waren. Die Nachbarn beschwerten sich wiederholt bei den Behörden darüber, dass die Kinder kein Zuhause hätten und in der Nachbarschaft um Essen betteln müssten. Diane ließ sich dadurch keineswegs stören; wenn die Beschwerden zu heftig wurden, gab sie die drei zu den Großeltern oder zu ihrem geschiedenen Mann. Ihre finanzielle Situation blieb prekär und ein versuchter Versicherungsbetrug, bei dem ihr Exmann ihr half, den neuen Wohnwagen in Brand zu setzen, schlug fehl. Lew begann sich immer mehr von ihr zurückzuziehen; sooft er von Trennung sprach, kam es zu heftigen Auseinandersetzungen. Einmal schoss Diane vor Wut die Dusche ihrer mobilen Wohnung kaputt, mit einer .22er Pistole der Marke Ruger, wie Lew sich später noch genau erinnern konnte.

Diese Waffe hatte sie von ihrem Ehemann geschenkt bekommen, der das bestätigte und auch erzählte, wie er ihr das Schießen beigebracht hatte. Und mit einer Pistole dieses Kalibers waren auch die Kinder erschossen worden. Diane hatte den Besitz der Waffe nicht bei der Polizei angegeben. Warum nicht? Je länger die Ermittlungsbeamten Dianes Geschichte und die möglichen Motive überprüften, desto mehr Verdacht schöpften sie.

Fred Hugi, der Staatsanwalt, der die Untersuchung leitete, und der Chefdetektiv mit dem einschlägigen Namen Dick Tracy fanden eine Reihe von Ungereimtheiten. Selbst der wahnsinnigste Zufallstäter, der es

Diane Downs: Familienanschluss unerwünscht

nur auf den Wagen abgesehen hatte, wie Diane aussagte, würde doch zuerst den Erwachsenen auszuschalten versuchen, der ihm physisch Widerstand leisten und ihn später identifizieren könnte. Die Kinder im Auto konnte er bei der Dunkelheit kaum sehen; außerdem wäre es einfacher gewesen, sie einfach auf der Straße zurückzulassen statt sie umzubringen. Und ein geplanter Racheanschlag – aus welchen Gründen auch immer – wäre auf diese Art unmöglich durchzuführen gewesen. Diane hatte angegeben, planlos herumgefahren zu sein, weil ihre Kinder das so gern mochten (obwohl es Nacht war und die lieben Kleinen selig schliefen). Der Täter hätte ihr also folgen müssen, war aber von vorne gekommen; zudem stand sein Auto bereits an der Straße, als sie vorbeigefahren war. Und wie sie es geschafft haben wollte, mit einer Armverletzung an ihm vorbei ins Auto zu kommen, nachdem er die Kinder mit präzisen Schüssen ausgeschaltet hatte, blieb völlig unklar.

Die Personenbeschreibung des angeblichen Verbrechers war einerseits viel zu genau und detailreich, andererseits ähnelte sie sehr dem »großen Unbekannten«, dem Wilden aus dem Wald, der bei amerikanischen Kriminalisten unter dem Spitznamen »BHS« (= »Bushy Haired Stranger«) notorisch ist. Die am Tatort beziehungsweise im Auto gesicherten Spuren halfen auch nicht weiter. Pulverschmauch und Blutspritzer fanden sich überall im Inneren des Nissan, nur der Fahrersitz war gänzlich frei davon. Auch außerhalb des Wagens hatten die Experten von der Spurensicherung keinerlei Hinweise auf einen Attentäter oder ein anderes Fahrzeug entdeckt. Und Zeugen gab es ohnehin keine.

Die Kriminalisten waren mittlerweile hinreichend davon überzeugt, dass sich der Überfall unmöglich so ereignet haben konnte, wie das Opfer ihn beschrieben hatte. Diane hatte sie zumindest einmal eindeutig belogen, was den Besitz einer Pistole vom Kaliber .22 betraf. Nun mussten sie sich fragen, warum man ihnen diese Tatsache verschwiegen hatte und wo sich die Waffe befand. Sie durchsuchten also die Umgebung noch einmal genauestens, durchkämmten Wälder, durchtauchten Flüsse und schrieben insgesamt 1045 Überstunden – aber alles umsonst, die Pistole fand sich nicht. Der Zustand der überlebenden Kinder war inzwischen halbwegs stabil, doch an Aussagen zur Tat aus ihrem Munde war noch nicht zu denken. Die Polizei musste sich in Geduld üben; Staatsanwalt Hugi beschloss jedoch, Diane unter genauer Beobachtung zu halten.

Am nächsten Tag tauchten unabhängig voneinander noch zwei Spuren auf, die den Verdacht gegen Diane verstärkten. Die Munition des Gewehrs, die in ihrem Zimmer gefunden worden war, ergab bei ballistischer Untersuchung, dass sie zuvor in einer Pistole desselben Kalibers geladen gewesen sein musste, und zwar in der Tatwaffe. Jedenfalls stimmten die Spuren genau überein. Außerdem meldete sich ein Zeuge, der am Abend der Tat mit seiner Familie ebenfalls über die Old Mohawk Road nach Hause gefahren war. Nach der Engstelle sei ihm ein rotes Auto mit einem Kennzeichen aus Arizona aufgefallen, das äußerst langsam und fast im Zickzack vor ihm auf der Straße gefahren war. Er konnte sich noch genau daran erinnern, weil er lange auf eine Möglichkeit zum Überholen gewartet hatte und seine Kinder sich über die sprichwörtliche Langsamkeit des Fahrers aus Arizona lustig gemacht hatten. Das Auto war mit Sicherheit das Dianes, da sowohl die Fahrtrichtung als auch die Uhrzeit übereinstimmten. Die Begegnung musste sich unmittelbar nach dem Überfall ereignet haben, aber der Zeuge hatte keine Schüsse gehört und auch keinen langhaarigen Fremden oder ein gelbes Auto gesehen. Dabei hatte Diane doch behauptet, sie wäre so schnell wie möglich mit den schwerverletzten Kindern ins Spital gerast …

Der Staatsanwalt leitete eine zunächst geheime Voruntersuchung gegen Diane ein, um objektiv Beweise sammeln zu können. Die Frau war inzwischen zu ihren Eltern gezogen und schien sich äußerst schnell vom Schock des Überfalls zu erholen, der immerhin eines ihrer Kinder das Leben gekostet und die anderen beiden wahrscheinlich auf Dauer zu Behinderten gemacht hatte. Sie arbeitete wieder im Postamt und gab bereitwillig Interviews für Zeitungen und Fernsehsender, bei denen sie gekonnt die trauernde, tapfere Mutter spielte.
Am 22. Juni 1983 wurde Christie aus dem Spital entlassen – fast ein Wunder nach den vielen gefährlichen Wunden. Ihr rechter Arm war noch gelähmt und das Sprechvermögen stark behindert, doch sie konnte durchaus ohne fremde Hilfe existieren. Hugi wusste, dass er unter allen Umständen eine Begegnung mit der Mutter vermeiden musste, und die Voruntersuchung gab ihm die Möglichkeit, das zu verhindern. Diane wurde weiterhin untersagt, ihre Kinder zu besuchen oder mit ihnen zu sprechen. Vor den TV-Kameras empörte sie sich mediengerecht darüber und behauptete, der Staat nehme ihre Kinder in Geiselhaft. Sie engagierte auch einen Anwalt, der vergebens Einspruch gegen die Entscheidung des Gerichts erhob. Zugleich aber muss sie gemerkt haben, dass die Polizei Material gegen sie zu sammeln begonnen hatte, also trat sie die Flucht nach vorne an. Sie meldete sich ohne Vorankündigung ausgerechnet bei Dick Tracy, dem Polizisten, den sie am wenigsten hatte leiden können, und wollte ergänzende Aussagen machen. Einen wichtigen Punkt habe sie vergessen, sagte sie; er sei in all der Aufregung und infolge des Schocks ganz aus ihrer Erinnerung verschwunden und erst jetzt, nach einem Traum, wieder aufgetaucht. Sie verschob den Termin noch zwei Tage lang und tauchte dann in ihrer Postbotenuniform und ungeschminkt in der Polizeidienststelle auf. Die Detectives Kurt Wuest und Doug Welch führten das Gespräch; Dick Tracy beobachtete hinter dem Einwegspiegel.
Zuerst wollte Diane mit den Polizisten die Reihe der möglichen Verdächtigen durchgehen – möglicherweise, um herauszufinden, wie weit die Polizei mit ihren Nachforschungen bereits gekommen war.
Der erste Kandidat war ihr geschiedener Ehemann Steve. Er habe ihr die Scheidung so übel genommen, behauptete sie, dass er sie vehement hasste. Die Polizisten entgegneten, dass Steve etwas ganz anderes erzählt habe und sein Alibi in Arizona zudem überprüft worden sei.
Andererseits, so Diane, käme auch Steves Freund Stan Post als Täter in Frage. Sie wisse, dass dieser Mann bereit wäre, alles für Steve zu tun,

selbst wenn es sich um einen Auftragsmord handle. Nein, meinten die Detectives, Posts Alibi sei genauso hieb- und stichfest. Ihr Liebhaber Lew, den sie verlassen hatte, aber immer noch abgöttisch liebte, war durch sein Alibi in Arizona auch vom Tatverdacht befreit worden, ebenso wie seine eifersüchtige Frau Nora.

Auf die Frage, ob denn keine Spuren eines nächtlichen Attentäters gefunden worden seien, verwiesen die Beamten auf die unzähligen Hinweise aus der Bevölkerung. Fast hundert Anrufer hatten Sichtungen mysteriöser, unfrisierter Fremder im Wald, auf der Straße und in den Vorgärten der Siedlungshäuser gemeldet, doch nur einmal hatte die Personenbeschreibung halbwegs mit der ihren übereingestimmt. Der betreffende Mann war am Golfplatz hinter der Old Mohawk Road aufgetaucht und von der Polizei ausgeforscht worden, doch er hatte einen so schweren Sprachfehler, dass er als Täter nicht in Frage kam, weil Diane diese Behinderung garantiert aufgefallen wäre.

Möglicherweise wurde der Frau jetzt klar, dass ihre Täterbeschreibung viel zu genau und zu detailreich gewesen war. Trotzdem meinte sie, jetzt ergänzende Angaben zu ihrer früheren Aussage machen zu wollen: Nachdem es ihr gelungen sei, an dem Attentäter vorbei ins Auto zu kommen, habe er ihr nachgerufen, er wisse, wer sie sei. Er habe sie beim Namen genannt und auch von der auf ihre Schulter tätowierten Rose gewusst. Es konnte sich also nur um jemand handeln, der sie gut und intim kannte – jemand aus Arizona, denn hier in der Gegend gäbe es keinen Mann, der ihre nackte Schulter gesehen habe. »Ich sehe ihn vor mir«, sagt sie, »wie er meinen Arm nahm, ihn mir auf den Rücken drehte und mich anschoss. Dann sagte er: ›Versuch jetzt, damit davonzukommen, du Hure.‹«

Die Detectives nützten Dianes Gesprächsbereitschaft, um den Ablauf des Überfalls noch einmal genau zu rekonstruieren, da sie einige Widersprüche aufklären wollten. Wenn der Täter tatsächlich jemand aus Arizona gewesen sei, wie war es dann möglich, dass er sie gefunden hatte? Woher habe er gewusst, an welcher Stelle er ihr auflauern musste? Sie hatte doch angegeben, ziellos herumgefahren zu sein?

»Keine Ahnung, wahrscheinlich ist er mir gefolgt«, antwortete Diane.

Warum sei er dann von vorne gekommen? Und wann hatte er die Zeit gefunden, sein Auto am Straßenrand zu parken?

»Keine Ahnung. Ich kann nur sagen, wie es war. Ich durfte ja nicht sprechen, sonst wäre ich umgebracht worden. Zuerst hatte ich ja auch nicht den Eindruck, als würde der Mann mich kennen, aber es muss doch so gewesen sein. Wenn es um das Leben der eigenen Kinder geht, denkt man doch über sowas nicht nach. Man betet, man hofft, aber denken kann man nicht. Ich kann nur sagen, was ich weiß. Wie das zusammenpasst, das müsst ihr schon selbst herausfinden. Ich hatte nur Angst, verstehen Sie?«

»Wovor hatten Sie in den letzten Wochen Angst? Sie standen ja schon im Spital unter unserem Schutz?«

»Im Spital hatte ich auch keine Angst, aber später, zu Hause.«

»Und was jetzt – haben Sie jetzt keine Angst mehr?«

»Jetzt nicht, denn jetzt verdächtigt ihr ja anscheinend mich. Etwas Besseres kann sich der Täter gar nicht wünschen; damit ist er aus dem Schneider.«

Dianes neue Strategie war leicht zu durchschauen. Sie wollte den großen Unbekannten wieder ins Spiel bringen und lieferte dazu ein paar bisher unbekannte Details über den angeblichen Mörder, um die polizeiliche Untersuchung in eine neue Richtung zu lenken. Doch die Beamten gaben nicht so schnell auf.

»Wieso machten Sie Sightseeing, wenn es doch schon völlig dunkel war?«, wollte einer der Beamten wissen.

»Weil meine Kinder so gern herumfahren.«

»Und was haben Sie nach dem Überfall getan? Sind Sie auf dem schnellsten Weg zum Krankenhaus gefahren?«

Diane wusste nichts von dem neuen Zeugen, antwortete aber trotzdem ausweichend: »Das weiß ich nicht mehr – so schnell wie möglich eben.«

»Wie viele Mütter«, fragte Wuest jetzt recht direkt, »die ihre Kinder wirklich lieben, so wie Sie, würden alles tun, um sie vor jeder Gefahr zu schützen?«

»Weiß ich auch nicht, alle wahrscheinlich.«

»Und wie ist das bei Ihnen? Alle Ihre Kinder sind schwerverletzt, eines sogar gestorben – und Sie haben nur ein kleines Loch im Arm? Sie wollen sich nicht gewehrt haben, weil der Täter ein so guter Schütze war. War sein Verhalten nicht trotzdem seltsam?«

»Na ja, ich schätze schon.«

»Sie waren doch die größte Bedrohung für ihn. Er wollte das Auto. Die Kinder hätten ihn unmöglich daran hindern können, Sie aber sehr wohl. Aber er schießt nur auf die Kinder und dann erst auf Sie. Ist doch seltsam, oder?«

»Schon, aber jetzt wissen Sie ja, dass er es nicht auf das Auto abgesehen hatte, sondern auf mich.«
»Jetzt ja, aber zuerst haben Sie etwas anderes ausgesagt. Sind Sie sicher, dass Sie jetzt die Wahrheit sagen? Der Mann ist ein so guter Schütze, dass er im Dunkeln kein Problem damit hat, Ihre drei Kinder im Auto zu treffen, eines davon sogar tödlich. Und Sie verwundet er nur am Arm und lässt Sie dann entkommen? Können Sie sich nicht vorstellen, wer Sie so hasst, dass er Ihre Kinder umbringen will?«
»Keine Ahnung.«
»Sie haben ausgesagt, Sie hätten sich nicht an alle Einzelheiten erinnern können, weil Sie versuchen mussten, die schrecklichen Ereignisse zu verdrängen. Aber es gibt doch nichts Schrecklicheres, als die eigenen Kinder angeschossen, blutig, sterbend sehen zu müssen, richtig?«
»Ja, sicher.«
»Sie erinnern sich aber zum Beispiel daran, dass der Täter Bartstoppeln hatte. Gibt es nicht noch etwas viel Schrecklicheres, an das Sie sich nicht erinnern wollen?«
Diane fühlte sich offenbar plötzlich in die Enge getrieben und reagierte aggressiv. Sie gab keine Antworten mehr, nannte ihre Gesprächspartner »heuchlerische Arschlöcher«, stand auf und sagte unvermittelt: »Ich weiß übrigens genau, wer es war.« Dann verließ sie den Raum und schlug die Tür hinter sich zu.
Den Beamten war klar, dass die Frau bluffte; durch ein abgehörtes Gespräch, das sie unmittelbar danach mit Lew am Telefon führte, wurde diese These bestätigt. Statt der erhofften Entlastung hatte sie sich nur noch verdächtiger gemacht. Hugi ging nun von ihrer Alleinschuld aus und nahm auch nicht mehr an, dass es einen Auftragstäter gegeben hatte.
Allerdings hatte die Staatsanwaltschaft nach wie vor keine ausreichenden Beweise, um die Geschworenen in einem Indizienprozess zu überzeugen. Hugi wusste, dass die meisten Menschen im Zweifelsfall ohnehin nicht an die Möglichkeit glauben, eine Mutter könne ihre Kinder umgebracht haben. Soetwas darf nicht sein – und Oregon war in dieser Hinsicht besonders konservativ.
Die einzige Hoffnung war, Christie zum Sprechen und zur Erinnerung zu bringen. Sie wohnte zusammen mit Danny, der eine Woche später aus dem Spital entlassen werden konnte, aber für immer an den Rollstuhl gefesselt sein würde, bei einer Pflegefamilie, abgeschirmt von ihrer Mutter und von den Medien, betreut von Psychiatern. Beide, sagten die Pflegeeltern, könnten sich nur langsam an ein geregeltes Familienleben

gewöhnen, und es habe unverhältnismäßig lange gedauert, bis sie Zutrauen zu ihnen gefasst hätten. Christies Sprechvermögen mache gute Fortschritte. Sie rede viel, nur die Tatnacht habe sie bisher mit keinem Wort erwähnt. Und beide Kinder hätten seit ihrer Entlassung aus dem Krankenhaus nie nach ihrer Mutter gefragt.

Einige Wochen später ereignete sich ein schwerer Rückschlag für die Ermittler. Steve war aus Arizona gekommen und das Gericht hatte ihm erlaubt, seine Kinder zu sehen. Er nahm beide auf einen Ausflug mit, über den die Staatsanwaltschaft nicht informiert worden war, und traf Mutter und Großeltern. Als er sie abends wieder bei den Pflegeeltern ablieferte, wussten diese sofort, dass etwas Schwerwiegendes passiert sein musste. Die Kinder waren bleich und völlig apathisch, sprachen nicht und es dauerte Tage, bis sie wieder Vertrauen zu ihren Pflegeeltern hatten. Dann aber, als fühlte sie sich mit einem Mal befreit, erzählte Christie plötzlich von dem Überfall. Mit Hilfe zweier zusammengestellter Sofas demonstrierte sie in allen Einzelheiten, wie im Auto auf sie, ihre Schwester und ihren Bruder geschossen worden war und wo sie zum Zeitpunkt der Tat gesessen hatte. Die Schüsse waren vom Fahrersitz gekommen, nicht von außen. Und als der Psychiater Dr. Petersson fragte, wer denn geschossen habe, sagte Christie am 27. September 1983, zum ersten Mal nach der schrecklichen Nacht: »Meine Mutter.«
Die hatte einstweilen ganz in ihr altes Leben zurückgefunden und sich sogar einen Ersatz für das ermordete Kind beschafft. Diane war von einem Arbeitskollegen schwanger, hielt aber auch noch telefonischen Kontakt zu ihrer großen Liebe Lew. In einem Telefongespräch, das abgehört wurde, gab sie eine dritte Version zum Besten, die jetzt ihren Exmann Steve belastete und die Flucht vor den Attentätern glaubhaft machen sollte – Attentäter, denn jetzt waren es auf einmal zwei Männer gewesen.
»Nur einer von ihnen redete, der andere sagte kein Wort«, schilderte sie den angeblichen Hergang der Ereignisse. »Er hielt mich nur von hinten fest und presste mir die Hand auf den Mund. Ich habe ihn getreten und um mich geschlagen, und dabei wurde ich verletzt. Der eine Mann sagte: ›Du hast die Kinder im Auto. Du willst doch nicht, dass ihnen was passiert, oder? Also sei ein braves Mädchen und tu, was ich dir sage. Versuche nicht zu verhandeln und erzähl vor allem keinem was – sonst werden dich alle hassen und glauben, es wäre deine Schuld.‹

Was er sonst noch gesagt hat, weiß ich nicht mehr so genau; schließlich ist das jetzt ein paar Monate her. Der Mann erwähnte sowohl Lews als auch Steves Namen. Er sagte etwas davon, dass er eine Rose pflücken und mitnehmen wolle. Die einzige Rose, von der ich weiß, ist die auf meinem Rücken, und das hat mir schreckliche Angst eingejagt. Und dann sagten sie, sie müssten jemanden von mir befreien, mich aus irgendjemandes Leben entfernen. Ich habe geantwortet, ich würde ohnehin aus Steves Leben verschwinden, und Lew würde seine Kinder garantiert nicht erziehen, darüber müsste er sich keine Gedanken machen. Dann schossen sie auf meine Kinder und ich musste zusehen. Der eine Hurensohn hat mir dann, während er mich von hinten festhielt, in den Arm geschossen und ich konnte absolut nichts tun. Der andere drehte sich zu mir um und hielt mir die Pistole an den Kopf. Ich trat ihm in die Eier und er schrie: ›Du kommst dir wohl besonders schlau vor, du Hure!‹ Ich riss mich los und er schoss mir nach, traf aber nicht. Und dann stand er nur da und sagte: ›Hau jetzt ab und sieh zu, wie du aus der Sache rauskommst.‹ Dann waren die beiden weg.«

Erst als sich die Untersuchungskommission sicher war, dass Christie ihre Aussage auch in der Öffentlichkeit, vor einem Schwurgericht, wiederholen können würde, beschloss sie, Anklage gegen Diane Downs zu erheben – wegen Mordes und zweifachen Mordversuchs. Am frühen Morgen des 18. Februar 1984, neun Monate nach dem Überfall, wurde die Verdächtige vor ihrem Arbeitsplatz, dem Postamt von Cottage Grove, verhaftet und ins Lane County Jail in Eugene eingeliefert.
Der Prozessbeginn war für den 8. Mai angesetzt. Richter war James H. Foote, der damit seinem ersten Mordprozess vorsaß; Staatsanwalt Fred Hugi fungierte als Ankläger. Als Verteidiger war Jim Jagger engagiert worden, nachdem Staranwalt Melvin Belli, der Jack Ruby und den angeblichen Robert-Kennedy-Attentäter Sirhan Sirhan verteidigt hatte, aus Termingründen absagen musste. Diane war hochschwanger und der Geburtstermin war für Ende Juni festgesetzt. Möglicherweise würde man die Verhandlung unterbrechen müssen. Die Psychiater meinten in ihren Gutachten über die Angeklagte, sie sei zwar eine schwer psychotische Persönlichkeit, aber keineswegs geisteskrank und daher voll schuldfähig.
Als Diane in den Zeugenstand gerufen wurde, kehrte sie wieder zu ihrer ersten Version des Überfalls zurück – mit nur einem unbekannten Täter.

Auf die Widersprüche hingewiesen, redete sie sich mit Erinnerungslücken aus und wurde, sehr zum Ärger ihres Verteidigers, immer wieder aggressiv und ausfallend.
Nun hing alles von der Aussage ihrer Tochter Christie ab. Diese beschrieb den Tathergang noch einmal ganz genau und unbeeinflusst von den vielen verschiedenen Geschichten ihrer Mutter. Als Richter Foote sie fragte »Weißt du, wer auf Cheryl geschossen hat?«, antwortete sie ohne zu zögern: »Meine Mutter.«
»Woher weißt du das?«
»Weil ich es gesehen habe.«
»Wer hat auf Danny geschossen?«
»Meine Mutter.«
»Waren irgendwelche fremden Leute dabei? Leute, die du nicht gekannt hast?«
»Nein.«
»Und wer hat auf dich geschossen?«
»Auch meine Mutter.«
Das Motiv für den Mord ergab sich aus einem Brief, den Diane unmittelbar vor der Tat an Lew geschrieben hatte und den der Staatsanwalt vorlesen ließ: »Wir haben einander doch so glücklich gemacht, wir passen so gut zueinander. Und doch bist du bereit, unser Glück wegen meiner Kinder einfach wegzuwerfen. Du hast immer gesagt, du kannst nicht mit Kindern leben. Aber woher weißt du das, du hast es doch noch nie probiert?! Das ist doch verrückt. Und du musst auch zugeben, dass ich gute Kinder habe. Sie sind gehorsam und gut erzogen. Ich weiß, dass du dir Sorgen machst, weil wir, zwei Erwachsene und drei Kinder, in einer Zweizimmerwohnung zusammenleben sollen. Aber Ende August, das habe ich dir doch gesagt, werden wir ein Haus haben und ein Kindermädchen wird sich um sie kümmern. Ich kann so schwer akzeptieren, dass du etwas wegwerfen willst, unser beider Glück, aus Angst vor etwas, das es gar nicht gibt. Ich brauche dich so sehr, ich werde immer auf dich warten und zu allem, was du willst, immer sagen: Ja, ja.«
Offenbar dachte Diane, ihre Kinder würden einer dauernden Vereinigung mit Lew, dem Mann ihres Lebens, im Weg stehen und der Überfall im Wald wäre die ideale Lösung.
Nach einem Monat, einer Woche und einem Tag, am 16. Juni, wurde das Urteil verkündet, nachdem die Jury 36 Stunden lang beraten hatte.
Diane wurde sowohl des Mordes an ihrer Tochter Cheryl als auch des Mordversuchs an ihren beiden anderen Kindern, Christie und Danny,

schuldig gesprochen. Am 27. Juni brachte sie im Gefängnis ein gesundes Mädchen zur Welt, das sie Amy Elisabeth nannte. Zwei Monate später, am 28. August, verkündete Richter Foote das Strafmaß: lebenslänglich für Mord, 30 Jahre für die beiden Mordversuche und 20 Jahre für bewaffneten Überfall.

»Ich wollte unter allen Umständen vermeiden, dass die Verurteilte wieder in die menschliche Gesellschaft zurückkehren kann«, sagte der Richter, »und ich habe dazu alle Möglichkeiten des Gesetzes ausgenützt.«

Diane wurde zur Verbüßung der Strafe ins Staatsgefängnis von Oregon in Salem überführt. Dafür hatte sie sich ein passendes Outfit zurechtgelegt. Sie erschien in hautengen Jeans, einer weißen, weit ausgeschnittenen Bluse ohne BH und in kniehohen, schwarzglänzenden Lackstiefeln – gefährlich und sexy, wie die Presse schrieb. Und sie wollte sich nicht geschlagen geben.

Im Gefängnis von Salem erwies sich die Verurteilte als einfach zu behandelnde Insassin, zeigte aber bald bizarre Charakterzüge. Sie versuchte, die Wärter zu verführen, ließ sich von ihrem Verteidiger Obduktionsfotos ihrer toten Tochter besorgen, die sie stundenlang anstarrte, und behauptete, sich in einen Sträfling, den sie nur einmal kurz gesehen hatte, verliebt zu haben – und es wäre ihr gutes Recht, von ihm ein Kind zu haben. Außerdem müsse der Prozess neu aufgerollt werden, sagte sie in einem Interview, denn wenn die Geschworenen Lew einmal nackt sehen könnten, würden sie verstehen, dass sie wegen dieses Mannes sicher nicht ihre Kinder umgebracht hätte: er sei hässlich, hätte eine Hühnerbrust und einen Kugelbauch.

Das Gefängnis in Salem war alt und die Sicherheitseinrichtungen befanden sich keineswegs mehr auf dem letzten Stand. Diane sonnte sich während der Freistunden gern in einer Ecke des Hofes. Am Samstag, dem 11. Juli 1987, ließ sie sich wie üblich wieder in den Hof führen. Der Wärterin fiel nicht auf, dass die Gefangene um einiges dicker aussah als gewöhnlich. Sie hatte zwei Paar Kleidungsstücke übereinander angezogen, um sie später wechseln zu können und nicht aufzufallen. Sie setzte sich – ebenfalls wie immer – an ihren gewohnten Tisch in der Ecke. Wenige Minuten später, als die Wärterin nachsah, war Diane verschwunden. Irgendwie musste es ihr gelungen sein, über die Begrenzungsmauer und den Stacheldrahtzaun zu klettern. Eine Frau hatte sie noch auf dem Parkplatz beobachtet, dann war Diane verschwunden. Da sie als eine der gefährlichsten Verbrecherinnen der Haftanstalt galt, setzte die Polizei sofort eine Großfahndung in Gang, sperrte die Straßen ab und setzte Hubschrauber ein. Doch ihre Spur führte nur ins Zentrum von Salem, wohin sie per Autostopp gelangt war, dann war und blieb sie verschwunden.

Für den Staatsanwalt und seine Familie, für Lew und seine Frau Nora, vor allem aber für die Kinder wurden Einheiten zur Bewachung abgestellt; man fürchtete wohl zu Recht einen Racheanschlag. Doch Diane wurde nirgends gesehen, sie war wie vom Erdboden verschluckt. Erst nach fünf Tagen, bei einer erneuten Durchsuchung ihrer Zelle, fand sich ein möglicher Hinweis. Das oberste Blatt eines Schreibblocks zeigte Spuren einer Notiz, die offenbar auf dem vorderen Deckblatt gemacht worden war und sich durchgedrückt hatte. Das Polizeilabor in Salem konnte den Abdruck nicht lesen, also musste man das FBI-Labor in Quantico einschalten. Nach drei Tagen kam das Ergebnis: gerade Linien, wie bei einem Stadtplan, ein Viereck wie ein Platz, mit den Initialen P. I. oder P. P., und eine Adresse: St. St. 2262. Diese Abkürzung stand höchstwahrscheinlich für State Street und die war ganz in der Nähe des Ortes, wo Diane zuletzt gesehen worden war.

Die Polizei beobachtete die angegebene Adresse, eine Pension zweifelhaften Rufs, und sah viele Männer, aber keine Frau aus und ein gehen. Am Nachmittag des 21. Juli entschlossen sich die Beamten, das Haus zu durchsuchen. Zunächst blieb die Razzia erfolglos, doch dann entdeckten sie ganz oben an der Treppe, unmittelbar unter dem Dach, eine kleine verschlossene Tür. Auf Anruf und die Aufforderung, die Bewohner sollten mit erhobenen Händen herauskommen, geschah zunächst nichts. Als die Polizisten dann die Tür aufbrachen und den Eingang mit gezogener Waffe sicherten, erschien zuerst ein Mann, groß, schlank und mit dunklem Schnurrbart – genau der Typ, dem Diane (oder er ihr) nicht widerstehen konnte. Erst nach einigen Sekunden kam Diane aus dem Zimmer. Sie hatte sich die ganze Zeit über hier versteckt gehalten, nur wenige Kilometer vom Gefängnis entfernt.

Die Frau erzählte, dass sie vorgehabt habe, auf eigene Faust den Mörder ihrer Tochter zu suchen. Sie habe doch angegeben, seinen Namen zu kennen. Er heiße Samasan Timchuck, sei Indianer und lebe bei seiner Großmutter in Marcola. Natürlich existierte eine Person dieses Namens nicht.

Der Mann, der Dianes Flucht organisiert und sie versteckt gehalten hat-

te, hieß Wayne Seifer und war mit Dianes bester Freundin im Gefängnis verheiratet. Dort hatte sie ihn auch kennengelernt und gleich als Fluchthelfer sowie Geliebten engagiert.
Da das Oregon State Prison nicht mehr sicher genug war, wurde Diane Downs zur Verbüßung ihrer Reststrafe, auf die es nach der Flucht keine Bewährung mehr geben würde, ins Hochsicherheitsgefängnis von Clinton in New Jersey gebracht, angeblich die sicherste Frauenhaftanstalt in den Vereinigten Staaten. Und dort wartet sie heute noch darauf, dass sich ihr »Bushy Haired Stranger« eventuell von selbst bei den Behörden meldet …

Gift & Galle

Familienplanung nach deutscher Art

Die Giftmischerinnen Charlotte Ursinus und Gesche Gottfried

In den 30er-Jahren des 19. Jahrhunderts gehörte er zu den Sehenswürdigkeiten Berlins: ein Herr, seltsam bekleidet im altmodischen blauen Frack mit langen, spitzen Schößen, dünnen, schwarzen Hosen und einem ebenso altmodischen, hohen, schwarzen Filzhut und von noch seltsamerer, geradezu erschreckender Gestalt. Er war zum Skelett abgemagert, mit einem Kopf, der nicht mehr größer war als der eines kleinen Kindes, völlig haarlos und von gespenstischer, bleigrauer Gesichtsfarbe. Sein Name und sein Schicksal waren in der ganzen Stadt bekannt. Es handelte sich um Balthasar Klein, den ehemaligen Bedienten und zugleich das letzte, einzig überlebende Opfer der Giftmörderin und Geheimrätin Charlotte Ursinus.

Besagte Ursinus war einst eine der blendendsten Erscheinungen der Berliner Gesellschaft. Sie war eine Frau von betörender Schönheit, groß und schlank, mit üppiger Büste, vollem, schwarzem Haar und madonnenhaft schönen Gesichtszügen, die in wirkungsvollem Kontrast zu den unzähligen, pikanten Geschichten standen, die man von ihrer schrankenlosen Sinnlichkeit und ihren vielen Liebhabern erzählte. Ihre dunkle Herkunft erhöhte nur den Reiz ihrer Persönlichkeit. Charlotte war die Tochter des Geheimen Rates Weiß, der in seiner Identität als Legationssekretär Weingarten in österreichischen Diensten wichtige Staatsgeheimnisse an Preußen verraten hatte und zum Dank dafür in den Staatsdienst aufgenommen worden war. Aufgewachsen im Dienstort ihres Vaters, in Stendal, kam das Mädchen mit zwölf Jahren nach Spandau zu ihrer älteren Schwester, der Hofrätin Haacke. Wegen eines skandalösen Liebesverhältnisses, das der Teenager dort mit einem Mitschüler angezettelt hatte, wurde sie wieder nach Hause beordert und sofort – kaum 19 Jahre alt – verheiratet und zwar mit dem respektablen, aber kränklichen und schon recht betagten Obergerichtsrat Ursinus.

Da der Angetraute die Ehe wegen Impotenz nicht vollziehen konnte, musste sich Charlotte anderweitig umsehen, um ihre längst erwachte Sinnlichkeit zu befriedigen. Sie begann ein Verhältnis mit dem holländischen Hauptmann Ragay, das der unvermögende Ehemann durchaus begünstigte. In Briefen, die Charlotte mitentwarf, schrieb er Anweisungen, wie der Liebhaber seine Frau zu behandeln habe.

Ragay dürfte dieses Verhältnis zu eng geworden sein und er plante bereits seine Abreise. Bevor er sein Vorhaben noch durchführen konnte, starb er jedoch plötzlich – an der Schwindsucht, wie die Ärzte diagnostizierten. Am 10. September 1800, kurz danach und ausgerechnet an seinem Geburtstag, erkrankte auch der ohnehin schon marode Herr Ursinus plötzlich ernsthaft. Seine Frau kümmerte sich aufopfernd um ihn, wachte an seinem Bett und verschaffte ihm, angeblich auf seinen eigenen Wunsch, diverse Brechmittel, da alle anderen Arzneien nicht helfen wollten. Das Brechmittel zeigte die von der liebenden Gattin gewünschte Wirkung: Bereits wenige Stunden nach der Einnahme ging der Gerichtsrat unter heftigen Brech- und Diarrhoeanfällen zu Grunde. In der Apotheke Thimann hatte die Ursinus kurz zuvor Rattengift gekauft, obwohl in ihrem Haus, wie die Dienerschaft bezeugte, noch nie Ratten bemerkt worden waren.

Das kleine Vermögen, das ihr Mann hinterlassen hatte, versetzte die Witwe Ursinus nach kurzer Trauerzeit in die glückliche Lage, ihre neue Ungebundenheit entsprechend zu genießen. Sie gab Feste und Einladungen, die – wie man sich in der Berliner Männerwelt erwartungsvoll erzählte – ausschließlich dazu dienten, ihr Partner, deren Dienste meist nur auf eine Nacht beschränkt blieben, ins Haus zu bringen. Kammerdiener Klein stand bei diesen Anlässen stets zur Verfügung; einen Teil seines Lohns soll er ebenfalls in Naturalien ausbezahlt bekommen haben …

Im Januar 1801 besuchte Charlotte ihre Tante, das unverheiratete, kinderlose und etwas vermögende Fräulein Christina Witte in Charlottenburg, nachdem sie sich wieder vom Apotheker Thimann Rattengift in neutraler Verpackung hatte schicken lassen. Das geöffnete Päckchen lag

noch auf dem Nachttisch, als die Tante, trotz unermüdlicher Pflege durch ihre Nichte, plötzlich verstarb. Offenbar hatte Klein die krankenpflegerischen Talente seiner Dienstherrin aber mittlerweile durchschaut. Er wusste zuviel und musste daher ruhiggestellt werden, da ihm auch das, was eine Frau naturgemäß bieten konnte, nicht mehr ausreichte.
Nachdem der Diener Kündigungsabsichten geäußert hatte, wurde ihm mit einem Male unwohl. Frau Geheimrätin kochte ihm eigenhändig eine Suppe, um sein Befinden zu verbessern. Klein trank davon und bemerkte am Boden der Tasse einen merkwürdigen, pulverartigen Bodensatz, worauf ihm nicht wohler wurde – ganz im Gegenteil. Er musste sich erbrechen, hatte Leibschmerzen und Durchfall. Auch die Rosinen, die ihm seine rührend besorgte Dienstherrin daraufhin verabreichte, halfen nicht. Als Charlotte Ursinus dann einmal die Wohnung verließ, suchte Klein nach möglichen Quellen seines Siechtums und wurde im Sekretär fündig. Ein dort aufbewahrtes Päckchen, das ein grauweißes Pulver enthielt, war praktischerweise gleich mit »Arsen« beschriftet und stammte aus der Apotheke Thimann.
Als die wieder nach Hause zurückgekehrte Geheimrätin ihm ausgerechnet Backpflaumen zur Linderung seiner Übelkeit anbot, aß er diese nicht, sondern gab sie der Kammerzofe, die wiederum einen Freund hatte, dessen Bruder Lehrling in einer anderen Apotheke war. Sein Chef, ein gewisser Magister Flittner, untersuchte das Obst sorgfältig und entdeckte in einer Pflaume acht Gran Arsenik.
Der Apotheker alarmierte daraufhin sofort die Obrigkeit. Mit der Untersuchung des Falles wurde der Geheime Justizrat Warsind betraut. Dieser verhörte die Dienerschaft, ließ das Untersuchungsergebnis des Apothekers Flittner bestätigen und informierte sich über die plötzlichen Todesfälle des Ehemanns und der Tante von Frau Ursinus. Nach diesen ersten Ermittlungen verhaftete er am Abend des 5. März 1803 höchstpersönlich – wie es bei einer Person von Stand üblich war – die Geheimrätin, die gerade mit drei Herren beim Kartenspiel saß. Die Nachricht von der Festnahme platzte in der guten Berliner Gesellschaft wie eine Bombe.
Um einen Giftmord nachweisen zu können, musste Justizrat Warsind zuerst die beiden mutmaßlichen Opfer exhumieren lassen. Fräulein Witte, die so überraschend verstorbene Tante der Ursinus, wurde als Erste in ihrer Grabesruhe gestört.
Die Leiche der Frau zeigte alle Anzeichen einer Arsenikvergiftung. »Der Körper war, obgleich er länger als drei Jahre im Grabe gelegen hatte, noch nicht verwest; er war mumienartig zusammengetrocknet, so dass

die äußere pergamentartige Hautbedeckung des Unterleibes nur mit Mühe durchgeschnitten werden konnte. Die Gedärme, das Herz und der Magen zeigten sich in einem weichen, breiartigen, dem Talge ähnlichen Zustande. Die Lunge war sehr zusammengefallen, Milz und Leber waren von dunkelblauer Farbe. Das Herz war breiartig aufgelöst.« Die chemische Untersuchung ließ keine eindeutigen Schlüsse zu; mit den damaligen Methoden ließ sich Arsen nicht 100-prozentig nachweisen. »Allein der Magen zeigte unverkennbare Kennzeichen einer Entzündung mit Brandflecken und die dünnen Gedärme waren größtenteils entzündet und in Brand übergegangen.«

Am 24. März, sieben Tage später, wurde die Leiche von Charlottes Ehemann auf dem Neustädter Kirchhof exhumiert – des Nachts, um öffentliches Aufsehen zu vermeiden. Das Gericht, das offenbar dramatische Auftritte liebte, hatte aber die mutmaßliche Täterin zu dem makabren Anlass gebeten. Ein Augenzeuge berichtete: »Vor der Kirchhofsmauer kommt spät abends ein verdeckter Wagen angerasselt, aus welchem eine weibliche Figur mit einigen Mannspersonen heraussteigt; die Kirchhofstür öffnet sich, die Angekommenen treten ein und alsbald wird die Thür abgeschlossen. Rings umher herrscht eine bange Stille. Auf einigen Gräbern stehen wie Bildsäulen einige Unteroffiziere und Polizeibeamte. Starr blickt der Todtengräber in das schon geöffnete Grab hinunter. Schweigend erkennt der Tischler den von ihm gefertigten Sarg. Die Inquisitin, von ihrem Richter aufgefordert, die Stelle zu zeigen, wo ihres Wissens ihr Mann ruhe, deutet auf die schon geöffnete hin. Herzergreifend waren Blick, Ton und Stellung, womit das arme Geschöpf ihre Aussagen begleitete. Doch dieser erste Auftritt, wozu der Friedhof den Schauplatz lieh, sollte nur eine Vorbereitung sein zu dem Trauerspiel, das ihr noch in der Kirche bevorstand. Durch die düsteren Hallen des öden Gebäudes, worin nichts Lebendiges sprach als der dumpfe Widerhall der angekommenen Fußtritte, wird die Inquisitin nach der hell erleuchteten und zu diesem gerichtlichen Zwecke vorbereiteten Sacristei geführt. Hier zieht man den Sargdeckel ab und die trotz Widerstrebens herangeführte Ursinus steht vor der Mumie ihres Mannes, dessen gebrochene Augen sie anstarren, dessen Fäuste zusammengeballt sind, als erkenne er seine Mörderin und wolle an ihr seinen Mord rächen.«

Enttäuschend für die Umgebung, die anderes erwartet hatte, verschmähte sie die »Waffen ihres Geschlechts, Thränen und Ohnmacht«, sondern agnostizierte gefasst den Toten als ihren Mann. Die Untersuchung der Leiche durch die Gerichtsmediziner ergab einen ähnlichen Befund wie bei der Tante. Auch sie war weitgehend mumifiziert, Arsenik konnte nicht nachgewiesen werden, aber »Brandflecken an den dünnen Gedärmen« machten eine Arsenikvergiftung mehr als wahrscheinlich.

Das Gericht beriet lange über die Schlüssigkeit und Beweiskraft der Analysen. Die Untersuchung schien bereits ins Stocken geraten zu sein, als im August 1803 ein Buch im renommierten Verlag J. Fr. Unger erschien, das unter dem Titel »Bekenntnisse einer Giftmischerin, von ihr selbst geschrieben« vorgab, das autobiografische Geständnis der Ursinus zu sein. Die Sensation war entsprechend groß; selbst Goethe interessierte sich sehr für den Fall. Die Verfasserin des Werkes war jedoch nicht die Angeklagte, sondern ein Berliner Schriftsteller namens Paul Ferdinand Friedrich Buchholz, der geschickt alle bis dahin bekannten Details benützt hatte, um Authentizität vorzutäuschen.

In einem Brief, den Theodor Fontane zu dieser Zeit erhielt, hieß es: »Über der Ursinus' Dreistigkeit kann ich mich nicht genug wundern. Wie kann sie's nur wagen, anständige Personen um ihren Besuch zu bitten, alles bloß, um ihnen etwas von ihrer Unschuld vorzuklagen? Um Versuche zu machen, habe sie das Gift gegeben. So sagt sie. Gut; aber warum hat sie nicht allerpersönlichst eine Unze Gift genommen? Das wäre das weitaus Beste gewesen.«

Das Gericht ließ sich von derartigen Dingen allerdings nicht beeinflussen und entschied, dass Fräulein Witte mit Sicherheit, Herr Ursinus aber nur wahrscheinlich durch Arsenik zu Tode gekommen war. Der Tod des Liebhabers Ragay wurde überhaupt nicht untersucht. Die Geheimrätin wurde daher nur wegen des Mordes an ihrer Tante und des versuchten Mordes am Diener Balthasar Klein angeklagt und – zur Empörung des Publikums, das von typischer Klassenjustiz sprach – nur zu lebenslanger Festungshaft verurteilt. Diese verbüßte sie in Glatz an der schlesischen Grenze, wo man ihr ein eigenes Zimmer zuwies und ihr eine Gesellschaftsdame sowie freie Bewegung innerhalb der Festungsmauern gestattete.

Mit Erreichen des 70. Lebensjahres durfte Charlotte Ursinus dann wieder in der Stadt wohnen, gab Empfänge, kümmerte sich um ihre Verwandtschaft, besonders ihre Nichten, und übte Wohltaten an Waisenkindern. Im Alter von 74 Jahren verstarb sie an der Brustwassersucht. Sechs Waisenknaben und sechs Waisenmädchen, die von ihr unterstützt worden waren, sangen am offenen Grabe »Verschlaf' die hier erlittenen Schmerzen …«

»Mir schaudert doch sonst vor dem Bösen;
allein das war nicht bei mir der Fall;
ich konnte mit Lust Böses tun.«
Gesche Gottfried

Weitaus erfolgreicher – zumindest, was die Zahl der bekannten Opfer betrifft – war die zweite der klassischen deutschen Giftmischerinnen: Margarethe Gottfried, bekannt unter ihrem Kosenamen Gesche.
1785 wurde sie als Tochter des bekannten Frauenschneiders Johannes Timm in Bremen geboren. Wie die Ursinus war sie ein besonders hübsches Mädchen, blond und eine »fast ätherische Erscheinung«, wie zeitgenössische Stimmen behaupten. Margarethe half fleißig im Haushalt mit, war weichherzig und sensibel; so wurde sie beispielsweise jedesmal, wenn ihr Vater sein Morgengebet sprach, zu Tränen gerührt. Zudem spielte sie gern Theater und brillierte bei Liebhaberaufführungen in den Nachbarhäusern durch ihren natürlichen Liebreiz und ihre mädchenhafte Grazie.
Wahrscheinlich wollte das Fräulein Timm, das heimlich Klavierspielen und Französisch lernte, nicht den damals für Frauen vorgeschriebenen Lebensweg beschreiten, sondern lieber Schauspielerin werden. Sie wies sämtliche Heiratsanträge ab, doch ihr Vater verehelichte sie – in der Hoffnung auf gesellschaftlichen Aufstieg – mit 21 Jahren an den Sattlermeister Johann Gerhard Miltenberg, Witwer und Sohn eines reichen Handwerkers, der eine bekannte Gemäldesammlung besaß.
Die Ehe war jedoch alles andere als glücklich. Miltenberg geizte zwar nicht mit seinem Vermögen und machte seiner Angetrauten kostspielige Geschenke; ansonsten ließ er sie jedoch unberührt und führte lieber »ein liederliches Leben in Kneipen und Bordellen«, anstatt seine ehelichen Pflichten wahrzunehmen – was er wegen Potenzstörungen auch gar nicht mehr zustandebrachte. Er selbst führte seiner Frau einen präsumtiven Liebhaber, den fröhlichen Weinreisenden Michael Christoph Gottfried, zu. Bevor jener aber seine Aufgabe erfüllen konnte, wurde Margarethe von einem anderen Freund ihres Mannes verführt. Es handelte sich um den ebenfalls in der Getränkebranche tätigen Weinhändler Kassow.
Zwei Kinder hatte Gesche inzwischen geboren; das Mädchen Adelheid war verkrüppelt zur Welt gekommen, das andere tot. Gottfried mietete sich bei der Familie ein, doch als er endlich sein Verhältnis mit der Frau des Hauses begann, kam es umgehend zum Streit mit Kassow, der auf ältere Rechte pochte. Der Ehemann sollte als Schiedsrichter fungieren, konnte sich aber nicht entscheiden …

Nach der Entbindung ihres Sohnes Heinrich und einer weiteren Totgeburt verlor Margarethe ihre Schönheit, magerte ab und versuchte ihre Reize mit künstlichen Mitteln – Schminke, Korsetts und teurem Putz – zu erhalten. Da solche Behelfe nicht gerade billig waren, begann sie, ihren Mann und die zwei Liebhaber zu bestehlen. Zwei weitere Geburten folgten, aber nur das Mädchen Johanna überlebte. Die Vaterschaft war auf Grund der Vielfalt der mütterlichen Beziehungen nie ganz klar.
Herr Miltenberg hatte inzwischen mit tatkräftiger Unterstützung durch die beiden Liebhaber seiner Frau, die ja beide Weinhändler waren, sein gesamtes Vermögen versoffen. Als er erkrankte, fasste Gesche den Plan, ihn zu beseitigen, da ihr eine Wahrsagerin prophezeit hatte, sie allein würde von ihrer Familie übrigbleiben und erst dann gut leben können. Von ihrer Mutter holte sie sich »Mäusebutter«, ein damals beliebtes Schädlingsvernichtungsmittel aus Arsen und Fett, das sie ins Essen und die Medizin ihres Mannes rührte. Miltenberg verstarb daraufhin am 1. Oktober 1813 nach starken Leibschmerzen, Erbrechen, Durchfall, nicht zu löschendem Durst, Schwindel und Lähmungserscheinungen – den typischen Symptomen einer Arsenvergiftung. Nach seinem Tod spielte die junge Frau die untröstliche Witwe und wurde innerlich von quälenden Gewissensbissen und der abergläubischen Vorstellung gepeinigt, das Gift würde aus der Leiche platzen. Zudem wurde sie von schlimmen Halluzinationen geplagt: »Es war abend und auf der Diele finster. Auf einmal sah ich ein hell brennendes Licht, ganz niedrig an der Erde die Hausdiele heraufschweben, bis vor meine Hinterstube. Da verschwand es.«
Gesche lebte nach wie vor mit Gottfried und Kassow zusammen. Ihrem Vater war es gelungen, Miltenbergs Schulden zu begleichen, indem er sein Haus verkauft hatte. Doch die Witwe blieb weiterhin an ihre Kinder und ihre Eltern gebunden – und letztere widersetzten sich einer offiziellen Verbindung mit Gottfried. Mit »Ratzenkraut«, das sie im Haus ihrer Eltern fand, vergiftete sie eineinhalb Jahre nach dem Mord am Ehemann, am 2. Mai 1815, zuerst ihre Mutter, der sie Arsenik in die Limonade rührte. Gleich beim Leichenschmaus für die Verstorbene servierte sie ihren beiden Kindern Johanna und Adelheid einen mit Arsenik versetzten Kuchen; danach bekamen ihr Vater Johann Timm und im September ihr Sohn Heinrich eine ebenso tödliche Dosis Arsenik in die Suppe.
Es verwundert kaum, dass die vielen familiären Todesfälle zu Gerüchten führten. Einerseits bezeichnete man Gesche wegen ihrer Leidensfähigkeit als »Engel von Bremen«, andererseits konnte man doch nicht anders, als

sich über diese Häufung an Tragödien zu wundern. Heinrichs Leiche wurde zwar seziert, doch der Arzt konnte keine unnatürliche Todesursache feststellen und diagnostizierte Tod infolge einer »Verschlingung der Eingeweide«.

Gesches trunksüchtiger Zwillingsbruder Johann Christoph Timm, der als Krüppel aus den napoleonischen Kriegen heimgekehrt war, wurde im Jahr 1816 das nächste Opfer der mittlerweile geübten Giftmörderin. Er beging den Fehler, seinen Anteil am elterlichen Erbe zu verlangen, und bekam daraufhin seine Portion Arsenik in geräuchertem Schellfisch verabreicht. Und da Hausfreund Gottfried durch die Schicksalsschläge in der Familie als Liebhaber etwas zögerlich geworden war, wurde auch gleich sein Tod beschlossen. Er starb an vergifteter Mandelmilch, ließ sich aber noch am Sterbebett mit Gesche trauen. Das Kind aus der Verbindung kam tot zur Welt.

Da die nun zum zweiten Mal verwitwete Frau jetzt auch noch Gottfrieds Schulden übernehmen musste, stand sie bald wieder völlig mittellos da. Doch das Gift, mit dem sie in der Zwischenzeit virtuos umgehen gelernt und vor dessen Wirkungen sie keine Angst mehr hatte, verlieh ihr eine geradezu unbeschränkte Macht über Leben und Vermögen ihrer Mitmenschen. Einen ihrer Freier, den Modewarenhändler Paul Thomas Zimmermann, ermordete sie im Juni 1823, gleich nach der Verlobung, mit vergiftetem Zwieback. Sie erbte sein Vermögen und das Geschäft. Zwei Jahre später musste die Musiklehrerin Anna Lucie Meyerholtz wegen ein paar geliehener Taler sterben; wenige Monate danach erlag ihr Nachbar und platonischer Seelenfreund Johann Mosees nach langen Qualen den wiederholten Verabreichungen der bewährten Mäusebutter. Nur Gesches Jugendfreundin Marie Heckendorf überlebte die Anschläge mit schweren Lähmungserscheinungen.

Das auf diese Art »erarbeitete« Geld hielt jedoch nie lange; Liebhaber, Reisen, feine Getränke und »das Lesen von Romanen« zehrten es schnell wieder auf. Die Witwe Gottfried verkaufte ihr Elternhaus daher an den Radmachermeister Johann Christoph Rumpff und dessen Gattin Wilhelmine, durfte aber weiterhin dort wohnen und den Haushalt besorgen. Es dauerte nicht lange, bis Frau Rumpff, die soeben Mutter geworden war, an einer Hafersuppe zugrunde ging. Sie war das zwölfte Mordopfer Gesches; später, am 13. Mai 1827 und nach zahlreichen misslungenen Mordversuchen an anderen, fielen auch Gesches langjährige Freundin Beta Schmidt und deren dreijährige Tochter dem Vergiftungswahn der Mörderin zum Opfer.

Ihren fünfzehnten und letzten gelungenen Mord beging Gesche während einer Reise nach Hannover. Dort hatte sie den Beschlagmeister Friedrich Kleine aufgesucht, der dreisterweise die 800 Taler, die er seinerzeit Herrn Gottfried geliehen hatte, zurückforderte – und dafür sterben musste. Auch Herr Rumpff und seine Angestellten wurden immer kränker. Als der Hausherr eines Tages im Salat und in einer Tasse Bouillon zuckerähnliche weißliche Körner entdeckte, schöpfte er Verdacht. Eine Speckseite, an der ebenfalls die seltsamen Körner hafteten, brachte er zu seinem Hausarzt, der die Substanz analysieren ließ und entsetzt eine »erhebliche Menge Arsenic« feststellte. Am Tag danach – dem 6. März 1828 – wurde Gesche festgenommen.

In der Untersuchungshaft befreite man sie von ihrem falschen Busen und zog ihr die 13 Korsetts aus, die sie übereinander trug. Ohne Zähne und Schminke kam ihr jegliche verführerische Anziehungskraft abhanden, die sie zweifellos einmal gehabt haben musste. 15 Giftmorde und 15 mehr oder weniger gelungene Giftanschläge wurden ihr zur Last gelegt. Während der fast drei Jahre währenden Untersuchungshaft legte sie ihr Geständnis in einem schriftlichen Bericht nieder, der später veröffentlicht wurde.

Das Bremer Gericht verurteilte Margarethe Gottfried zum Tod durch das Schwert und erwartungsgemäß wurde der Spruch vom Oberappellationsgericht in Lübeck bestätigt. Die mittlerweile zum Skelett abgemagerte und stark gealterte Giftmörderin wurde am 21. April 1831 vor dem Stadthaus von Bremen hingerichtet. Auf den Stufen zum Schafott blitzte, wie ihr Verteidiger Dr. Leopold Vogel in seinem Buch »Lebensgeschichte der Giftmörderin Gesche Margarethe Gottfried« berichtete, »vor der letzten Ohnmacht noch einmal ein satanisches Leben, ein Feuer der Hölle, wie stachelnd aus den sonst erloschenen Augäpfeln hervor«.

Gesches abgeschlagener Kopf wurde in Spiritus eingelegt und im Bremer Museum am Domshof zugunsten eines Waisenhauses ausgestellt. In einem Zeitungsartikel, der kurz nach ihrer Hinrichtung erschien, wurde das makabre Relikt wie folgt beschrieben: »Sehr interessant ist der Anblick dieses Kopfes. Die Gutmüthigkeit schauet auch im Tode noch aus allen Zügen. Mit Mühe sucht jeder die Züge der Bosheit, der Arglist, der Mordsucht zu entdecken, weil jeder diese finden will. Aber jene Züge des Edlen stellen sich überall dar. … Dieser Ausdruck ihres Gesichts, der den Trieben ihrer schwarzen Seele so zuwider war, macht uns die Möglichkeit erklärbar, daß ihre bösen Handlungen so lange unentdeckt bleiben konnten. Vertrauen erweckte sie allgemein, und jedes Mißtrauen verschwand vor ihrer Freundlichkeit, ihrer Dienstfertigkeit und ihrer Aufmerksamkeit. So wußte sie alle guten Menschen für sich zu gewinnen.«

Eine wahre Perle

Der Fall Anna Maria Zwanziger

Die Taten der Anna Maria Zwanziger, die die Kriminalgeschichte auch als »deutsche Marquise de Brinvilliers« (eine berühmte französische Giftmischerin) oder das »Monster aus Bayern« kennt, zeichneten sich durch exakte, langfristige Planung und damit eine gute Portion Heimtücke aus. Nicht umsonst gilt diese Frau als eine der drei klassischen deutschen Giftmörderinnen des 19. Jahrhunderts.
Dabei war sie eigentlich – wie häufig in solchen Fällen – eine unscheinbare Person, der niemand etwas Böses zugetraut hätte …

Der Justizamtmann von Pegnitz im Bayreuther Oberland gratulierte sich zur Wahl seiner neuen Haushälterin. Am 25. März 1808 hatte Herr Glaser auf Empfehlung von Freunden eine Nürnberger Witwe mit Namen Nanette Schönleben (geborene Steinacker) engagiert, die einige Jahre in seinem Amtsort als Näherin gearbeitet und sich durch »sittliches Betragen, Bescheidenheit und untadeligen Lebenswandel« empfohlen hatte. Sie war mit ihren über 50 Jahren zwar nicht mehr ganz jung und auch nicht mehr besonders ansehnlich, hatte aber das Hauswesen bald völlig im Griff. Und das war für den Amtmann, der gerade von seiner Frau verlassen worden war, besonders wichtig.
Die Witwe kümmerte sich nicht nur um Küche und Keller, sondern setzte darüber hinaus – in scheinbar selbstloser Manier – alles in Bewegung, was in ihrer Macht stand, um die entlaufene Gattin ihres Arbeitgebers zur Rückkehr ins verlassene Ehebett zu bewegen. Sie schrieb Briefe

und insistierte so lange, bis sie tatsächlich Erfolg hatte: Frau Glaser wollte sich mit ihrem Mann versöhnen und Nanette sorgte für einen großen Empfang. Das ganze Städtchen stand Spalier, die Wege waren mit Blumen bestreut und über der Haustür prangte der Spruch »Der Witwe Hand knüpft dieses Band«, von dieser selbst gedichtet und in Schönschrift verewigt. Die Heimkehrerin wurde allerdings von üblen Vorahnungen geplant. »Ich melde Euch«, schrieb sie an eine Freundin, »dass nächsten Mittwoch eine Aussöhnung mit meinem Mann statthat. Wie mir ist, kann ich Euch nicht sagen. Fürchterlich tobt es in mir. Ob mir vielleicht etwas ahnet?«
Und ob ihr etwas ahnte ... Kaum vier Wochen nach dem Brief, am 26. August 1808, starb die bis dahin völlig gesunde, kräftige junge Frau plötzlich unter fürchterlichen Krämpfen, Erbrechen und Diarrhöen.
Die Witwe Schönleben konnte kaum das Begräbnis abwarten, um ihre Wirkungsstätte endlich zu verlassen. Sie zog weiter und begab sich in die Dienste eines noch unverehelichten Amtskollegen von Herrn Glaser, nämlich des Justizamtmanns Grohmann zu Sanspareil. Als sie am 25. September dort ihren Dienst antrat, war ihr neuer Dienstherr schon seit längerer Zeit kränklich. Trotz seiner Jugend von knapp 35 Jahren plagte ihn derart die Gicht, dass er des Öfteren sein Bett nicht verlassen konnte. Die neue Haushälterin pflegte den Mann aufopfernd, wich nicht von seiner Seite und begegnete anderen mitleidigen Seelen, die ebenfalls helfen wollten, mit entschiedener Abwehr. Den Brüdern Lorenz und Johann Dorsch, die beide als Hausdiener bei Grohmann tätig waren, servierte sie Bier, woraufhin beiden entsetzlich übel wurde – ebenso wie dem Herrn Amtmann Christoph Hofmann, als er bei einem Besuch vom Gerstensaft gekostet hatte.
Ihrem kranken Arbeitgeber ging es aber – trotz der von allen bemerkten aufopfernden Pflege von Seiten der Witwe – keineswegs besser. Im Gegenteil, zu seinem Krankheitsbild gesellten sich besorgniserregende neue Symptome: heftiges Erbrechen, Schmerzen in den Gedärmen, Durchfall, trockene Haut, Entzündung des Schlundes, großer Durst, ein pelziges Gefühl in den Gliedern und starke Schwächeanfälle.
Der Justizamtmann hatte sich trotz seiner Hinfälligkeit mit Heiratsplänen getragen. Als Braut war bereits die Tochter eines Kollegen bestimmt. Frau Schönleben hielt die Idee einer Verehelichung allerdings ganz und gar nicht für gut. »Der Mann ist ja immer krank, was will er noch heiraten?«, sagte sie zu Besuchern. Trotzdem wurde noch eine Einstandsvisite der zukünftigen Braut geplant, als Grohmann am 8. Mai 1809 nach kur-

zer, aber schwerer Krankheit plötzlich verstarb. Seine Haushälterin schien untröstlich. Sie schrie und jammerte laut, vor allem dann, wenn sie wusste, dass Zeugen in der Nähe waren. Immerhin musste sie sich zu allem Unglück jetzt schon wieder nach einem neuen Arbeitsplatz umsehen, was bei ihrem stadtbekannten guten Ruf aber kein großes Problem darstellte.

Schon wenige Tage nach dem tragischen Ereignis wurde die Schönleben von der Amtmännin Gebhard zu sich gebeten, um dieser bei ihrer bevorstehenden Niederkunft beizustehen und ihr auch noch während des Wochenbetts als Haushälterin und Wärterin zu helfen. Am 13. Mai 1809 kam der kleine Fritz zur Welt. Mutter und Kind waren wohlauf, doch nur drei Tage später erkrankte die Wöchnerin plötzlich – sie litt unter starken, krampfartigen Schmerzen, heftigem Erbrechen, Diarrhöeanfällen, trockener Haut und entzündetem Schlund. Am 20. Mai, nur sieben Tage nach der Geburt ihres Sohnes, erlag sie ihren Beschwerden.
Welch Glück für den so unversehens zum Witwer gewordenen Amtmann und seinen zum Halbwaisen gewordenen Säugling, dass sich die brave Haushälterin bereit erklärte, auch weiterhin bei ihnen zu bleiben! Seltsam war nur, dass Besucher in den nächsten Monaten nur selten ohne Beschwerden das Haus des Amtmanns verließen. Handlungsdiener Beck und Sekretärswitwe Alberti beispielsweise litten nach einem Mittagessen unter heftigen Leibschmerzen, Koliken, Erbrechen und Nervenzuckungen, die zwölf Stunden lang andauerten. Der Kammerbote Rosenauer fühlte ähnlich Unangenehmes nach einem Glas Wein und sein Laufbursche bemerkte zwar einen eigenartigen weißen Klumpen in einem Schnapsglas, trank aber doch ein wenig von dem angebotenen Getränk, was ihm ebenfalls Übelkeit und Leibschmerzen eintrug.
Am 1. September veranstaltete Gebhard einen Kegelabend mit Freunden. Es gab Bier und allen wurde davon schlecht. Zwei Männer – einer von ihnen war der Gastgeber selbst – mussten sich sogar wegen heftigen, unstillbaren Erbrechens und krampfartigen Durchfällen in ärztliche Behandlung begeben.
Erst jetzt kam man auf die Idee, die einander so ähnlichen Krankheitsfälle in einen Zusammenhang zu bringen, und zog erste Schlüsse daraus. Amtmann Gebhard musste von seinen Freunden, den erkrankten Kegelbrüdern, trotzdem beinahe gezwungen werden, seine Perle zu entlassen.

Einstweilen dachte aber noch niemand daran, sich an die Obrigkeit zu wenden. Der Ruf der Witwe war einfach zu gut und man erging sich eher in abergläubischer Furcht vor ihrer »schlechten Aura« als in konkreten Verdächtigungen. Gebhard nahm Frau Schönleben zwar sämtliche Schlüssel ab und enthob sie der Aufsicht über sein Hauswesen, stellte ihr jedoch ein ausgezeichnetes Dienstzeugnis aus, schenkte ihr noch eine Goldmünze und kam für die Kosten der Abreise auf.
Das Betragen der Witwe nach der Kündigung schien ihren guten Ruf nur zu bestätigen. Sie nahm ihren Abschied zwar tränenden Auges, aber widerspruchslos hin, füllte noch das Salzfass in der Küche – angeblich ein regionaler Brauch, der Wiederkehr versprach wie die Münzen im Brunnen –, kochte den zwei Hausmägden eigenhändig Kaffee und gab dem kleinen Fritz ein in Milch getauchtes Zuckerbiskuit zum Lebewohl. In einem Brief versicherte sie ihren Arbeitgeber noch einmal in rührenden Worten ihre Anhänglichkeit und Treue, vor allem zu dem kleinen Fritz, sparte aber auch nicht mit Vorwürfen wegen der unverdienten Kränkung: »Wenn das Kind nicht ruhig sein will, dann wird Dir mein Schutzengel zurufen: Warum nahmst Du ihr das Liebste, das Kind, hinweg? Frage nach einer Zeit von sechs Wochen nach mir, dann wirst Du hören: sie ist nicht mehr. Und dann wehe Deinem Herzen, dann wird es brechen!« Gebhards Herz brach keineswegs; wohl aber plagte heftiges Erbrechen die beiden Mägde und den kleinen Fritz, kaum dass die Witwe zum Tor hinausgefahren war.
Erst jetzt war der Verdacht gegen die Haushälterin stark genug geworden, um Untersuchungen zu veranlassen. Ein zu Rate gezogener Apotheker diagnostizierte in dem nachgefüllten Salzfass wie auch in dem Vorratsgefäß, das versperrt im Zimmer des Amtmannes stand und zu dem nur er selbst und die Haushälterin Zugang gehabt hatten, größere Mengen von Arsenik: 30 Gramm auf ein halbes Kilo Salz – genug, um mehrere Menschen zu töten.
Man fand auch bald heraus, dass Schönleben ein falscher Name war und die Witwe eigentlich Anna Maria Zwanziger hieß.

Erst drei Tage nach der Abreise der mittlerweile höchst verdächtigen Frau wurde die Polizei eingeschaltet. Mit der Untersuchung des Falles betraute man Stadtgerichtsdirektor Brater aus Kulmbach. Er begab sich sofort an Ort und Stelle und wunderte sich zunächst über die Geduld der Bevölkerung, vor allem der Betroffenen, die von ihren Kontakten mit der Witwe Leibschmerzen und Erbrechen – in mindestens zwei Fällen sogar mit tödlichem Ausgang – davongetragen und dies völlig widerspruchslos zur Kenntnis genommen hatten. Brater musste die Exhumierung der Verstorbenen anordnen, da sich nur mehr an den Leichen eine tatsächlich stattgehabte Vergiftung mit Arsenik nachweisen lassen konnte.

Am 23. Oktober grub man zuerst den Sarg der Justizamtmännin Glaser aus. »Auffallend zeigten sich an ihr alle jene merkwürdigen äußeren Erscheinungen, die in jüngster Zeit als eigentümliche Kennzeichen der Arsenikvergiftung angesehen werden«, hieß es im Obduktionsbericht. »Obgleich der Leichnam bereits seit 14 Monaten im Grabe gelegen hatte, waren nur verhältnismäßig geringe Spuren der Verwesung wahrzunehmen. Die ganze Oberfläche des Körpers schien gleichsam zu einer Mumie erhärtet zu sein und die Haut hatte, nachdem der Schimmel entfernt worden war, eine dem Mahagoniholz ähnliche braune Farbe. Diese mumienartige, dabei elastische Härte trat besonders bei den vollen Brüsten auf. Der Unterleib war etwas ausgedehnt, die Bauchdecke sowie die Bauchmuskeln waren in Verwesung übergegangen.« Als am folgenden Tag auch die Leichname der Frau Gebhard und des Herrn Grohmann ausgegraben worden waren, zeigten sich dieselben auffallenden Erscheinungen. Beim Körper des Grohmann allerdings war die Fäulnis bereits weiter fortgeschritten.

Hatten schon die Krankheitssymptome deutlich auf eine Arsenikvergiftung hingewiesen, so ließ sich in Gewebsproben der beiden Frauenleichen auch eindeutig Arsen nachweisen. Bei Grohmann waren die Symptome zwar ebenso eindeutig gewesen, der Nachweis des Gifts in der Leiche gelang jedoch nicht. Anna Maria Zwanziger – jetzt unter ihrem richtigen Namen – wurde daher nur in zwei Fällen wegen Mordes angeklagt und zur Verhaftung ausgeschrieben.

Die Giftmörderin, die keine Ahnung davon hatte, dass bereits gegen sie ermittelt wurde, fühlte sich nach wie vor sicher. Sie schrieb von ihrer Reise Briefe an Gebhard, in denen sie sich liebevoll nach dem Wohlergehen ihres »Sonnenkinds« Fritzchen sowie aller anderen in der Stadt erkundigte. Die Zwanziger vertraute fest darauf, dass ihr ehemaliger Arbeitgeber sie reuevoll in seine Dienste zurückrufen würde; in der Zwi-

schenzeit hatte sie Herrn Gebhards alte Mutter besucht und sich sogar bei Justizamtmann Glaser neuerdings als Haushälterin angeboten.
Am 18. Oktober wurde Anna Maria Zwanziger in Nürnberg verhaftet. In ihrem Gepäck fand man drei Päckchen, zwei mit einem arsenhaltigen Insektenvergiftungsmittel und eines mit reinem Arsenik. Trotz der Beweise leugnete sie standhaft und erst am letzten Vernehmungstag, als der Untersuchungsrichter sie mit dem Ergebnis der Exhumierung Frau Glasers konfrontiert hatte, legte sie nach zwei Stunden harten Verhörs ein verwirrendes und verworrenes Teilgeständnis ab. Ja, sie habe die Glaserin vergiftet, aber auf Anstiftung des Ehemannes. Dieser habe ihr das Gift überreicht und noch dazu gesagt: »Da, geben Sie ihr das, um das Luder ist nicht schade.« Tatsächlich wurde danach auch Glaser verhaftet, aber – da völlig unschuldig – bald wieder entlassen.
Während des langwierigen Prozesses gegen sie leugnete die Zwanziger erst alles, nur um dann – nach mehreren Monaten vor Gericht – endlich ihre Schuld zuzugeben. Sie gestand, dass sie alle der ihr zu Last gelegten Morde begangen habe und noch viel mehr Menschen umgebracht hätte, wenn sie dazu Gelegenheit gehabt hätte. Auf die Frage des Richters, wie sie ihren Bekannten denn soviel Leid zufügen habe können, antwortete die Giftexpertin: »Ich konnte es nicht ertragen, ihre gesunden, glücklichen Gesichter anzuschauen; ich wollte sehen, wie sie sich vor Schmerzen winden.«
Am 7. Juli 1811 verkündigte das Appellationsgericht Bamberg das Urteil. Die Angeklagte war des zweifachen Mordes und des vielfachen Mordversuchs schuldig; sie sollte »mit dem Schwert vom Leben zum Tode befördert und sodann ihr Körper auf das Rad geflochten werden«. Die Verurteilte nahm den Spruch gelassen auf und durchlebte ihre letzten drei Tage auf diesem Planeten in vollkommener Ruhe. Dem Untersuchungsrichter suchte sie sich für dessen erwiesene Menschlichkeit mit einem seltsamen Angebot erkenntlich zu zeigen: Sie wollte ihm nach ihrem Tod als Geist erscheinen, um ihm so einen direkten Beweis für die Unsterblichkeit der Seele zu geben. Der Beamte soll den Gunstbeweis angeblich abgelehnt haben …

Die zeitgenössische »Seelenkunde«, die sich gerade als Wissenschaft zu etablieren begann, interessierte sich vor allem für die Motive der Täterin. Anselm Ritter von Feuerbach, der den Fall Zwanziger in seine Samm-

lung merkwürdiger Rechtsfälle aufnahm, forschte ihrer Biografie bis in die kleinste Einzelheit nach.
Geboren wurde Anna Maria Zwanziger am 7. August 1760 im Gasthaus »Zum schwarzen Kreuz« als Tochter des Wirts. Den Namen des Gasthauses sah sie selbst als schlechtes Omen für ihr Leben. Mit fünf Jahren verwaist, wurde sie zwischen Waisenhaus und Verwandten hin- und hergeschoben und kam endlich zu einem Vormund, der sie zwar gut behandelte und ihr eine ordentliche Erziehung angedeihen ließ, sein Mündel aber bei erster Gelegenheit mit einem wesentlich älteren Mann zweifelhaften Rufs, dem Notar Zwanziger, verheiratete.
Wenn der ungeliebte Ehemann Geld hatte, was er sich immer wieder, oft aus nicht ganz einwandfreien Quellen, zu verschaffen wusste, kümmerte er sich gar nicht um seine Frau. Hatte er keines, dann schlug er sie; außerdem gelang es ihm noch, auch ihr väterliches Vermögen zu verprassen. Immerhin dauerte die Ehe 18 Jahre, bis der Notar am 21. Januar 1796 plötzlich starb.
Anna Maria, die an diesem Todesfall aller Wahrscheinlichkeit nach schuldlos war, blieb ohne finanzielle Mittel zurück und versuchte, sich mit Männerbekanntschaften über Wasser zu halten – mit wechselndem Glück. Nach diversen Liebschaften, unter anderem mit einem Sekretär der ungarischen Hofkanzlei in Wien und einem Freiherrn von W. in Nürnberg, aus denen jeweils auch ein uneheliches, bald verstorbenes Kind hervorgegangen war, musste sie immer wieder als Haushälterin und Bedienerin arbeiten. Doch auch auf diesem Gebiet war ihr wenig Erfolg beschieden und sie wechselte oft den Arbeitsplatz.
In allen drei ihr zu Last gelegten Fällen – Glaser, Grohmann und Gebhard – hatte die Zwanziger wohl gehofft, durch Heirat endlich einen sicheren Platz zu finden. Sie war nicht mehr jung, ohne Vermögen und auch nicht mehr bei bester Gesundheit. Frau Glaser hatte sie vergiftet, um deren Nachfolge als Ehefrau und Amtmännin antreten zu können, indem sie sich als Haushaltsstütze unentbehrlich zu machen suchte; bei der Familie Gebhard hatte es sich ebenso verhalten. In beiden Fällen war sie äußerst raffiniert und langfristig planend vorgegangen.
Der Mord an Justizamtmann Grohmann, der ihr nicht eindeutig nachgewiesen werden konnte, dürfte aus Rache erfolgt sein, da ihr Arbeitgeber nicht sie, sondern eine andere, jüngere Frau ehelichen hatte wollen. Alle anderen Giftzuteilungen, die an die Mägde, Boten und Kegelbrüder (allerdings nie in tödlicher Dosis) verabreicht worden waren, sollten offenbar als Strafen für Missachtung oder angebliche Kränkungen und

Zurücksetzungen dienen. Die zentralen Motive der Giftmörderin waren jedoch Neid und Gewinnsucht – aus Angst vor einem mittellosen, elenden Alter – gewesen.
Bevor sie ihren Hals auf den Richtblock legte, sprach Anna Maria Zwanziger noch ihre letzten, einsichtigen Worte: »Vielleicht ist es für alle besser, wenn ich sterbe. Ich hätte unmöglich damit aufhören können, Menschen zu vergiften.«

Der giftige Schokoladenpilz

Der Fall Christa Lehmann

Wenn eine Frau in den vergangenen Jahrzehnten und Jahrhunderten mörderische Absichten hegte, fand sie die Mittel zur Verwirklichung ihrer Pläne oft ganz schnell und problemlos – unter Umständen sogar leichter als ein Mann, der seine Tat mit einer Schusswaffe begehen wollte. Arsenik, Rattengift und andere toxische Substanzen waren in Apotheken und Drogerien ohne besondere Berechtigung erhältlich; eine Hausfrau oder Bäuerin, die sich solche Mittelchen beschaffte, wirkte zudem keineswegs verdächtig.

Auch im wohl bekanntesten und spektakulärsten Seriengiftmord der Nachkriegszeit in Deutschland waren für die Täterin ideale Voraussetzungen gegeben: Das verwendete Gift war überall frei erhältlich, der Käufer musste daher weder auffällig werden noch nachprüfbare Beziehungen zu Drogisten oder Apothekern herstellen. Das Mittel war wohlfeil und belastete auch in absolut wirksamen Dosen das Haushaltsbudget nicht. Vor allem aber war es neu und bis dato noch in keinem einzigen Tötungsdelikt angewendet worden. Die ersten Morde waren demnach unentdeckt geblieben und wurden als plötzliche Todesfälle mit natürlichen Ursachen ad acta gelegt. Und nur ein Zufall – der nicht geplante Tod eines kleinen weißen Hundes – half der Gerechtigkeit doch noch zum Sieg.

Die Taten der E-605-Mörderin Christa Lehmann waren ein absolut idealer Stoff für die Tagespresse, die bald von einem Jahrhundertfall sprach. Es gab genügend sensationelle Details und pikante Enthüllungen; noch dazu entwickelte sich die Geschichte dramaturgisch perfekt, von der Entdeckung der ersten Tat über die Ausforschung der Schuldigen durch die Polizei bis zu den in Raten abgegebenen Geständnissen. Zudem gab es – als Zusatznutzen gewissermaßen – eine Großtat deutscher Wissenschaft zu feiern, da es den Gerichtschemikern gelang, ohne Vorarbeiten den Nachweis für das Tötungsmittel zu liefern. Vor allem aber entsprachen die Täterin und ihr letztes Opfer genau dem Klischee der so bedrohlich selbständigen und lebenslustigen Kriegerwitwe, die ein Lieblingsthema moralischer Entrüstung im Nachkriegsdeutschland war. Gerade am Fall Christa Lehmann konnte man doch deutlich sehen, wohin es führte, geschminkt, dauergewellt und nylonbestrumpft mit Besatzungssoldaten in Bars herumzusitzen: direkt zu Mord und Verbrechen!

Lehmanns drittes Opfer – aber das erste, das der Öffentlichkeit bekannt wurde – hieß Anni Hamann, war zur Tatzeit knapp 30 Jahre alt und verwitwet. Ihren Mann hatte sie nach einer Kriegstrauung und einem kurzen Fronturlaub verloren; er war gefallen. Geblieben war ihr nur die inzwischen neunjährige Tochter Ursula, mit der sie – zusammen mit ihrer Mutter Eva Ruh und zwei älteren Brüdern – in einer engen, kleinen Wohnung in der Großen Fischerwiede, einer nicht gerade feudalen Wohngegend der Wormser Altstadt, wohnte. Anni gehörte zu jenen Frauen, die sich durch den Zweiten Weltkrieg um ihre Jugend betrogen sahen und jetzt, in der Nachkriegszeit, mit allen Kräften versuchten, alles nachzuholen, was ihnen vorenthalten worden war. In der Nachbarschaft genoss sie keinen allzu guten Ruf. Wenn man den Gerüchten Glauben schenkt, soll sich Frau Hamann nächtelang in Bars und Gaststätten zweifelhaften Rufs herumgetrieben, intime Kontakte zu mehreren Männern (darunter auch amerikanischen Besatzungssoldaten) unterhalten und sich kaum um ihre Tochter gekümmert haben. Das kleine Mädchen musste bei der Oma aufwachsen oder wurde zu Verwandten aufs Land geschickt. Immer wieder soll es zu lautstarken Streitereien mit der Mutter gekommen sein, die ihrer Tochter den leichtsinnigen Lebenswandel vorwarf, sie davon aber nicht abhalten konnte.

Am Montag, dem 15. Februar 1954, war Anni nachmittags in der Küche mit Hausarbeiten beschäftigt – nach einer durchbummelten Faschingsnacht, was später natürlich ein gefundenes Fressen für die Boulevardpresse darstellen sollte. Außer ihr hielten sich noch ihre Mutter und der kleine weiße Spitzmischling des Bruders in der Wohnung auf. Nach der Küchenarbeit wollte sie mit einer Freundin Einkäufe erledigen. »Ich habe Hunger, ist nichts zu Essen im Haus?«, fragte Anni. In der Küchenkredenz fand sie nichts als eine Schokopraline, genauer gesagt, einen mit Creme gefüllten Schokoladenpilz, auf einem weißen Porzellanteller. Sie biss sofort hinein, da sie eigentlich nur an die Füllung herankommen wollte. »Pfui Teufel, ist die bitter«, rief sie Sekunden später aus. Auch die Mutter bemerkte den ekelhaften Geschmack. »Spuck alles aus, vielleicht ist das Konfekt verdorben«, warnte Eva Ruh ihre Tochter. Anni folgte diesem Rat und ließ den Rest der Praline auf den Boden fallen, wo sich der Spitz sofort darüber hermachte.

Dann setzte sie sich an den Küchentisch und stellte den Frisierspiegel auf, um sich für den Ausgang zurechtzumachen. Dabei klagte sie wieder über den scheußlichen, bitteren Geschmack im Mund, worauf ihre Mutter ihr einen Tee kochte. Anni trank ein paar Schluck davon, rief aber plötzlich aus: »Ei Mutter, wie wird mir denn, ich werde blind, hilf mir!« Frau Ruh bot ihr Weinbrand an, doch die Flasche fiel ihrer Tochter aus der Hand. Beim Versuch, ins Schlafzimmer zu gehen, um sich hinzulegen, brach die junge Frau in Krämpfen zusammen. Die tödlich erschreckte Mutter lief zu den Nachbarn, die sofort einen Arzt verständigten, doch als dieser kurz darauf eintraf, war es für Anni bereits zu spät. Wie ihre verkrümmte Haltung und ihr schmerzverzerrtes Gesicht zeigten, war sie keines leichten Todes gestorben. Am Küchenboden lag, ähnlich in Krämpfen erstarrt und ebenfalls tot, der kleine Spitz, der den Rest des Schokopilzes gefressen hatte. Für den Arzt war dies ein deutlicher Hinweis auf Gift. Der plötzliche Tod der jungen, gesunden Frau wäre anders kaum zu erklären gewesen. Der Mediziner verständigte daher die Kriminalpolizei.

Den hinzugezogenen Beamten war sofort klar, dass sowohl Anni Hamann als auch der Hund vergiftet worden sein mussten und das tödliche Mittel sich nur in dem Schokopilz beziehungsweise in seiner Cremefüllung befunden haben konnte. Die Mordkommission Worms und Kriminaloberinspektor Dahmen mussten in erster Linie zwei Fragen beantworten, um auf die Spur des Täters oder der Täterin zu gelangen: erstens, warum ausgerechnet auf Anni Hamann ein solcher Anschlag verübt worden war, und zweitens, wie das Gift ins Haus gelangt sein konnte.

Nach Aussagen der noch immer geschockten Tatzeugin Eva Ruh hatte

Christa Lehmann, eine Freundin Annis und ebenfalls Witwe, sie am Sonntagnachmittag auf einen Plausch besucht und allen, also auch ihrem Sohn Walter und einer Nachbarin, Pralinen angeboten – die nämlichen Schokopilze. Jeder der Anwesenden hatte eine gegessen, auch Christa selbst, und bis heute hatte niemand üble Nachwirkungen verspürt. Nur sie selbst, sagte die Mutter, hatte ihre zuerst weggelegt, um sie für ihre Enkelin Ursula, die wieder einmal bei Verwandten am Land zu Besuch war, aufzuheben. Am Abend, als alle Besucher gegangen waren, hatte sie das Konfekt auf einen Porzellanteller gegeben und im Küchenkasten verstaut, damit es der Hund nicht stehlen könne.
Die Polizei wandte sich an Christa Lehmann, die mit ihren Kindern in einem heruntergekommenen kleinen Haus in der nahen Paulusstraße wohnte, um sie über die Herkunft der Süßigkeiten zu befragen. Frau Lehmann zeigte sich angemessen fassungslos und entsetzt über den plötzlichen Tod ihrer Freundin und gab bereitwillig Auskunft. Die Pralinen hatte sie, zusammen mit Anni, am Samstag im Kaufhaus Wortmann gekauft, mit nach Hause genommen und am Sonntag, wie schon Frau Ruh angegeben, mitgebracht und angeboten. Mehr könne sie dazu nicht sagen. Sie muss überzeugend gewesen sein, denn die Polizei strich sie vorerst von der Liste der Verdächtigen.
Im Kaufhaus waren nur mehr sieben der ursprünglich 140 vorhandenen Schokopilze übrig. Obwohl bisher keine einzige Beschwerde bekannt geworden war, wurden sie beschlagnahmt und ins Labor geschickt. Am Abend ließ man über den Rundfunk eine Warnung verlautbaren, die wegen der schnellen Wirkung des Gifts eigentlich sinnlos war, jedoch viel zum Bekanntwerden des Mordfalls und zum Interesse der Öffentlichkeit beitrug. Wie sich bald herausstellte, war anscheinend nur ein einziger Schokopilz vergiftet gewesen. Für wen hatte der Täter ihn bestimmt?
Anni hatte das tödliche Konfekt nur zufällig in der Küchenkredenz entdeckt und gegessen. Sie war zwar leichtlebig und leichtsinnig, hatte aber keine Feinde, zumindest keine, die ihr den Tod wünschen könnten, wie etwa eine eifersüchtige Rivalin oder einen abgewiesenen Liebhaber. Mit ihrer Mutter hatte sie bisweilen Streit wegen ihres Lebenswandels. Doch die alte, kleinbürgerliche und stille Frau würde deswegen sicher nicht ihre Tochter ermorden. Auch die Brüder kamen für die Tat nicht in Frage.
Frau Ruh hatte den Schokopilz eigentlich für ihre Enkelin reserviert, die sie sehr liebte. Wenn Anni ihr Kind, das vielleicht einer ihrer Liebesbeziehungen im Weg gestanden war, vergiften hatte wollen, hätte sie doch niemals den Giftpilz selbst gegessen. Ebenso undenkbar schien es, dass

sie der alten Frau nach dem Leben getrachtet hätte. Anni brauchte ihre Mutter trotz aller Meinungsverschiedenheiten, und zu erben gab es ohnehin nichts.

Da kein Erpresserbrief vorlag, schied auch die Möglichkeit aus, dass jemand das Kaufhaus oder die Erzeugerfirma der Pralinen unter Druck setzen wollte. Der Giftanschlag hatte eindeutig nur der Familie gegolten, aber welcher Person im Speziellen? Die Ermittler konnten weder ein Motiv noch einen auch nur in Ansätzen nachvollziehbaren Mordplan entdecken.

Vielleicht konnte ja die Antwort auf die Frage, wie das Gift in den Pilz gekommen war, weiterhelfen. Nachdem Christa Lehmann die Pralinen angeboten hatte, war die nicht sofort gegessene nie ohne Aufsicht in der Küche gelegen. Zugang hatten nur Familienmitglieder gehabt; es gab keinen großen Unbekannten. Und im Kaufhaus war der Schokopilz garantiert nicht vergiftet worden, das hätte nur bei einem Erpressungsversuch Sinn gehabt. Blieb also nur die Zeit, in der Christa Lehmann im Besitz der Süßigkeiten gewesen war, vom Nachmittag des 13. bis zum Nachmittag des 14. Februar – sicherlich Gelegenheit genug, tödliche Manipulationen daran vorzunehmen.

Welches Gift hatte Anni Hamann getötet? Prof. Kurt Wagner aus Mainz, ein besonders in der Toxikologie erfahrener Gerichtsmediziner, führte die Obduktion durch. Wie zu erwarten, gab es keinerlei Hinweise auf eine natürliche Ursache für den plötzlichen und schmerzhaften Tod der jungen, gesunden Frau. Alle Symptome – Stauungen und Blutüberfülle in den Organen, besonders im Gehirn und in den Lungen – wiesen auf eine Vergiftung hin. Die Todesumstände, wie sie von Frau Ruh beschrieben worden waren, lieferten keine spezifischen Hinweise, außer dass es sich um ein schnell wirkendes Krampfgift gehandelt haben musste. Also waren Laboruntersuchungen notwendig, die zum einen aufwändig waren und zum anderen der Polizei nicht sofort weiterhelfen würden. Organproben der Leiche Annis (und des Spitzes) wurden an das Mainzer Institut geschickt, aber die ersten Analysen auf bekannte Krampfgifte wie Strychnin oder auf weniger bekannte Alkaloide, die wie im konkreten Fall keine anatomischen Spuren hinterlassen, blieben ohne Ergebnis. Es musste sich um ein bisher unbekanntes, noch nie für einen Mord verwendetes, aber doch leicht zugängliches Mittel handeln.

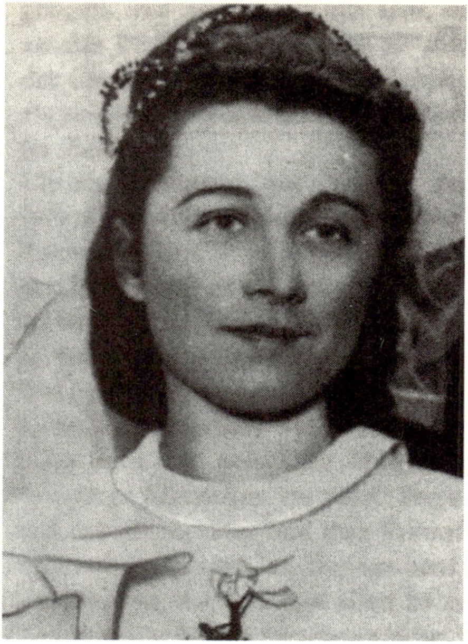

Christa Lehmann: Alles Leben ist Chemie

Die Gerichtsmediziner waren dabei, einschlägige Listen chemischer und pharmazeutischer Firmen durchzugehen, als sich Prof. Wagner plötzlich an Literatur zu einem Produkt erinnerte, das für die Tat in Frage kommen könnte. Es handelte sich um ein äußerst wirksames und hochgiftiges Schädlingsbekämpfungsmittel, das seit einigen Jahren überall in Deutschland unter dem wenig phantasievollen Namen E 605 erhältlich war. Ursprünglich eine Entwicklung der BASF, war es 1945 von den Amerikanern übernommen, in Protoxin umbenannt und angewendet worden. Seiner breiten, radikalen Wirkung wegen trat es bald einen Siegeszug um die ganze Welt an und wurde seit 1948 auch in Deutschland wieder unter seinem alten Namen verkauft.
Drogerien, landwirtschaftliche Lagerhäuser und Samenhandlungen boten E 605 in Medizinfläschchen oder Plastikampullen frei an. Auf dem Etikett warnte zwar ein Hinweis vor giftiger Wirkung bei unsach-

gemäßer Anwendung, doch bisher war kein einziger Fall von unabsichtlicher oder absichtlicher schwerer – und schon gar nicht tödlicher – Vergiftung bekannt. Die bestehende Literatur zu dem Präparat widmete sich der Giftwirkung daher nur ganz allgemein. Zwei amerikanische Autoren hatten eine Methode entwickelt, wie E 605 in damit behandelten Pflanzen nachgewiesen werden konnte; deutsche Chemiker hatten wiederum ein Verfahren publiziert, wie das Gift in den Körperflüssigkeiten von Arbeitern festgestellt werden konnte, die berufsmäßig viel damit zu tun hatten.
Wagner kombinierte die beiden Verfahren. Er testete die Gewebsproben und den Mageninhalt Annis sowie des Familienhundes und erhielt beide Male eine eindeutige Reaktion, wie sie in der Literatur beschrieben war. Daraus folgte zwingend, dass den Opfern große Mengen von E 605 verabreicht worden waren. Kontrollversuche bestätigten das Ergebnis, das Wagner am Donnerstag der Wormser Mordkommission vorlegte – allerdings mit kritischem Vorbehalt. Seine Erkenntnisse sollten unbedingt durch weitere Indizien oder ein Geständnis ergänzt werden, meinte er, da sie sonst vor Gericht nicht halten würden.
Die Mordkommission hatte sich inzwischen eingehender mit der Person Christa Lehmanns beschäftigt, die jetzt als Hauptverdächtige galt. Man hatte Einzelheiten über ihre Lebensumstände erhoben, dabei aber nichts Eindeutiges oder Belastendes feststellen können.
Christa Lehmann stammte aus tristen, ungeordneten Familienverhältnissen. Ihre Mutter war kurz nach Christas Geburt als unheilbar geisteskrank in eine Heilanstalt eingewiesen worden. Ihr Vater, überstreng und dominant, heiratete ein zweites Mal, aber auch diese Ehe hielt nicht. Nach der Pflichtschule arbeitete das Mädchen in einer Lederfabrik und dann, während des Krieges, bei den Farbwerken Hoechst der BASF. Dort galt sie als durchaus gewissenhafte, ordentliche Arbeiterin und war sogar zur Vorarbeiterin befördert worden – trotz der Gefängnisstrafe auf Bewährung, zu der sie wegen des Diebstahls an einer Kollegin verurteilt worden war.
Bei der Arbeit lernte sie auch ihren späteren Ehemann Franz Karl Lehmann kennen, der wegen eines Magenleidens und verkrüppelter Beine nach überstandener Kinderlähmung nicht zum Kriegsdienst eingezogen worden war. 1944 heirateten die beiden und zogen nach Worms, in die Wohnung der Schwiegereltern. Lehmann etablierte sich als Fliesenleger. In den ersten Jahren des Wiederaufbaus ging das Geschäft gut, auch wenn der Meister sich nicht immer an die Grundsätze einer korrekten

Buchhaltung hielt. Er machte nebenher in Schwarzmarktgeschäften und kleinen Lieferantenbetrügereien. Den Ertrag investierte er lieber in Gasthäusern als in seine inzwischen um drei Kinder vergrößerte Familie. Die Währungsreform machte dem Geschäft den Garaus und in der Folge kam es zwischen den Eheleuten zu immer heftigeren Zwistigkeiten. Christa Lehmann konnte angeblich das süße Leben der Schwarzmarktzeit nicht vergessen und suchte ihr Vergnügen jetzt auch außer Haus, mit anderen Männern und sogar mit amerikanischen Besatzungssoldaten. Karl Lehmann steigerte daraufhin seinen Alkoholkonsum. Die Streitereien des Paars wurden zu tätlichen Auseinandersetzungen, zu Messerduellen, bei denen Frau Lehmann einmal von ihrem Mann durch die Füllung einer geschlossenen Tür geworfen wurde.
Christas Vater besaß einen Garten, wo er auch E 605 aufbewahrte, um mit dem Ungeziefer aufzuräumen. Er hatte seine Tochter nachdrücklich davor gewarnt, die Kinder nicht in die Nähe der Giftflasche zu lassen; damit dürfte er ihr die Idee geliefert haben, wie auch häuslichem »Ungeziefer« beizukommen wäre. Am 27. September 1952 starb Karl Lehmann plötzlich. Gerade vom Friseur heimgekommen, wand er sich plötzlich in schmerzhaften, tödlichen Krämpfen. Der Arzt diagnostizierte Tod infolge eines durchgebrochenen Magengeschwürs – bei dem chronischen Magenleiden und der schweren Trunksucht des Mannes eine verständliche Annahme.

Christine hatte jetzt sturmfreie Bude und die nützte sie auch. Sie besuchte Bars und Gaststätten, ging ins Kino und unterhielt zahlreiche Männerbekanntschaften, bis sie ein festes Verhältnis mit einem verheirateten Bankbeamten aus Trier einging. Am 12. Dezember 1953 brachte sie ein uneheliches Kind ihres neuen Auserwählten zur Welt.
Valentin Lehmann – Christas Ex-Schwiegervater, zu dem sie ein besonders schlechtes Verhältnis hatte – drohte ihr wiederholt, die Sittenpolizei oder die Fürsorge rufen und sie wegen eines Abtreibungsversuchs anzeigen zu wollen; doch knapp ein Jahr nach dem Tod seines Sohnes wurde auch der ältere Mann von einem überraschenden Lebensende ereilt. Am 14. Oktober 1953 stürzte er bei einer Fahrt durch die Stadt tot vom Rad. Die Ärzte diagnostizierten Herzschlag.
Im Rückblick machten diese zwei plötzlichen Todesfälle von Angehörigen, die Christa Lehmann im Weg gestanden waren, die Frau für die Er-

mittler mehr als verdächtig. War es möglich, dass hinter dem Anschlag auf die Familie Ruh ein ähnliches Motiv gesteckt hatte? Hatte die Verdächtige das Gefühl gehabt, Annis Mutter könnte ihr hinderlich werden, weil sie die gemeinsamen Spritztouren ihrer Tochter und Christas so heftig verurteilt hatte? Hatte die giftige Praline etwa gar nicht Anni, sondern ihrer Mutter gegolten – und war die Freundin der Lehmann nur zufällig gestorben? Hatte Eva Ruh nicht sogar ausgesagt, Christa hätte sie wiederholt gedrängt, den Schokopilz doch sofort zu essen und ihn nicht aufzuheben?

Die Meldung aus Mainz, das Mordmittel sei mit großer Wahrscheinlichkeit identifiziert, bestärkte den dringenden Verdacht nur. E 605 wurde von der BASF hergestellt, also genau jener Firma, in der Christa Lehmann gearbeitet hatte. Kannte sie das Gift und seine Wirkung?

Anni Hamann wurde am 19. Februar auf dem Friedhof Hochheimer Höhe beigesetzt. Christa Lehmann nahm an dem Begräbnis teil, stand bleich und tränenüberströmt lange Zeit am offenen Grab. Beim Verlassen des Friedhofs wurde sie von der Polizei verhaftet.

Im Verhör leugnete sie standhaft. Ein Gift mit diesem Namen sei ihr völlig unbekannt. Während ihrer Arbeit bei Hoechst habe sie nie mit giftigen Substanzen, sondern immer nur mit Farben zu tun gehabt. Mit dem Tod Annis habe sie nicht das Geringste zu tun, mit den plötzlichen Todesfällen ihres Ehemanns und ihres Schwiegervaters schon gar nicht. Den Behörden sei doch ohnehin bekannt, woran die beiden Männer gestorben waren …

Trotz intensiver Nachforschungen konnten die Beamten in der Wohnung Christas keine Spuren des Mordgifts finden. Eine Exhumierung der beiden Toten wagte man aber auch nicht, weil selbst Prof. Wagner nicht mit Sicherheit sagen konnte, ob nach so langer Zeit noch E 605 in den Leichen nachweisbar sein würde.

Die Ermittlungen waren also ziemlich festgefahren, als am Dienstag vormittag die plötzliche und völlig unerwartete Wende kam. Um 10 Uhr verlangte die Angeklagte, ihren Vater und einen Pfarrer in der Zelle zu sehen. Den beiden und dem später hinzugezogenen Untersuchungsrichter gestand sie den Giftanschlag auf die Familie Ruh. Er hatte der alten Frau gegolten, doch Christa habe diese nicht töten, sondern nur krank machen wollen, damit Anni sie pflegen und zu Hause bleiben müsse; auf diese Art hätte ihre Freundin sie nicht mehr zu nächtlichen Vergnügungsausflügen verführen können. Dass E 605 ein tödlich wirkendes Gift sei, hätte sie nicht gewusst.

Zum Vorwurf, auch Mann und Schwiegervater ermordet zu haben, verweigerte sie trotz intensiver Verhöre durch die Polizei zunächst jede Stellungnahme, bis sie am Abend, als sie in ihre Zelle zurückgeführt werden sollte, wieder plötzlich und unvermutet erklärte: »Übrigens, ich habe auch meinen Schwiegervater getötet.« Sie gab zu, ihm eine ganze Ampulle des Gifts ins Frühstücksjoghurt gerührt zu haben. Die Tat an ihrem Mann leugnete sie aber nach wie vor; erst am nächsten Tag erklärte sie am Ende der Vernehmung ebenso unvermittelt wie schon zweimal zuvor: »Meinen Mann habe ich auch umgebracht.« Karl Lehmann hatte seine Dosis in die Frühstücksmilch bekommen …

Dieses merkwürdige Verhalten, zuerst standhaft zu leugnen und dann ganz spontan und in fast spöttischem, überlegenem Ton ratenweise die Tötungsdelikte zu gestehen, gab den Gerichtspsychiatern einige Rätsel auf, lässt sich aber bei vielen historischen Giftmordfällen in ähnlicher Form beobachten. Laut Meinung der Experten ist es gerade für Gifttäter und -täterinnen typisch und weist auf deren Allmachtsphantasien und den Glauben hin, mit Hilfe des unentdeckten Mittels unumschränkte Herrschaft über Leben und Tod anderer Menschen zu haben.

Im Fall Ruh, so berichtete die Lehmann, habe sie das E 605 am Samstag zu Hause in die Cremefüllung des Schokopilzes geleert, nachdem sie ihn zuerst mit einer Schere aufgeritzt hatte. Die tödliche Praline habe sie mit einer Kerbe kenntlich gemacht und sie Frau Ruh persönlich überreicht, während sie alle andere aus der Tüte angeboten hatte. Nur habe das ausersehene Opfer sich leider nicht überreden lassen, den Pilz zu essen …

Sowohl die deutsche als auch die internationale Presse berichteten in aller Ausführlichkeit über den Sensationsfall. Die Folge war eine Epidemie von Giftanschlägen mit dem neuen »Wormser« Modegift, mit dem so einfach und günstig Beziehungsprobleme, Erbschaftsangelegenheiten und andere menschenbedingte Probleme zu lösen waren. Seltsamerweise wurde es besonders oft bei Selbsttötungen angewendet, obwohl die Schmerzhaftigkeit der tödlichen Krampfanfälle in den Medien eingehend geschildert worden war.

Die Epidemie flammte wieder auf, als Christa Lehmann im September 1954 der Prozess gemacht wurde. Sie widerrief auch vor Gericht ihr Geständnis nicht und zeigte keinerlei Reue über die von ihr verübten Mor-

de. Der psychiatrische Sachverständige beschrieb sie als kalt und gefühllos, egozentrisch und von maßlosem Selbstwertgefühl, trotz der erblichen Belastung aber durchaus zurechnungs- und schuldfähig. Das Urteil des Mainzer Schwurgerichts vom 22. September 1954 lautete:
»Die Angeklagte ist des Mordes in zwei Fällen und eines versuchten Mordes in Tateinheit mit fahrlässiger Tötung schuldig. Sie wird in jedem der drei Fälle zu lebenslangem Zuchthaus verurteilt. Die bürgerlichen Ehrenrechte sind ihr auf Lebenszeit aberkannt. Der Angeklagten fallen die Kosten des Verfahrens zur Last.«
In der Urteilsschrift wurde auch das scheinbar harmlose Werkzeug nicht vergessen, mit dem Christa Lehmann die Praline geöffnet und gekennzeichnet hatte: »Die zur Tat benützte Schere wird eingezogen.«

Wie im Groschenroman

Der Fall Grete Beier

Der nachstehend beschriebene Mordfall wäre allein durch seine Hauptperson auch als Kriminalroman hochinteressant. Die Tötung des ungeliebten, aber von den Eltern favorisierten Bräutigams macht ihn zu einem Lehrstück über die sozialen Verhältnisse und die Sexualmoral in einer deutschen Kleinstadt zu Anfang des 20. Jahrhunderts, mindestens ebenso eindrucksvoll wie Ludwig Thomas Theaterstück »Moral« oder der Heinrich-Mann-Roman »Professor Unrat«.

Grete Beier wurde am 15. September 1885 in Brand bei Freiberg in Sachsen geboren. Ihr Vater gehörte als Bürgermeister der kleinen Stadt zu den Spitzen der Gesellschaft. Dementsprechend bekam das Mädchen die zeittypische Ausbildung: etwas Unterricht in Fremdsprachen, ein bisschen Handarbeiten, dazu noch Musik, Literatur und Theater. Für die beiden letzteren Fächer war sie begabt, was sich im Laufe ihres Lebens noch deutlicher herausstellen würde. In der Tanzstunde lernte sie im Alter von 16 Jahren ihre erste Liebe kennen, ganz nach den Gepflogenheiten der Jahrhundertwende. Weniger typisch und mit Sicherheit ganz und gar ungehörig war jedoch die Tatsache, dass sie sich dem jungen Mann auch bald hingab, wie es damals hieß.

Es sei ein ideales Verhältnis gewesen, sagte sie später, doch ihre Mutter habe eine Fortführung zu verhindern gewusst. Mit ihr hatte sie, ganz im Gegensatz zum Vater, eine Menge Probleme. Grete beklagte sich über die emotionale Kälte und den Mangel an Zuwendung und Sicherheit von mütterlicher Seite. Sie machte sie dann auch für ihre negative Entwicklung verantwortlich: »Hätte sie mir mehr Liebe und Zärtlichkeit gegeben, wäre ich sicher nicht so geworden, wie ich bin.«

Im Februar 1905 lernte Grete auf einem Faschingsball des Brander Kaufmännischen Vereins – einer der Veranstaltungen, bei denen sich damals Menschen verschiedenen Geschlechts begegnen durften – den um vier Jahre älteren Vertreter Hans Merker kennen. Er war ihre zweite große Liebe, doch wie sich später zeigen sollte, auch ihr Verhängnis. Der in jeder Beziehung flotte junge Mann imponierte ihr von Anfang an. Er sah in ihr ein hübsches Mädchen aus besserer und wohlhabender Gesellschaft und soll sie Freunden gegenüber als »Kronleuchterpartie« bezeichnet haben. Erstaunt war er über ihre fordernde und »ausgeprägte« Sinnlichkeit.

Den Eltern verschwieg Grete zuerst ihre neue Beziehung. Ihr war klar, dass die Familie dieses unpassende und keineswegs standesgemäße Verhältnis nicht zulassen würde. Die Tochter des Bürgermeisters durfte sich einfach mit keinem Handlungskommis einlassen! Und wie sich bald herausstellte, war Merker tatsächlich kein vertrauenswürdiger Charakter. Er hatte in seiner Firma Geld unterschlagen und bat seine Geliebte um Hilfe. Daraufhin wandte sie sich doch an ihren Vater. Dieser erkannte sofort, welche Möglichkeit sich ihm hier bot, und handelte nach dem bürgerlichen Motto: »Mit Geld geht alles.« Eine Hälfte der Schuld wollte er übernehmen, wenn der unerwünschte Galant im Gegenzug verspräche, Grete hinfort zu meiden. Das Abkommen wurde schriftlich aufgesetzt und besiegelt, aber die gute Tochter dachte nicht daran, sich daran zu halten. Sie öffnete Herrn Merker weiterhin die Hintertür von Haus und Garten.

Ein Jahr später, diesmal auf dem Ball der Ingenieure in Chemnitz, lernte Grete den zweiten Mann kennen, der ihr zum Schicksal werden sollte: Herrn Oberingenieur Curt Preßler. Dieser war ein gesetzter Herr reiferen Alters mit Titel und achtbarer Stellung, mittelgroß und zu behaglicher Korpulenz neigend. Mit seiner Stirnglatze, dem blonden, sorgfältig gestutzten Spitzbärtchen und einem Kneifer vor den wasserblauen Augen sah er aus wie das Urbild des deutschen Spießers aus der Provinz. Den Eltern gefiel er jedoch und mit Freude und Erleichterung registrierten sie, dass der Herr Oberingenieur offenbar Gefallen an ihrem problematischen Töchterlein fand. Hastig wurde die Verlobung arrangiert und man spendierte sogar die Ringe.

Gretes Verhältnis zu ihrem neuen Verlobten war zwiespältig. Völlig abweisend war sie anfangs sicher nicht; es gefiel ihr offensichtlich, dass ein so etablierter Herr Interesse an ihr hatte. Möglicherweise sah sie in einer gesicherten, bürgerlichen Existenz ja auch eine Perspektive für ihr Leben, wie man ihr das im Laufe ihrer Jugend eingebläut hatte. Preßler verspielte aber bald alle seine Chancen bei ihr. Sobald er sich des Einverständnisses der Eltern sicher war und seine Beute – das durchaus attraktive, gebildete und erbberechtigte Mädchen – in den Klauen hatte, benahm er sich kaum mehr liebenswert, sondern wurde herrschsüchtig und patzig. Gretes Versuche, sich von ihm zu trennen, scheiterten am Widerstand der Eltern.

Vor der Lieblosigkeit des Oberingenieurs floh sie in die Arme Merkers, doch damit stellten sich erst recht massive Probleme ein. Im Oktober 1906 wurde Grete schwanger. Ihre Vertraute, die Hebamme Kunze, unternahm eine Abtreibung, von der Merker wusste. Dieses Wissen setzte er skrupellos ein, um seine »Kronleuchterpartie« doch noch zu gewinnen. Er erpresste Gretes Vater und schrieb auch an ihren Bräutigam.

Wie schief jetzt der Haussegen bei den Bürgermeisters hing, lässt sich leicht denken. Ein Skandal musste unter allen Umständen verhindert werden, vor allem weil man im Städtchen schon munkelte. Wieder half, wie schon einmal, das Geld. Preßler konnte mit finanzieller Hilfe überzeugt werden, die Auflösung der Verlobung doch noch zurückzunehmen. Ein endgültiger Hochzeitstermin wurde für den 14. Mai 1907 festgesetzt. Merker wurde arbeitslos und in die Verbannung geschickt. Die Entfernung half Grete bei ihrer Entscheidung: Sie wollte Merker und dachte von diesem Augenblick an nur mehr darüber nach, wie sie sich Preßlers entledigen könnte. Literatur und Theater, ihre beiden Hobbys und Begabungen, sollten ihr dabei behilflich sein. An Merker schrieb sie zur Vorbereitung: »Es ist geradezu wunderbar, wie das Schicksal weise waltet. Pass auf, nun kommt bald das Glück, nur noch für mich ein kurzer, schwerer Kampf, der meine ganze Intelligenz und Kraft in Anspruch nimmt, dann endlich Ruhe und die baldige Vereinigung mit dir, meinem einzigen Schatz.«

Die Geschichte, die sie ihm dann erzählte und mit der sie Preßler loszuwerden gedachte, könnte aus einem zeitgenössischen Kolportageroman stammen. Auf derartige literarische Vorbilder hat Grete Beier später selbst hingewiesen.

Anfang März, sagte sie, sei ein Herr bei ihr erschienen, Anwalt und Detektiv von Beruf, elegant, mit scharfgeschnittenem Gesicht, gebogener Nase, tiefliegenden Augen und schwarzem Spitzbart. Dieser Mann habe sie gebeten, sich im Hotel Central in Chemnitz mit einer Frau Eleonore Ferroni zu treffen. Besagte Dame – »sehr hübsches Gesicht, kolossal schwarze Augen, schwarzes Haar, Kreolenringe in den Ohren, sehr gepflegte Hände« – hätte sich zu ihrer Überraschung mit einer in italienischer Sprache verfassten und in Mailand 1903 datierten Heiratsurkunde als die legitime Gattin des Herrn Oberingenieur Preßler legitimiert. Zu der Ehe sei es gekommen, da Preßler in Riva am Gardasee ihre Schwester Franziska verführt habe, worauf sich diese in ihrer Verzweiflung durch einen Schuss in den Mund selbst getötet hätte. Als Rache an dieser erbärmlichsten aller Kreaturen habe Eleonore, fast wahnsinnig vor Leid und Schmerz, ihn dann gezwungen, sich durch eine unauflösliche katholische Ehe zu fesseln. »Ich habe niemals Gemeinschaft mit ihm gehabt, nur gebunden muss er sein.« Durch einen Detektiv lasse sie ihn rund um die Uhr bewachen. Sie wisse, dass er jetzt in Zwickau mit seiner Hauswirtin und deren Tochter in wilder Ehe lebe, noch mehrere Verhältnisse habe und überdies, als Folge seiner Unsittlichkeit, an entsprechender Stelle krank sei. Jetzt, vor seiner bigamistischen Heirat, wolle sie »ihn kriegen«. Obwohl Grete ihre Behauptungen mit einigen von ihr selbst verfassten, aber angeblich von Frau Ferroni stammenden Briefen zu beweisen versuchte, fand Merker die Geschichte – zu Recht – viel zu kolportagehaft. Er merkte den Schwindel und riet vom Gebrauch ab.
Grete hatte sich vorgenommen, die Sache Preßler aber auf jeden Fall bis Pfingsten erledigt zu haben, komme was da wolle. »Vernichten, zertreten will ich ihn, der mich fast zu Tode getrieben, aufdecken jede Schande, unerbittlich seinem Wahlspruch Auge um Auge nachkommen, mag er meinetwegen zur Hölle fahren, ich bin hart wie der härteste Stein ihm gegenüber«, schrieb sie ihrem Liebsten. »Und wenn das mit Eleonore Schwindel sein sollte, so macht das meinem Plan nichts aus, deswegen blüht uns bald unser Glück. Gott ist unsere Zuversicht und Stärke.«
Und tatsächlich schien ihr das Schicksal günstig: Am 25. April starb unversehens ein reicher Onkel, dessen Nachlass bis zur Klärung des Testaments der Familie des Bürgermeisters anvertraut wurde. Grete nahm sich eines der Sparbücher, hob als Frau Erna Voigt, geborene Kröner und Nichte des Verblichenen, 4000 Mark bei der Freiberger Bank ab und übergab das Geld ihrem Schatz, der es sofort für sich selbst ausgab. Er war eben wirklich kein Guter.

Grete Beier: Das Leben, ein Theaterstück

Die Erbgeschichte brachte Grete aber noch auf eine zweite gute Idee. Sie setzte sich hin und schrieb mit verstellter Schrift ein mit 9. Mai datiertes Testament, gezeichnet von Curt Preßler, Oberingenieur:
»Zur Universalerbin meines gesamten Vermögens sowie sämtlicher Möbel, Betten, Wertsachen usw. ernenne ich meine Braut Margarethe Beier, des Bürgermeisters in Brand Tochter. An meine Mutter und Geschwister richte ich die Bitte, auf alles, auch auf den Pflichtteil zu verzichten. Meine Braut mag mit den Sachen machen, was sie will, es soll ihr niemand Vorschriften machen, auch mit dem Gelde. Die Brillantnadel soll sie selbst tragen. Ich erteile ihr also das volle Verfügungsrecht über alles. Geld wird sie etwa 15 000 Mark ausgezahlt erhalten …«
Am Himmelfahrtstag, dem 9. Mai, lud Preßler sie nach Chemnitz ein. Er hatte in der Zwischenzeit Wohnung und Einrichtung besorgt, die er jetzt seiner Zukünftigen vorführen wollte. Grete verfasste zwei Briefe unter dem Namen Eleonore Ferroni, den einen mit einem Ultimatum an Preßler, den anderen an sich selbst, in dem sie die ganze Kolportagege-

schichte ausführlich darlegte. Den Eltern erzählte sie nichts von ihrer Reise, sondern kündigte an, nur kurz eine Freundin besuchen zu wollen. Dann steckte sie einen Revolver, den sie sich aus dem Bürgermeisteramt beschafft hatte, nahm zwei Ampullen Zyankali mit, das sie vor mehr als einem Monat aus Preßlers Foto-Utensilien gestohlen hatte, und fuhr los.

Preßler holte Grete Beier am 13. Mai 1907 vom Zug ab und ging mit ihr in die neue Wohnung. Dort servierte er Kaffee und Eierlikör. Danach versuchte er, zudringlich zu werden. Als er aufstand, um ein Präservativ zu holen, schüttete seine Braut schnell Zyankali in sein Glas und rührte mit dem Kaffeelöffel um, den sie anschließend an ihrem Unterrock säuberte. Preßler kam zurück, kippte den Likör hinunter und sank lautlos aufs Sofa. Da Grete fürchtete, er könne aus seiner Ohnmacht wieder erwachen, band sie ihm eine Serviette um die geschlossenen Augen, steckte ihm den Revolver in den geöffneten Mund und drückte ab. Dann legte sie die Waffe so auf den Boden, als wäre sie dem Toten aus der Hand gefallen, deponierte den Ferroni-Brief und das Testament auf dem Tisch, wusch das Eierlikör-Zyankali-Glas in der Küche aus, versicherte sich, dass niemand im Stiegenhaus war, und ging.
Am nächsten Tag wurde Preßlers Leiche von seiner Aufwartefrau gefunden. Der Bezirksarzt bestätigte die Diagnose Selbstmord und Preßler wurde am 16. Mai eingeäschert. Grete stand trauernd an seinem Grab.
Die beiden Testamentseröffnungen wurden ihr jedoch zum Verhängnis. Bei Preßler hatte Grete zweifellos etwas zu dick aufgetragen. Die Schwester des Verstorbenen weigerte sich, das Testament anzuerkennen, und verlangte eine Schriftprüfung. Bald danach wurde auch der Diebstahl aus der Hinterlassenschaft des Erbonkels ruchbar. Die Bankangestellten erkannten Grete Beier als jene »Nichte«, die vom Sparbuch abgehoben hatte. Am 27. Juni wurde die erst 21-Jährige wegen Diebstahls verhaftet.
Merker sollte ihr helfen, aus dieser misslichen Lage zu entkommen. Wieder einmal mussten Kolportageromane als Ideenlieferanten herhalten. Grete verlangte in einem Kassiber von ihrem Geliebten, er solle sich die Haare schwarz färben, sich verkleiden und zu einer gewissen Frau Schlegel, der Schwester des Erbonkels, gehen. Diese solle er sodann betäuben und ermorden, sodass die Behörden an einen Selbstmord glauben mussten. So könne der Verdacht, das Sparbuch gestohlen zu haben, auf die Schlegel abgewälzt werden. Einen Abschiedsbrief dieses Inhalts solle

Merker zur Sicherheit noch auf dem Küchentisch deponieren. Der Kassiber wurde abgefangen und die Polizei verhaftete jetzt auch Hans Merker. Der gestand sofort alles, um sich selbst zu retten, und erzählte auch gleich von der Abtreibung, den Mordplänen gegen Preßler und dem falschen Testament. Damit waren auch für Grete sämtliche Ausreden und Fluchtmöglichkeiten verbaut. Am 1. Oktober gestand sie dem Untersuchungsrichter, dass Frau Ferroni ausschließlich in ihrer Phantasie existiert habe, und einen Tag danach gab sie den Mord an Preßler zu, wenn auch in einer etwas anderen Version.

»Ich hatte so getan, als wenn ich Preßler vom Jahrmarkt in Brand, der am 9. Mai gewesen war, etwas mitgebracht hätte. Ich hieß ihn, sich die Augen zu verbinden und den Mund aufzumachen. Diesen Moment nutzte ich zum Schuss.« Vom Zyankalicocktail sagte sie noch nichts.

Zur Untersuchung ihres Geisteszustandes ließ man sie in die Landesirrenanstalt einweisen, wo sie wieder eine neue Version von Preßlers Tod auftischte. Die mysteriöse Frau Ferroni wurde wieder zum Leben erweckt; Preßler habe Selbstmord begangen aus Angst, sich mit einem Verwandten der Dame, einem gewissen Coste, duellieren zu müssen. Trotz dieser wirren Geschichte wurde Grete als geistig gesund – nur eben übermäßig literarisch und theatralisch begabt – und daher schuldfähig diagnostiziert. Im Juni 1908 begannen die Prozesse – nach der Reihenfolge der Delikte, die ihr und den Mitangeklagten zur Last gelegt wurden.

Wegen Abtreibung wurden sie und die Hebamme Kunze vor der Strafkammer in Freiburg zu je einem Jahr Gefängnis verurteilt. Am 5. Juni wurde Grete dann mangels an Beweisen vom Versuch, das Testament des Erbonkels zu fälschen, freigesprochen; gleichzeitig bestrafte das Gericht sie aber wegen schweren Diebstahls, Urkundenfälschung und Aufforderung zum Mord an Frau Schlegel mit fünf Jahren Zuchthaus und acht Jahren Ehrverlust. Merker erhielt vier Monate Gefängnis wegen Hehlerei. Wegen des Mordes an Preßler erging das Urteil am 29. Juni. Grete Beier wurde zum Tode und zu dauerndem Verlust der bürgerlichen Ehrenrechte verurteilt und erhielt wegen schwerer Urkundenfälschung zusätzlich zu den bereits verhängten Strafen noch insgesamt acht Jahre Zuchthaus. Ein Gnadengesuch lehnte der König von Sachsen ab. Grete sollte nach 50 Jahren die erste Frau sein, an der in Sachsen das Todesurteil vollstreckt wurde.

Am 23. Juli 1908 übergab Staatsanwalt Dr. Mannl sie im Hof des Gefängnisses von Freiberg dem Scharfrichter Brand, der zufällig denselben Namen wie ihr Geburtsort trug. Ernsten Schrittes, notierte er in den Akten, stieg sie ruhig und ohne das geringste Sträuben die Treppe hinauf, ließ sich festschnallen und bereitlegen und in der nächsten Sekunde trennte ihr die Guillotine auch schon das Haupt vom Rumpfe. Unter dem Fallbeil rief sie beim Umlegen des Brettes noch mit gepresster, angstvoller Stimme: »Vater, Vater …«! und mehrere nicht deutlich verständliche Worte.

Ihr Vater, der Bürgermeister, hatte die Schande übrigens nicht überlebt. Er war schon im August 1907, wenige Tage nach ihrer Verhaftung, gestorben. Die Mutter, die versucht hatte, ihr Kind zu schützen, und zu ihren Gunsten bei der Diebstahlsgeschichte mit dem Erbonkel falsch ausgesagt hatte, war dafür mit zwei Jahren Zuchthaus bestraft worden.

Auf Messers Schneide

Sweet Caroline

Der Fall Caroline H.

Eigentlich hatte sie Polizistin werden wollen, aber dazu wäre die Schweizer Staatsbürgerschaft notwendig gewesen. Das entsprechende Gesuch der Caroline H. wurde jedoch abgelehnt – in ihrem Oberwalder Dorf in der Innerschweiz gab es Gegenstimmen, angeblich wegen psychischer Probleme der Antragstellerin. Dabei war Caroline in durchaus gesicherten Verhältnissen aufgewachsen, in einem behüteten und intakten Elternhaus, allerdings isoliert von ihrer Umgebung. Ihre Eltern waren Österreicher, der Vater leitender Angestellter, die Mutter Hausfrau. Caroline war das einzige Kind und galt schon in ihrer Kindheit als Einzelgängerin.

Erst im letzten Jahr der Realschule fand sie Freundinnen und Akzeptanz bei den Mitschülern. Das anschließende Jahr bei einer Gastfamilie, das »Welschlandjahr«, bezeichnete sie später selbst als Katastrophe. Die Frau hatte pausenlos etwas an ihr auszusetzen und behandelte sie wie eine Sklavin, der Mann soll sie sexuell belästigt haben. Früh schon muss Caroline H. das Gefühl gehabt haben, immer nur auf sich allein gestellt zu sein und sich stets gegen die ganze Welt wehren zu müssen, ohne Vertrauen zu jemandem haben zu können.

Sie war nur 1,70 Meter groß und ganze 50 Kilo schwer, begann aber dennoch, Kraft und Ausdauer zu trainieren – Fähigkeiten, die der Polizei später entsprechend zu schaffen machen sollten. Ihr Aussehen war ihr nicht gleichgültig, auch wenn sie typisch weibliche Accessoires ablehnte. Nur für ihre plötzliche, beim geringsten Anlass ausbrechende Aggression gab es keinerlei rationale Erklärung. Die Schweizer Autorin Maja Peter, die während der Untersuchungshaft mit ihr im Briefwechsel stand, schil-

dert Carolines »andere Seite« als die einer durchaus sensiblen, auf ihre physische Fitness stolze Frau, die in der Haft vor allem an der Isolation litt. Handelte es sich hier um einen Fall von »Fräulein Jekyll and Miss Hyde«? Caroline H. war sich ihrer zwei Seiten merkwürdigerweise völlig bewusst und akzeptierte ihr aggressives Verhalten kommentarlos wie ein Naturgesetz. Sie war auch ohne weiteres bereit, darüber zu sprechen.
In der Haftanstalt galt sie als besonders gefährlich; drei Wachebeamte waren allein für sie abkommandiert. Es war ihr nur erlaubt, sich in Begleitung und mit Handschellen gefesselt im Inneren des Gefängnisses zu bewegen. Besuche durfte sie nur einmal im Monat erhalten – von ihrem Anwalt, dem Offizialverteidiger Franziskus Ott, oder ihren Eltern. Der Anwalt war übrigens der Einzige, der sie ohne die obligate Trennwand sprechen konnte, bei Vater und Mutter hielt man dies für zu gefährlich.

Ihre erste, für das Opfer tödlich ausgegangene Gewalttat war lange unentdeckt geblieben. Im Frühsommer 1991 war Caroline arbeitslos geworden. Ihre Lehrstelle (auf Wunsch des Vaters hatte sie eine Lehre als Bürokauffrau begonnen) hatte sie verloren, da sie bei einer Weihnachtsfeier der Firma allzu heftig mit einer Kellnerin in Streit geraten war. Ziellos trieb sie sich in der Stadt herum. Einer ihrer bevorzugten Aufenthaltsorte war das Urania-Parkhaus in Zürich. Am 26. Juni wurde dort die Leiche einer 29 Jahre alten Frau gefunden, getötet durch einen Messerstich ins Herz. Sie hatte nur ihr Brautkleid abholen wollen. Motiv für den Mord gab es keines; die Ermittler entdeckten zudem weder Spuren noch eine Tatwaffe oder den kleinsten Hinweis auf den Täter. An eine Täterin dachte niemand. Der Fall musste nach einigen Monaten als ungeklärt abgelegt werden.
Caroline H. begann Anfang Juli eine neue Lehrstelle als Verkäuferin, wurde aber bald verhaltensauffällig. Sie beging kleinere Diebstähle und legte, immer nur in ihrer Freizeit, Feuer an öffentlichen Orten, zündete Telefonbücher in Telefonzellen an oder die Papierrollen in Klosettanlagen. Ende des Jahres 1991 wurde sie erwischt und verhaftet. Der Richter ordnete eine psychiatrische Behandlung an. Waren die Brandlegungen nichts anderes als öffentliche, feurige Hilferufe, mit der sie auf ihre außer Kontrolle geratene Situation – oder das nach wie vor ungelöste Verbrechen – hinweisen wollte?
Caroline bedrohte ihre erste, offiziell beauftragte Therapeutin mit direk-

ter physischer Gewalt. Dem Psychiater Josef Dossenbach, dem sie anschließend zur Behandlung zugewiesen wurde, begegnete sie zunächst als Frau, die sich ausgegrenzt, ungeliebt und unverstanden fühlte. Zu ihm fasste sie mehr Vertrauen und erzählte ihm auch von ihren Tötungsphantasien. Obwohl er von dem ersten Mord nichts wusste, schien seine Patientin ihm durchaus fähig, derart schwere Delikte zu begehen.
Nach einiger Zeit brach Caroline H. die Therapie plötzlich und ohne Angabe von Gründen ab, als hätte sie schon zu viel von sich preisgegeben. Dafür wurden ihre Hilferufe in Form von Brandlegungen noch massiver und deutlicher. Im April 1992 legte sie Feuer in einer Holzbaufirma, was entsprechendes Aufsehen und einen beträchtlichen Sachschaden erzeugte. Ihre nächste Tat kündigte sie sogar vorher an. Im Zug von Luzern nach Zürich hinterließ sie eine Notiz, auf die Rückseite einer Papierserviette geschrieben: »Ich bin ein Brandstifter. Heute nacht gibt es in Luzern den zweiten Großbrand. Ich kann es nicht lassen.« Tatsächlich brannte es in den ersten Morgenstunden dann im Hauptsitz der Firma Von Moos.
Die Polizei kam ihr erst auf die Spur, als Carolines damaliger Freund, eigenartigerweise selber Polizist, den Kollegen einen Tipp gab. Caroline habe sich nach dem ersten Brand seltsam verhalten und sei in der Brandnacht nicht zu Hause gewesen. In ihrem Zimmer fand man, säuberlich ausgeschnitten und in Ordnern abgelegt, die Pressemeldungen zu den Bränden – als Erfolgsbestätigung, wie sie selbst sagte.

Wegen mehrfacher Brandstiftung wurde Caroline H. 1993 in Luzern zu vier Jahren Zuchthaus mit Verwahrung verurteilt und in die Frauenstrafanstalt Hindelbank eingeliefert. Ihre Täterschaft beim Mord im Parkhaus blieb jedoch weiterhin unentdeckt. Im Gefängnis dominierte wieder ihre aggressive Seite; sie benahm sich, sagten die Beamten, wie ein eingesperrtes wildes Tier. »Sie hat Bärenkräfte und ist kaum in Schach zu halten«, schrieb die Gefängnisleitung in ihren Akt, nachdem die Insassin mehrmals das Mobiliar ihrer Zelle zertrümmert und Aufseherinnen tätlich angegriffen hatte, die nur zu sechst imstande waren, sie zu bändigen. Eine Begründung für ihre »Wutanfälle« versuchte sie in einem Brief an Maja Peter zu geben: »Ich bin im normalen Umgang nicht aggressiv. Aber wenn ich mich in eine Ecke gedrängt fühle, kann ich sehr wütend werden. Ich habe dann keine Rückzugsmöglichkeit. Beispielsweise bei Gefangenentransporten. Wenn man mir zu nahe kommt, entlädt sich die ganze Nervosität, die sich vorher angestaut hat. Die Hemmungen gegenüber den mir weitgehend unbekannten Polizisten fehlen auch. Da muss halt der eine oder andere zum Abreagieren herhalten. Verletzen will ich aber niemanden dabei.«

Trotz dieses kaum musterhaften Verhaltens wurde 1995 die Verwahrung aufgehoben und die Strafe um ein halbes Jahr verkürzt.

Caroline wohnte nach Ende ihrer Haftstrafe in Zürich in einer betreuten Wohngemeinschaft und begann eine Elektrikerlehre. Die Betreuer gaben durchaus positive Prognosen ab und deshalb wurde sie Ende November 1996 vorzeitig freigestellt.

Zwei Monate später, am 22. Januar 1997, wurde eine 61-jährige Frau an der Seepromenade in Zürich, beim Chinapavillon, tot aufgefunden. Sie musste in einem wahren Blutrausch ermordet worden sein. Der Körper des Opfers wies 30 Messerstiche auf, die abgebrochene Spitze eines Messers steckte noch in der Leiche, der Kopf war durch wiederholte Schläge mit einem schweren Gegenstand, wahrscheinlich einem Stein, mehrfach zertrümmert worden. Wieder fanden sich keinerlei Spuren, kein Motiv für die Tat, kein Hinweis auf den Täter.

Ein Jahr später ereignete sich neuerlich ein Messerattentat auf eine Frau ohne Begleitung – eine 75 Jahre alte Buchhändlerin, die in der Kirchgasse in der Zürcher Altstadt überfallen wurde. Diesmal überlebte das Opfer, wenn auch schwer verletzt, und Caroline wurde auf Grund der Täterinnenbeschreibung verhaftet. In Untersuchungshaft gestand sie den Beamten, übrigens männlichen Polizisten, dann auch die beiden bisher ungeklärten Bluttaten im Parkhaus und an der Seepromenade.

Am Montag, dem 17. Dezember 1997, begann ihr Prozess vor dem Obergericht Zürich. Das Interesse der Öffentlichkeit und der Presse war anfangs groß, doch die erwartete Sensation blieb aus. Zwar wurde Caroline, bewacht von extra ausgesuchten und durchtrainierten Beamten, an Armen und Beinen gefesselt und mit einer Kette kurzgeschlossen in den Verhandlungssaal geführt – eine fast mittelalterlich anmutende Art der »Ruhigstellung«, die ihr auch während der Verhandlung nicht abgenommen wurde –, aber die Frau blieb die ganze Zeit über ruhig. Sie sah gar nicht der versprochenen rabiaten Gewalttäterin ähnlich, sondern glich eher, wie eine beobachtende Journalistin schrieb, »einem gerade aus dem Nest gefallenen, knochigen Vogel«.

Völlig ohne Emotion, leise und monoton beantwortete die geständige Mörderin die Fragen und schilderte ihre Taten. Der Staatsanwalt hatte für die zwei Morde nur ihre Geständnisse, keinerlei andere Indizien, doch Carolines Angaben waren glaubhaft, da darin Details erwähnt wurden, die nur der Täter oder die Täterin wissen konnten. Dazu zählten zum Beispiel die Aussagen, dass die junge Frau in der Parkgarage noch ihre Autoschlüssel in der Hand hatte, als sie gestorben war, oder dass beim zweiten Mord das erste Messer abgebrochen war, sie daher ein zweites nehmen hatte müssen und dem Opfer dann noch mehrmals mit einem Stein den Kopf zertrümmert hatte.
Über ihre Motive konnte Caroline selbst nichts aussagen. Die Frauen seien ihr zufällig über den Weg gelaufen, meinte sie. Und nur der erste Mord sei aus ihrer Sicht gelungen gewesen. Das Opfer war nach einem einzigen Stich ohne einen Laut sterbend zu Boden gesunken. Nach der Tat sei sie wie im Rausch in Zürich-Niederdorf herumgelaufen und habe sich mit Bier zu betäuben versucht. Seltsam, dass niemandem die Blutspritzer aufgefallen waren …
Der zweite Mord sei ganz und gar nicht erfolgreich verlaufen: Das Opfer habe sich gewehrt und geschrien und die Tötung sei auch gar nicht einfach gewesen. Sie musste mit dem zweiten Messer insgesamt über 30 Mal zustechen und anschließend noch den Stein, der auf dem Uferweg gelegen war, verwenden. »Das gab mir nicht die nötige Befriedigung, entsprach nicht meinem Drehbuch.«
Erklärungen versuchte Caroline H. gar nicht erst zu liefern – es sei halt einfach so über sie gekommen. Warum ihre Opfer ausschließlich Frauen waren? »Die haben meist schneller Angst und sind nicht so wehrhaft«, antwortete die Mörderin. »Wichtig war, die Frauen zu erschrecken und zu töten. Das gehörte zusammen, sonst wäre es nicht vollständig gewesen.«
Die insgesamt 50 Brände (mit einer Gesamtschadenssumme von 11 Millionen Schweizer Franken) hatte sie in erster Linie wegen des Nervenkitzels gelegt und später auch nachgelesen, ob ihre Taten erfolgreich gewesen waren. Wenn nicht, hätte sie die Tat mehrmals wiederholt, so lange eben, bis es richtig brannte. Die Diebstähle dagegen seien bedeutungslos gewesen, da sie zu wenig Stimulation geboten hätten.
Der Staatsanwalt sprach von »ruchlosen Delikten, beispielloser sittlicher Hemmungslosigkeit und einem kriminellen Willen, wie er ihn bei einer Frau noch nie beobachtet hätte«. Er beurteilte die zwei Morde und den Mordversuch aber nur als »vorsätzliche Tötungsdelikte«, da zum heim-

tückischen Mord die vom Gesetz verlangte Planung fehle. Der Verteidiger wies auf die Geständnisse der Angeklagten hin, ohne die die Gewalttaten gar nicht aufgeklärt worden wären. Er plädierte für 15, der Staatsanwalt für 20 Jahre Haft, die aber zugunsten einer Verwahrung aufzuschieben sei. Das Gericht entschied anders, wertete die Taten doch als Mord und verurteilte Caroline zu lebenslanger Verwahrung.
Um Erklärungsversuche kümmerte sich das Gericht kaum – wahrscheinlich, weil auch die bestellten psychiatrischen Gutachter ratlos waren. Aus dem äußeren Erscheinungsbild der Angeklagten mit ihren kurz geschnittenen Haaren und Hosen statt Röcken diagnostizierten sie einen Hass auf alles Weibliche, was zur einseitigen Bevorzugung von anonymen Frauen als Opfern geführt hätte. Doch diese Diagnose hätte wohl auch jeder halbwegs begabte Amateurpsychologe zustandegebracht.
Die Experten waren außerdem der Ansicht, dass Caroline H. eine »erhebliche, kombinierte Persönlichkeitsstörung« aufweise, »mit narzisstisch-schizoiden Zügen, die sich in übersteigertem Selbstwertgefühl und Allmachtsphantasien äußern«. Geisteskrankheit sei keine festzustellen, daher sei die Angeklagte voll schuldfähig.
Im Frauengefängnis Hindelbank allerdings hatte man vorgesorgt und eine eigene Hochsicherheitszelle für Carolines Isolationshaft gebaut. Jeweils drei Mann waren zur Bewachung eingeplant und die verurteilte Mörderin durfte die Zelle nur verlassen, wenn sie mit Handschellen an ihre Bewacherin oder ihren Bewacher gekettet war.
Aus dem Gefängnis schrieb Caroline H. an ihren Verteidiger: »Es muss doch ein menschenwürdigeres Leben geben. Wissen Sie weiter?«

Das wilde Herz der Blutgräfin

Der Fall Erzsébet Báthory

»Im unterirdischen Gewölbe von Csejte spielte sich das übliche, blutige Drama ab. Erzsébet schrie und lachte wie eine Irre; die Ärmel aus weißem Leinen hochgekrempelt, die Arme von Blut gerötet und mit großen Flecken auf dem Kleid rannte sie zur Tür und wieder zurück, lief an den Mauern entlang und ließ ihr Opfer [*die schöne Magd Doricza, die eine Birne gestohlen hatte*] nicht mehr aus den Augen. Noch andere warteten hinter dieser Tür. Die beiden alten Weiber waren emsig damit beschäftigt, mit ihrer Sammlung von Zangen, Spießen und Schürhaken zu foltern. Doricza war nackt, ihr blondes Haar fiel aufgelöst über das Gesicht und ihre Arme waren gefesselt. Erzsébet versetzte ihr selber, bis zu ihrer Ermattung, mehr als hundert Hiebe mit der Gerte. Dann befahl sie, man solle ihr noch zwei andere Mädchen bringen und unterwarf diese nach einem kurzen Ausruhen der gleichen Misshandlung. Halbtot betrachtete Doricza ihre ohnmächtigen Gefährtinnen, die Gräfin und die mit Blut bespritzten Mauern. Erzsébet selber war von oben bis unten damit besudelt; ihre Leinenärmel klebten an ihren Armen. Sie zog ein anderes Kleid an und wandte sich erneut Doricza zu. Geronnenes Blut breitete sich in einer Lache zu Füßen des Mädchens aus, das trotz allem nicht sterben wollte. Da erschien Dorkó, die ihr wie üblich die Adern an den Armen aufschnitt; da erst sank Doricza in einem letzten Verströmen ihres Blutes tot in sich zusammen. Die beiden anderen lagen im Todeskampf, als die Gräfin das Waschhaus verließ und schäumend wilde Drohungen nach allen Seiten ausstieß. Alle waren an diesem Tag so von Furcht besessen und erschöpft, dass sie es unterließen, die Mauern und

Steinplatten, die von Blut bedeckt waren, wie sonst üblich sorgfältig abzuwaschen.«

Valentine Penrose: »Die blutige Gräfin«

Dieser Auszug aus einem romanhaften Bericht über Erzsébet Báthory schildert die letzte Schreckensorgie der so genannten »Blutgräfin« in der Nacht vor ihrer Ergreifung.

Erzsébet (= Elisabeth) Báthory kam 1560 auf einer der Besitzungen ihrer altehrwürdigen und angesehenen Adelsfamilie in den Ausläufern der Karpaten zur Welt. Schon in ihrer Jugend war sie angeblich von atemberaubender Schönheit (das einzig erhaltene Porträt der Gräfin verrät davon allerdings nicht viel). Als Erzsébet zehn Jahre alt war, starb ihr Vater und sie wurde mit dem Grafen Ferencz Nádasdy verlobt – einem dunkelhaarigen, gut aussehenden Mann, der sein Leben dem Krieg (auf Seiten der Habsburger) gewidmet hatte und auch unter dem Namen »der schwarze Herr« bekannt war. 1574 wurde sie schwanger – wahrscheinlich von einem Bauernjungen aus der Umgebung. Ihre uneheliche Tochter wurde heimlich zur Adoption in die Walachei geschafft.

Erzsébets Familie war alles andere als frei von Krankheiten und seltsamen Angewohnheiten: Sowohl Erzsébets Onkel als auch Stephan Báthory, König von Polen, starben an Epilepsie; Onkel István war ein habgieriger Geldfälscher, der sich an die Türken verkaufte; Vetter Gábor, der König von Transsilvanien, war ein habgieriger Sadist, lebte in einer inzestuösen Beziehung zu seiner Schwester und wurde schließlich ermordet. Ein Onkel namens Gábor glaubte, vom Teufel besessen zu sein (verschiedene Autoren behaupten, er hätte Erzsébet in die Geheimnisse der Hexerei und schwarzen Magie eingeweiht); Erzsébets Bruder István war ein grausamer Lüstling. Und Klara Báthory, die Lieblingstante der Blutgräfin väterlicherseits, genoss (vor dem Bekanntwerden der Untaten ihrer Nichte) den schlechtesten Ruf der ganzen Adelssippe: Sie hatte vier Ehemänner, von denen sie die ersten beiden höchstpersönlich unter die Erde brachte, war allem Anschein nach auch noch eine sadomasochistische Lesbierin – und übte großen Einfluss auf Erzsébet aus.

Nach ihrer Verehelichung mit Graf Nádasdy zogen Erzsébet und ihr Mann in die düstere Burg Csejte, eine von 16 Burgen im Besitz des Paares. Die auf dem kahlen Gipfel eines Berges gelegene Burg – heute nur noch eine Ruine und beliebtes Tourismusziel für schwarzgekleidete

»Fans« aus aller Welt – befindet sich im Nordwesten der heutigen Slowakei, lag damals jedoch auf ungarischem Staatsgebiet.

»7 km südwestlich von Waagneustadtl bzw. Nové Meso nad Váhom (ungar. Vágújhely) liegt Cachtice (ungar. Csejte; 4000 Einw.), mit einer spätgotischen Wehrkirche (15. Jh.) und einem Renaissanceschloss (17. Jh.). Unweit oberhalb des Ortes die weithin sichtbaren Trümmer der sagenumwobenen, gleichnam. Burg (13.–17. Jh.; 1708 ausgebrannt), einst Sitz der Elisabeth Báthory, die angeblich viele hundert Jungfrauen töten ließ, um sich in deren Blut zu verjüngen.«

»Baedekers Autoreiseführer Tschechoslowakei«

Erzsébet weigerte sich, den Familiennamen ihres Angetrauten anzunehmen und nannte sich weiterhin Báthory. Dem streitbaren Recken und Volkshelden, der sich ohnehin die meiste Zeit auf einem seiner Feldzüge befand, war dies relativ egal.

Die Gräfin hatte auf Csejte meist nichts Besseres zu tun, als neue Toiletten und Juwelen anzuprobieren und ihre Schönheit zu kultivieren, wozu damals vor allem ein blasser Teint zählte. Ihre Neigung, Dienstbotinnen zu quälen, die sich schon in Jugendjahren bemerkbar gemacht hatte, führte in Kombination mit ihrer Hypochondrie und dem Experimentieren mit diversen Kräutern und Substanzen dazu, dass sie sich mit Vorliebe einem blutigen Zeitvertreib hingab, wie Penrose in ihrem Buch erzählt:

»Häufig krank, umgab sie sich mit einer Unzahl von Dienerinnen, die ihr Drogen und Getränke brachten, um ihre Kopfschmerzen zu lindern, oder die ihr Mandragora-Äpfel unter die Nase hielten, um den Schmerz zu beschwichtigen. Man glaubte, dies alles würde nach der Geburt eines Kindes vergehen; und um dieses glückliche Ereignis herbeizuführen, gab man ihr noch andere Drogen und andere Arzneitränke, man legte Wurzeln mit menschenähnlichen Formen in ihr Bett und Talismane aller Art. Aber immer betrachtete Orsolya, ihre Schwiegermutter, sie voller Trauer, denn keine frohe Botschaft kam über Erzsébets Lippen. Nach solchen Gesprächen kehrte sie in ihr Zimmer zurück, und um sich zu rächen, stach sie die Frauen mit Nadeln, warf sich auf ihr Bett, wälzte sich in ei-

nem jener Anfälle, die bei den Báthorys so häufig waren, hin und her, ließ sich zwei oder drei kräftige, sehr junge Bauernmägde kommen, biss sie in die Schulter und kaute dann auf dem Fleisch, das sie ihnen hatte entreißen können. Wie durch einen Zauber verschwanden dann inmitten der Schmerzensschreie der anderen ihre eigenen Beschwerden.«
Das Leben einer Magd war in dieser grausamen Zeit so gut wie nichts wert. Trotz zahlreicher Gerüchte, die über die Grausamkeit der Erzsébet Báthory kursierten (man munkelte, dass sie eine Hexe und Vampirin sei), waren weder ihr Mann noch die Landesherren gewillt, wegen der einen oder anderen Bauerndirne, die eines mysteriösen Todes gestorben oder einfach verschwunden war, etwas zu unternehmen. Es ging der Blutgräfin, die ihrem Mann schließlich doch noch eine Tochter und drei Söhne geschenkt hatte, erst an den Kragen, als die Zahl ihrer Opfer (man nimmt vielfach an, dass es mehrere Hundert gewesen sind) einfach nicht mehr zu übersehen war. Außerdem hatte sie den Fehler begangen, Frauen adeliger Herkunft zu foltern und zu ermorden. Letzteres war kein exzentrischer Zeitvertreib mehr, sondern ein Verbrechen, auf das der Tod stand.
Am 4. Januar 1604 starb Graf Nádasdy. Nun – vor allem, da auch die Kinder aus dem Haus waren – stand Erzsébet nichts mehr im Weg und sie konnte sich ihrem Sadismus ungehindert hingeben. Eine kleine Gruppe ausgewählter Dienstboten war ihr dabei behilflich: zwei hässliche alte Frauen – Dorkó und die Amme Jó Ilona – sowie ein Zwerg.
Ujváry Janos, der allgemein Ficzkó genannt wurde, war ein höchst unattraktiver, buckliger und böser Halbidiot. Er diente bereits im Alter von fünf Jahren der Gräfin als Narr und war mit 18 für seine Kraft und Grausamkeit bekannt. Als Erzsébets Diener bereitete es ihm keine Probleme, aus den umliegenden Dörfern Mädchen zu beschaffen, die ihm bereitwillig folgten, wenn er ihren Eltern kleinere Geldsummen oder Geschenke gab und ihnen versprach, dass ihre Töchter auf dem Schloss der reichen Gräfin Arbeit finden würden.

»Mutternackt ließ sie die Mädchen auf die Erde werfen und so zerhauen, dass man vor ihrem Bett das Blut handvollweis aufschöpfte und Asche darauf streute.«

Prozessaussage der Jó Ilona

Eine oft erzählte Anekdote dokumentiert, wie sehr Erzsébet auf ihre Schönheit bedacht war: Eines Tages fuhr die Gräfin mit einem ihrer jungen Geliebten über Land, als ihr am Straßenrand eine von Falten übersäte alte Frau auffiel. Mit einem grausamen Lachen sagte die Báthory zu ihrem Liebhaber: »Wie würde es dir gefallen, wenn ich dir befehle, eine so hässliche alte Hexe zu umarmen?« Die Alte, die diesen grausamen Witz gehört hatte, drehte sich erbost zu der Adeligen um und schrie sie an: »Mach dich nur über mich lustig, Herrin von Csejte – eines Tages wirst du genauso aussehen wie ich!« Diese Vorstellung jagte Erzsébet, die nie an ihr eigenes Alter gedacht hatte, eine Höllenangst ein: Von nun an litt sie unter Alpträumen, in denen sie sich in Spiegeln betrachtete und feststellen musste, dass sie unter ihren schönen, wertvollen Kleidern und Schmuckstücken eine welke, abschreckende Vettel geworden war.
Die Inspiration für Erzsébets Gräueltaten, so will es jedenfalls eine Version der Legende, erhielt sie, als sie sich eines Tages von ihren Mägden frisieren ließ. Valentine Penrose gibt dieses Ereignis in literarischer Form so wieder: »Nun aber geschah es, dass eine der Ehrenjungfrauen mit dem spitzen Ende ihres Buchsbaumstäbchens die Haare auf der einen Seite in unharmonischer Weise etwas mehr aufbauschte. Im Spiegel, in dem sich Erzsébet wie üblich völlig geistesabwesend betrachtete, entdeckte sie diese Missetat. Jäh erwachend wandte sie sich um. Mit ihrer weißen, recht großen und sehnigen Hand mit dem lockeren Handgelenk schlug sie blindlings dem ungeschickten Mädchen ins Gesicht; es begann sofort zu bluten und dieses Blut tropfte an verschiedenen Stellen auf die Gräfin, auf ihren Arm und die andere Hand, die im Schoß ihres Umhanges ruhte. Alle stürzten herbei, um das Blut zu entfernen, aber doch nicht rasch genug, dass nicht eben doch noch die Hand und der Arm getroffen wurden. Als man schließlich damit fertig war, die Flecken zu entfernen, senkte Erzsébet die Augen, hob die Hand, betrachtete sie und schwieg: oberhalb ihrer Armbänder, dort wo das Blut einige Minuten lang eingetrocknet war, stellte sie fest, dass ihr Fleisch jenen durchsichtigen Schimmer einer brennenden Kerze hatte, die von einer anderen Kerze beleuchtet wird.«
Es wird weiter behauptet, dass Erzsébet danach sofort die Ermordung des Mädchens anordnete, um im Blut der Unglücklichen baden zu können. Und da es sich bei der Magd um eine Jungfrau gehandelt hatte, folgerte die Gräfin daraus, dass nur das Blut von Jungfrauen sie jung und schön erhalten könnte.

»Wir kennen nur die braune Leinwand mit dem großen E für Erzsébet oben rechts. Und die Initialen des Namens, den das Leben ihr gegeben hat, sind in der Form von drei grausamen Wolfszähnen im vertikalen Knochen eines Kiefers tief eingegraben. Darüber, mehr lastend als fliehend, Adlerschwingen. Und um dieses ovale weibliche Wappenschild schlingt sich der alte Drachen der dazischen Báthorys.«

Valentine Penrose über das Wappen auf dem Porträt der Erzsébet Báthory

Wo immer sich Erzsébet auch aufhielt – ihr erstes Anliegen war es, einen geeigneten Ort für ihre Folterkammer zu finden. In jedem ihrer Schlösser entdeckte sie Gewölbe und Waschhäuser, deren Mauern so dick waren, dass sie keine Schreie durchließen. Die Mordgehilfen der Blutgräfin sagten beim Prozess aus, dass ihre Herrin nicht nur in Csejte gefoltert und getötet habe, sondern auch in Bicse, Sárvár, Kéresztúr und Podolié. Erzsébet trieb ihr Unwesen in der heute im Burgenland liegenden Burg Lockenhaus oder, wenn sie auf Reisen war, in ihrer Kutsche. Sogar dann, wenn sie Freunde besuchte, ging sie ihrem sadistischen Verlangen nach – z. B. in der Burg Forchtenstein des Prinzen Esterházy, in deren Katakomben sie fünf Mädchen ermordet haben soll.

Im Keller des Schlosses von Csejte war die berüchtigte »Eiserne Jungfrau« aufgestellt. Diese Frauengestalt war nackt und geschminkt wie eine hübsche Frau. Durch einen Mechanismus öffnete sich ihr Mund zu einem grausamen Lächeln, wobei sie die Augen aufmachte. Eine Kette aus Edelsteinen hing um ihren Hals. Wenn man auf einen der Steine drückte, setzte sich die teuflische Maschinerie in Bewegung. Die Arme hoben sich und umschlangen unerbittlich das Opfer, das vor der »Jungfrau« stand. Dann öffnete sich der Brustkorb, und fünf Eisendornen stießen hervor, die die umklammerte Todeskandidatin durchbohrten.

In Wien erzählt man sich gern die Geschichte, dass die Gräfin Báthory in der Blutgasse residiert haben soll (daher der Name). Das klingt gut, stimmt aber nicht – in Wahrheit befand sich das Palais der ungarischen Adeligen in der Augustinerstraße. Auch dort quälten Erzsébet und Konsorten im Waschhaus unschuldige Mädchen. Die Schreie der Opfer waren so laut, dass die Mönche des gegenüberliegenden Augustinerklosters entrüstet »Topfscherben gegen die Fenster geworfen« haben (Aussage der Jó Ilona) – mehr konnten sie gegen die Machenschaften der Protestantin und Angehörigen des Hochadels auch nicht unternehmen.

Es heißt auch, dass die Gräfin für ihre Wiener Residenz einen Käfig aus Schmiedeeisen anfertigen ließ, dessen Inneres mit scharfen Spitzen bewehrt war. Nackte Mädchen wurden in die Konstruktion getrieben, die dann zur Decke hochgezogen wurde. Erzsébet setzte sich unter den Käfig, während eine ihrer Dienerinnen mit einem glühenden Schürhaken die Gefangene peinigte. Wenn die Magd dem Folterinstrument auszuweichen versuchte, verletzte sie sich natürlich an einem der Dorne und das Blut tropfte auf die Herrin herab.
Ein gewisser Freyherr von M-y schrieb 1812 in »Elisabeth Báthory – Eine wahre Geschichte« (zu finden in der von Michael Farin herausgegebenen Materialsammlung »Heroine des Grauens – Wirken und Leben der Elisabeth Báthory«) über den Umgang der Gräfin mit ihren weiblichen Bediensteten: »Diese armen Geschöpfe auf das empfindlichste zu peinigen, und sich an ihren Schmerzen zu weiden, war eine Lieblingsbeschäftigung Elisabeths. Leicht war der Vorwand hiezu gefunden, denn unvermeidlich war es, daß nicht die unerfahrnen Zofen manchen kleinen Fehler begingen. Anfangs blieb es zwar nur bei härteren, gewöhnlichen Züchtigungen, allein bald labten diese das wilde Herz der unmenschlichen Frau zu wenig. Es wurden daher die Strafen erhöht, und bis zur grausamsten Marter ausgedehnt. Stecknadeln zwischen die Nägel der Hände eingesteckt, Geißlung mit Dornenpeitschen bis auf 500 Streiche, Brennen mit glühenden Schlüsseln, kleine Schnitte mit Scheeren und Messern, waren gewöhnliche Strafen, und die verschiedenen Äußerungen des schrecklichsten Schmerzens das angenehmste Schauspiel für die Tyrannin. Endlich ward auch die anfängliche Scheu, Menschen zu Tode zu martern, überwunden, und die Mädchen so lange gemißhandelt, bis sie ihren Geist aufgaben. Nackend wurden sie des Winters an den Brunnen gestellt, und dort mit kaltem Wasser begossen, auch wohl ganze Nächte dort angeschmiedet gelassen, oder des Sommers, mit Honig bestrichen, den Stichen der Insekten ausgesetzt. Mit in Oehl getränkten Baumwollenfäden umwand man ihre Finger, und zündete sie an; bei den Füssen aufgehangen schlug man sie so lange auf den Unterleib, bis er platzte; mit einem Worte, alles, was nur der sinnreichste Henkersknecht aussinnen konnte, jede Marter, die irgend jemals von den wüthendsten Verfolgern an ihren Gegnern ausgeübt ward, mußte an diesen unschuldigen Schlachtopfern versucht werden, um die nie zu ersättigende Mordlust dieses weiblichen Ungeheuers zu befriedigen.«

Erzsèbet Báthory: Blut hält jung

»Als unsere Männer und Knechte in das Kastell in Csejte ankamen, fanden sie gerade ein Mädchen tot, ein zweites gefoltert und voller Wunden im Sterben liegend. Eine dritte Frauensperson war ebenfalls gepeinigt und verwundet. Außerdem waren einige für künftige Folterungen in strenger Haft gehalten von der verdammten Frau. Ich warte nur, dass die verdammte Frau in die Festung gebracht und versorgt wird. Dann mache ich mich auf den Weg, und wenn der Herr es gibt, komme ich morgen nach Hause.«

Brief von György Thurzó an seine Frau, 30. Dezember 1610

Erzsébet Báthory war zu weit gegangen. Sogar der König hatte die Nachricht von ihren Schandtaten vernommen. Es ließ sich nicht mehr verheimlichen, dass die mittlerweile 50-jährige Gräfin nicht nur Mädchen aus dem Volke, sondern auch solche adeliger Herkunft getötet hatte. Matthias II. beauftragte seinen Groß-Palatin von Oberungarn, György Thurzó, der Sache ein Ende zu machen. Thurzó und seine Männer stürmten Ende Dezember des Jahres 1610 die Burg Csejte, fanden die menschlichen Überreste der eingangs beschriebenen Folterorgie, stellten Erzsébet unter Hausarrest und nahmen ihre an den Morden beteiligten Dienstboten mit. Nach den damals üblichen Foltern, die den Gefangenen helfen sollten, sich besser an ihre Verbrechen zu erinnern, wurde in Abwesenheit der Gräfin ein Prozess gegen sie geführt.

Bei den Verhören, die am 2. Januar 1611 im Schloss Thurzós geführt wurden, waren 20 Richter und 13 Zeugen zugegen. Unter Anklage standen: Ujváry Johanes, genannt Ficzkó; Jó Ilona, die Amme; Dorottya Szentes, genannt Dorkó; und Katalin Beniezky, die Wäscherin. Der damals etwa 20-jährige Ficzkó sagte unter anderem folgendes aus:

Seit jener Zeit, wie viel Mädchen und Weiber ließ sie umbringen?

»Weiber weiß er nicht; aber Mädchen weiß er, während er bei ihr war, 37. Außerdem ließ sie, als der Herr Palatin nach Preßburg reiste, fünfe in eine Grube und zwei im kleinen Garten unter der Traufe eingraben. Ein Mädchen, welches sie dort fanden, und ihr vorstellten, und zwei andere trugen sie zu Leszetice in die Kirche, wo sie dieselben beerdigten; vom Schlosse brachte man dieselben herab, denn dort hatte man sie umgebracht, Frau Dorkó mordete sie.«

Durch welche Marter und auf welche Art ließ sie die Armen umbringen?

»So marterte man dieselben, daß man ihnen die Arme mit Wiener Schnur umwand; die zu Sárvár wohnende Anna Darvolia band ihnen die Hände rückwärts, sie waren todtenblaß, man schlug sie so lange, bis ihre Körper platzten. Auf die Fußsohlen und die flachen Hände gaben ihnen auch diese gefangenen Weiber in einem Zug fünfhundert Streiche; sie lernten diese Peinigung zuerst von der Darvolia, und schlugen dieselben so lang, bis sie starben. Die Dorkó zerschnitt mit der Scheere die Hände des Mädchens, das zu Csejte noch nicht verschieden ist.«

Wer waren die Werkzeuge bei dieser Peinigung und Ermordung?

»Außer diesen drei Weibern, ist eine zu Csejte, Frau Helene, genannt die kahle Kutscherinn, auch die marterte die Mädchen. Die Frau selbst stach sie mit Nadeln, wenn sie mit ihrer Stickerey nicht fertig wurden. Nahmen sie ihr die Haarwickeln nicht aus, brachten sie ihr nicht Feuer herauf, legten sie ihr die Schürze nicht zurecht: so wurden sie von den alten Weibern sogleich in die Marter-Kammer gebracht und zu Tode gepeinigt. Selbst mit dem Kräusel-Eisen brannten die alten Weiber und sie

selbst den Mund, die Nase, das Kinn der Mädchen. In den Mund derselben steckte sie ihre Finger, und riß ihn auseinander. Wenn sie mit ihrer Näherey bis 10 Uhr nicht fertig waren; so wurden sie gleich in die Folterkammer gebracht. Auch zehnmal des Tages führte man sie zur Marter, wie die Schafe. Manchmal standen vier bis fünf Mädchen nackt da und mußten so ihren Theil nähen oder stricken.«
Der amerikanische Autor Raymond T. McNally bezeichnet in seinem Buch mit dem spektakulären Titel »Dracula Was A Woman. In search of the blood Countess of Transylvania« die Verhandlung gegen Erzsébet Báthory als »Schauprozess« – vergleichbar denen der kommunistischen Regimes des 20. Jahrhunderts. Der US-Autor hat bei seinen Recherchen angeblich Dokumente entdeckt, die darauf hindeuten, dass König Matthias II. vor allem deswegen gegen die sadistische Adelige vorging, weil er ihren Reichtum an sich bringen und sich die Rückzahlung größerer Summen, die er ihrem verstorbenen Mann – und damit ihr – schuldete, ersparen wollte. Der Palatin Thurzó (mit dem Erzsébet angeblich ein Verhältnis gehabt haben soll) wollte den Familien Báthory-Nádasdy den Skandal eines Todesurteils ersparen und dafür sorgen, dass Erzsébets Besitz auf ihre Erben und nicht auf den König überging. Also wickelte er den Prozess in aller Eile und Stille ab, ließ die angeklagten Diener hinrichten und verurteilte die Blutgräfin dazu, bis an ihr Lebensende in ihrem Turmzimmer eingesperrt zu bleiben.
Erzsébet Báthory starb – nach dreieinhalb Jahren, die sie eingemauert und unterernährt in ihrer unbeheizten Kammer verbringen musste, am 21. August 1614: »Der Tod von Frau Nádasdy dürfte Euch bekannt sein, und wie unerwartet sie aus dem Leben schied«, schrieb Stanislaus Thurzó vier Tage später in einem Brief. »Am Abend sagte sie noch zum Trabant: schau, wie kalt meine Hände sind! Der Trabant sagte ihr: es ist nichts, Herrin, geh nur und leg' Dich hin. Sie ging dann schlafen, das Kissen, das sonst unter ihrem Kopf war, legte sie unter ihre Füße, so legte sie sich hin und in derselben Nacht starb sie. Am Morgen fand man sie tot.«
Nach dem Tod der Blutgräfin wurde der Skandal vertuscht, so gut es ging. König Matthias II. erließ das strenge Verbot, bei Hof und in der besseren ungarischen Gesellschaft den Namen Erzsébet Báthorys zu äußern. Die Gerichtsakten und sämtliche Korrespondenz wurden unter Verschluss aufbewahrt und Erzsébet durfte nicht einmal mehr in Chroniken erwähnt werden. Natürlich führte diese Verschwörung des Schweigens nur dazu, dass die Gerüchte über die Untaten der »Vampirin« im-

mer haltloser wurden. Man erzählte sich beispielsweise, dass die Gräfin bei einem prunkvollen Bankett plötzlich die Türen versperren und die anwesenden 60 schönen Ehrenjungfrauen töten ließ, um in deren Blut zu baden.

Erst 1720 entdeckte ein ungarischer Jesuitenmönch, Pater László Turóczi, eine Abschrift der Prozessakten und verwendete Teile daraus in seinem Buch »Ungaria suis cum regibus compendio data«. Darin berichtete er – passend zum europäischen Volksglauben dieser Zeit, der Schauergeschichten über Vampire gern für bare Münze nahm – von den Blutbädern der Gräfin. Die meisten späteren Autoren übernahmen diese Legende. Erst in letzter Zeit wurde der Versuch unternommen, sie zu entkräften.

In den Originaldokumenten existiert kein Hinweis darauf, dass Erzsébet tatsächlich das Blut ihrer Opfer zu kosmetischen Zwecken missbraucht hat. Aus allem, was wir wissen, lässt sich schließen, dass es sich bei ihr um eine Sadistin gehandelt hat, deren Untaten denen des berüchtigten »Blaubart« Gilles de Rais kaum nachstehen (der französische Adelige war im 15. Jahrhundert ein Waffengefährte der Jeanne d'Arc und hat eine Unzahl kleiner Buben vergewaltigt und brutal abgeschlachtet). Mehrere Zeugen berichteten, dass Erzsébet mit den Zähnen Fleischstücke aus den Körpern der Mädchen gerissen hat, was etwa den amerikanischen Autor Raymond T. McNally dazu veranlasst, sie nicht den Vampiren, sondern eher den Werwölfen zuzurechnen.

McNally schreibt in seinem Buch, dass die Legenden über Erzsébet Báthory dennoch entscheidenden Einfluss auf »Dracula«-Autor Bram Stoker (sein Roman-Vampir wirkt bei seinem ersten Auftritt alt und verfallen und blüht sichtlich auf, wenn er Blut getrunken hat), etliche andere Schriftsteller und eine Flut von Filmen, in denen schöne, lesbische Vampire ihr Unwesen treiben, gehabt haben.

»Sie ergriff die Rechte der Zitternden und stieß eine der großen Nadeln, welche auf ihrem Toilettentisch lagen, zwischen den Nagel des Mittelfinger. ›Thut das vielleicht weh?‹, sagte sie lauernd, als das Mädchen einen gellenden Schrei ausstieß.

›Entsetzlich, gnädige Gräfin‹, klagte die Bestrafte.

›Nun, so gib den zweiten Finger‹, gebot die unerbittliche Frau, und so stieß sie ihr in jeden Nagel eine der Nadeln, sich an den Zuckungen der armen weinenden Dienerin belustigend.

Als sie wieder mit Emerich allein im vertraulichen Gespräche saß, begann er. ›Ich hätte es nicht für möglich gehalten, dass ein schönes Weib so grausam sein kann, wie Ihr, Gräfin.‹
›Warum nicht? Es ist ein Genuß zu quälen wie zu herrschen und gerade ein schönes Weib hat Gelegenheit zu Beidem und ist thöricht, wenn sie es nicht benutzt‹, erwiderte sie.«

Leopold von Sacher-Masoch: »Ewige Jugend, 1611«

Ein Grafenschloss am Waldesrand

Der Fall Dora Buntrock

Für viele Mädchen ohne Ausbildung war die Stelle einer Haushaltshilfe bis weit ins 20. Jahrhundert eine der wenigen Möglichkeiten, sich selbständig einen Lebensunterhalt zu verdienen. Zwar war die Bezahlung kaum nennenswert und der Beruf ohne Arbeitsschutz oder irgendwelche rechtliche Absicherung, die Tätigkeit selbst aber konnte durchaus als Schule für das spätere, natürlich verheiratete Leben gesehen werden: bis abends spät putzen und waschen, nähen und flicken, kochen und Kinder hüten, mit bestenfalls einem halben Tag pro Woche frei, um am Sonntagvormittag in die Kirche gehen zu können.
Zwischen dienstsuchenden Mädchen und den interessierten Haushalten vermittelten Stellenbüros, meist von Frauen geführt, die früher selber in »dienender Stellung« gearbeitet hatten. Eine dieser Vermittlerinnen hatte kurz vor der Wende zum 20. Jahrhundert in Deutschland eine »todsichere« Methode gefunden, sich an ihren arbeitswilligen Kundinnen zu bereichern.

Im November 1891 unternahm ein Waldwärter im Neuhaldenslebener Wald bei Magdeburg seinen üblichen Reviergang. Plötzlich verharrte sein Hund an einer Baumwurzel. Das Tier schnupperte am Erdboden, bellte und war kaum von der Stelle zu bewegen. Der Waldwärter bückte sich, um die Stelle genauer zu untersuchen, und entdeckte einen nackten

menschlichen Torso, der nur notdürftig mit Laub und Streu bedeckt war. Nicht weit von der Fundstelle begann der Hund erneut zu bellen und am Boden zu scharren; dort lagen ein Kopf, Arme und Beine. Der Waldwärter lief aufgeregt zur Polizei.
Die Identifizierung der schon stark verwesten Leichenteile, die zudem noch von Füchsen angenagt waren, gelang nur durch einen Vergleich mit Vermisstenanzeigen. Die Tote musste die 29 Jahre alte Wirtschafterin Emma Kasten aus Minden sein, die seit gut eineinhalb Jahren abgängig war. Im Frühjahr 1880 hatte sie auf eine Zeitungsannonce geantwortet, in der unter einer Chiffre von einer Grafenfamilie eine Reisebegleiterin gesucht wurde, mit sehr gutem Gehalt und guter Verpflegung. Frau Kasten hatte an die Zeitung geschrieben und war von einer Stellenvermittlerin zur Kontaktnahme in eine Magdeburger Konditorei bestellt worden. Die Dienstvermittlerin hatte gesagt, dass die Adeligen, die die Stelle zu vergeben hatten, sehr anspruchsvoll seien, was das Äußere ihrer Dienstboten betreffe. Sie solle sich daher das beste Kleid anziehen, das sie besitze, und eventuell Schmuck anlegen. Das Schloss liege am Rande des Neuhaldenslebener Waldes und man solle so schnell wie möglich dorthin aufbrechen.
Frau Kasten hatte sich umgezogen, Schmuck angesteckt und ein wenig Geld mitgenommen. Dann hatte sie sich von ihrer Nichte verabschiedet, um mit der Vermittlerin zum Schloss zu gehen. Das war das letzte Mal gewesen, dass sie lebend gesehen wurde. Als sie von ihrem Vorstellungsgespräch nicht zurückgekommen war und auch sonst keine Botschaft geschickt hatte, am Neuhaldenslebener Wald aber weder Grafen noch Schloss eruierbar waren, hatte die Nichte Anzeige erstattet.
Nach dem Leichenfund erkundigte sich die Polizei in Magdeburg nach der Stellenvermittlerin und wurde schnell fündig. Es musste sich um eine gewisse Dora Buntrock handeln, die kurz ein derartiges Büro betrieben hatte, jetzt aber in Osnabrück als »Lehrerin der Wäschezuschneidekunst« arbeitete. Frau Buntrock leugnete jeden Zusammenhang mit dem Tod von Emma Kasten auf das Entschiedenste, hatte aber offenbar vergessen, sich umzuziehen. Das Kleid, das sie während des Verhörs trug, wurde von der Nichte als jenes identifiziert, mit dem ihre Tante vor eineinhalb Jahren zum Schloss aufgebrochen war.
Frau Buntrock wurde verhaftet.

Als der Mord im Neuhaldenslebener Wald bekannt gemacht wurde, wandte sich auch der Hotelier Klages aus Hameln an die Polizei. Seine 17-jährige Tochter Dora war im August 1890 mit fast identischen Versprechungen verschleppt worden, auch von einer Stellenvermittlerin, und seither ebenfalls spurlos verschwunden.
Im Verhör gestand Buntrock, von beiden Taten zu wissen – doch nicht sie, sondern ihr damaliger Geliebter Fritz Erbe sei der Täter. Dieser war, obwohl verheiratet, schon seit Jahren mit ihr zusammen und die beiden hatten auch ein Kind miteinander. Auf Grund der bei der Verdächtigen sichergestellten Korrespondenz konnte Erbe schnell festgenommen werden. Er lebte als Arbeiter im Evangelischen Vereinshaus in Bielefeld. Der Mann bestritt seinerseits die Täterschaft: Buntrock habe ihn verführt, ihr bei den Morden zu helfen, übrigens sei auch das Kind nicht von ihm, sondern von einer der zahlreichen Liebschaften, die sie unterhalte.
Die Polizei hatte kaum Spuren zu den Morden und war daher auf die Aussagen beider angewiesen. Im Vergleich war jedoch leicht festzustellen, dass Dora Buntrock ihrem zeitweiligen Partner intellektuell weit überlegen war und tatsächlich die treibende Kraft gewesen sein dürfte. Erbe hatte wohl nur mithelfen müssen, da sich gewisse Dinge zu zweit einfach leichter erledigen lassen.
Wie sich herausstellte, war die Hotelierstochter Dora Klages mit einer Zeitungsannonce geködert worden. Vier junge Damen hatten sich auf die Anzeige gemeldet, um Reisebegleiterinnen für eine Grafenfamilie zu werden. Die Vermittlerin hatte Klages den Vorzug gegeben, weil sie am elegantesten und teuersten gekleidet gewesen war. Nachdem sich Dora von ihren Eltern in Hameln verabschiedet hatte, war die Buntrock mit ihr nach Eschede gefahren. Erbe hatte sie befohlen, ihnen zu folgen.
Vom Bahnhof waren die beiden Frauen in ein Kaffeehaus gegangen, um danach zum Schloss der Grafen, das angeblich am Saum eines Waldes liege, aufzubrechen. Im Wald hatten sich beide verirrt. Die Buntrock hatte dazu geraten, auszuruhen, bis jemand käme, den man um den Weg fragen könne. Es hatte nicht lang gedauert, bis Herr Erbe kam, der befehlsgemäß gefolgt war. Er hatte sich liebenswürdigerweise bereit erklärt, die beiden Damen bis zum Schloss zu begleiten, das er angeblich kannte, und sie dann in eine dunkle, enge Schlucht geführt. Plötzlich hatte Buntrock dem Mädchen einen Knebel in den Mund gesteckt, doch Erbe hatte nachhelfen müssen, da das Opfer heftigen Widerstand geleistet hatte. Er hatte ihr die Hände festgehalten und sie zu Boden geworfen, um ihr dann mit einem scharfen Messer die Kehle durchzuschneiden.

Das behauptete zumindest Dora Buntrock – und weiters, dass Erbe das Mädchen vor dem Mord noch vergewaltigt habe. Erbe bestritt die Vergewaltigung und sagte aus, Fräulein Klages nur festgehalten zu haben, damit die Buntrock den tödlichen Schnitt machen könnte. Buntrock habe der Toten dann Schmuck und Kleider abgenommen und da die Ringe des Mädchens zu fest an den Fingern saßen, hätte sie ihr diese abgeschnitten. Gemeinsam hätten sie dann die Leiche mit einem Spaten zerstückelt und im Wald vergraben. Die Ermordung der Kasten sei in ähnlicher Weise erfolgt.

Ende Juni 1892 mussten sich Buntrock und Erbe vor dem Magdeburger Schwurgericht verantworten. Eine Zeugin, die Wirtstochter vom Café in Eschede, hatte sich beide Täter und das hübsche Mädchen Dora Klages gemerkt. Die Frau und der Mann, der an einem anderen Tisch gesessen hatte und zehn Minuten später gegangen sei, hätten so unheimlich ausgesehen.

Im Verhör gestand Dora Buntrock mehrere Versuche, auf diese Art zu Geld zu kommen, und ging auch auf die Einzelheiten ihrer brutalen Mordtaten ein.

Vorsitzender: »War denn die Kasten, nachdem ihr der Hals durchschnitten war, sofort tot?«

Buntrock: »Die Kasten war sehr groß und stark, sie hatte sich furchtbar gewehrt. Sie zappelte noch etwa zehn Minuten.«

»Schrie sie denn nicht?«

»Sie konnte ja nicht schreien, ich hatte ihr zunächst einen Knebel in den Mund gesteckt und sie alsdann zur Erde geworfen.«

»Was taten sie, als Erbe der Kasten den Hals durchschnitt?«

»Ich habe die Ermordete am Kopf festgehalten, sie suchte sich zu wehren.«

»Sie müssen dabei doch stark mit Blut bespritzt gewesen sein?«

»Jawohl.«

»Sie hatten sich das Mädchenschlachten geradezu als Handwerk auserkoren, denn Ihr Verdienst ist es nicht, dass Sie nicht noch mehrere Mädchen ermordet haben. In Dortmund haben zwei Mädchen es abgelehnt, mit Ihnen durch den Wald zu gehen, weil Sie ihnen zu aufdringlich schienen. Ein anderes Mädchen ist der Ermordung entgangen, weil die Großmutter es nicht rechtzeitig geweckt hatte. Wenn noch mehrere

Mädchen Ihre Vermittlung in Anspruch genommen hätten, dann wären wohl noch mehr Morde begangen worden.«
»Das kann ich nicht sagen.«
»Hat die Klages sich auch gewehrt?«
»Jawohl; die Klages war aber bedeutend schwächer als die Kasten, wir konnten sie daher schneller überwältigen.«
»Hat sie denn nicht geschrieen?«
»Sie versuchte es, obwohl ihr auch ein Knebel in den Mund gepresst war. Ich deckte aber, als sie zu schreien begann, meinen Mantel über ihr Gesicht.«
»Starb die Klages schnell?«
»Die Klages hat noch sehr lange gezappelt, wir schnitten ihr deshalb die Beine ab.«
Ausrufe des Entsetzens im Zuhörerraum.
»Der Kasten haben Sie außer ihren Kleidern eine goldene Uhr und Kette, die Ringe, die sie an den Fingern trug, und 60 Mark bares Geld geraubt?«
»Jawohl.«
»Hatte die Klages auch Geld bei sich?«
»Nicht einen Pfennig.«
»Sie wussten, dass die Klages kein Geld bei sich hatte, und trotzdem ermordeten Sie sie?«
»Die Klages hatte aber sehr schöne Sachen.«
»Der bloßen Sachen wegen haben Sie das Mädchen wie ein Stück Vieh geschlachtet?«
»Sie hatte ein sehr schönes Kleid.«

Erbe versuchte vergeblich, seine Schuld auf andere Liebhaber der Buntrock abzuschieben, doch er stand eindeutig – auch durch die Aussage der Wirtstochter aus Eschede – als Mittäter fest. Die Angeklagten wurden daher beide zum Tode verurteilt und im Herbst 1892 hingerichtet.

Die Sadistin

Der Fall Josefine Luner

Anna Augustin schien es gut getroffen zu haben. Mit 14 Jahren, nach der Volksschule, konnte sie als Kindermädchen weg aus der Enge ihres kleinen Heimatortes Mannersdorf an der Raabnitz im mittleren Burgenland. Sie kam zu einer vornehmen und reichen Familie, nämlich dem Klavierfabrikanten Edmund Luner, der in der Brühl bei Mödling, Jägerhausgasse 9, eine schöne Villa besaß. Seine Gattin Josefine, eine schlanke, gut aussehende, schwarzhaarige Frau, holte das Mädchen am 10. Dezember 1934 sogar persönlich ab.

Anfangs war alles in bester Ordnung. Anna bekam ein eigenes kleines Zimmerchen am Dachboden. Wie vereinbart musste sie sich um den kleinen, zwei Jahre alten Sohn des Hauses kümmern, aufräumen und der Mutter oder der ebenfalls 14-jährigen Tochter Grete beim Kochen helfen. Ihren Eltern schrieb sie nach Hause, dass es ihr gut gehe und sie gesund sei.

Aber nur acht Monate später, am 17. Juli 1935, fanden zwei Gendarmen, nachdem sie die Tür zu Annas Dachkammer aufgebrochen hatten, ihre verweste und furchtbar entstellte Leiche auf einem Diwan unter einem blutigen Wäschebündel versteckt. Der Körper des zum Skelett abgemagerten Mädchens war bereits mumifiziert, das Gesicht aufgequollen und von Maden befallen, die Beine in obszöner Haltung gespreizt und mit einem dazwischen gesteckten Kochlöffel fixiert. Die Leiche war wegen der Verwesungsflüssigkeit so mit dem Diwan verklebt, dass man sie nicht entfernen konnte. Sie musste mitsamt der Unterlage ins gerichtsmedizinische Institut in Wien gebracht werden.

Der Hinweis auf die Tote war von ihrem Dienstherrn Edmund Luner gekommen. Er hatte in der Nacht zuvor seinen Anwalt in Mödling um Hilfe gebeten: Frau und Dienstmädchen seien nicht zu Hause und er habe nach längerem Suchen einige »Abschiedsbriefe« von seiner Frau entdeckt und mache sich größte Sorgen. Mit dem Anwalt war er zum nächsten Gendarmerieposten gegangen, von dem aus eine Hausdurchsuchung veranlasst wurde.

In ihren Briefen hatte Frau Luner Andeutungen über den Tod des Dienstmädchens gemacht. Ihr Verschwinden war offenbar damit verbunden. Sie wurde daher von der Gendarmerie zur Fahndung ausgeschrieben.

Die Überwachung des Telefons ihres Mannes in der Klavierfabrik brachte am nächsten Tag die ersten Hinweise. Eine Frau, die mit großer Wahrscheinlichkeit Josefine Luner war, hatte zweimal angerufen. Der Anruf ließ sich zu einer öffentlichen Fernsprechzelle in Mauer, auf halbem Weg zwischen der Brühl und Wien, zurückverfolgen. Noch am Abend desselben Tages wurde sie von einer befreundeten Dame in der Hauptstraße des Ortes erkannt und der Polizei übergeben. Beim Verhör sagte sie nur, der plötzlich eintretende Tod ihres Dienstmädchens – wahrscheinlich sei sie an der galoppierenden Schwindsucht gestorben oder an einer Hautkrankheit, die sie schon länger hatte – habe sie so aus der Fassung gebracht, dass sie ziellos in der Gegend herumgeirrt sei und es nicht über sich gebracht habe, einen Arzt oder die Polizei zu verständigen. Übernachtet hatte sie in der Kirche von Mauer.

Die Obduktion der Leiche im gerichtsmedizinischen Institut brachte aber keinen Hinweis auf Schwindsucht oder irgendeine andere plötzliche Krankheit der Anna Augustin. Das Mädchen war infolge schwerster Unterernährung bis zum Skelett abgemagert, ihr Körper war über und über mit großen Blutergüssen bedeckt, die nur von Schlägen und Fußtritten herrühren konnten. Die Geschlechtsteile wiesen Verletzungen und Brandwunden auf. Anna Augustin war vor etwa zehn Tagen an Unterernährung und langen, qualvollen Foltern gestorben. Ihr beispielloses Martyrium enthüllte sich erst, als auch Edmund und Grete Luner, Vater und Tochter, verhaftet und verhört wurden.

Schon wenige Tage nach Annas Dienstantritt war Frau Luner angeblich mit der Arbeitsleistung ihrer Hausgehilfin nicht mehr zufrieden. Sie durfte nicht mehr mit der Herrschaft essen, sondern bekam, zumindest anfangs, Speisereste und Kartoffelschalen vorgesetzt. Wegen kleiner Verfehlungen erhielt sie Schläge, deren Spuren sogar Herrn Luner aufgefallen waren. Er behauptete, seine Frau deswegen zur Rede gestellt zu ha-

ben. Doch anscheinend ließ er sich bald wieder beruhigen und sah ohne Proteste der weiteren Behandlung zu. Da sich das Mädchen selbst kaum wehrte – es scheute sich, so bald wieder aus dem Dienst zu gehen –, verschärfte Frau Luner Schritt für Schritt ihre Behandlungsmethoden. Der Teppichklopfer ersetzte die Hand. Wenn Anna nicht bis spät in die Nacht hinein, oft bis 3 Uhr früh, arbeiten wollte, wurde sie in den kalten Felsenkeller der Villa gesperrt, geprügelt und mit eisigem Wasser übergossen. Dem kärglichen Essen mischte Frau Luner ein starkes Abführmittel bei, das so genannte Fiakerpulver, dem Tee harntreibende Mittel. Wenn sich das Mädchen dann beschmutzte, setzte es Schläge und Nahrungsentzug. Anna war gezwungen, sich das harte Brot aus dem Kaninchenstall zu holen, wofür sie geschlagen wurde.
Bald reichte aber auch der Teppichklopfer nicht mehr aus. Angebliche Lügen bestrafte Frau Luner, indem sie den Schürhaken im Ofen glühend machte und damit die Zunge des Mädchens verbrannte, vier- bis fünfmal in fünf Minuten. Ihre eigene Tochter musste ihr dabei assistieren. Außerdem warf sie der Anna Unkeuschheiten vor – mit zwölf Männern sollte sie es getrieben haben. Sie brachte das Mädchen, das das Haus nicht verlassen konnte, wirklich dazu, eine Liste mit zwölf Namen von Burschen und Männern aus der Umgebung zu schreiben, die mit ihr Verkehr gehabt haben sollten. Als Strafe dafür wurde wieder der Schürhaken zum Glühen gebracht, den sie ihr zwischen die Beine schob.
Bei einer dieser Strafaktionen am 10. Juli 1934 starb Anna Augustin. Josefine Luner schien deswegen völlig von Sinnen, benahm sich aber andererseits planmäßig, was das Vertuschen ihrer Schuld betraf. Nachdem Anna auf Wiederbelebungsversuche nicht reagiert hatte, legte sie mit Hilfe ihrer Tochter die Tote auf den Diwan in ihrer Kammer, versteckte ein paar Schmuckstücke unter dem Kopfpolster, um den diebischen Charakter des Mädchens vorzutäuschen, und stellte eine volle Schüssel mit Linsen auf den Tisch – womit sie zeigen wollte, dass Anna immer genug zu essen gehabt hätte. Die Polizei oder einen Arzt zu holen, wagte sie nicht. Es gelang ihr auch, ihren Mann davon abzuhalten. Statt dessen verschwand sie und versuchte, falsche Spuren zu legen. Dem Pfarrer von Maria Enzersdorf zeigte sie unter dem Vorwand, ihn wegen des plötzlichen Todesfalls ihrer Hausgehilfin um Rat fragen zu wollen, unter anderem den Zettel mit den zwölf Liebhabern. Ihren Hausarzt ließ sie um 5 Uhr früh wecken, um sich zu erkundigen, was sie im Falle eines plötzlichen Todes zu tun hätte. Mit ihrem Mann verabredete sie sich zu einer nächtlichen dramatischen Aussprache auf einem Hügel bei Mauer, er-

schien dort aber nicht. Stattdessen versteckte sie im eigenen Haus die Abschiedsbriefe. Erst daraufhin entschloss sich Herr Luner, der – entgegen seinen Behauptungen im Verhör – von dem Vertuschungsmanöver gewusst hatte, zum Anwalt und zur Polizei zu gehen.
Am 20. August wurden Josefine Luner wegen des dringenden Verdachts des vollbrachten Mordes, der Einschränkung der persönlichen Freiheit und der Erpressung und ihr Mann wegen des Verdachts der Mitschuld ins Landesgericht Wien eingeliefert. Die 15-jährige Tochter Grete kam, ebenfalls wegen des Verdachts der Mitschuld, vor den Jugendgerichtshof, erhielt jedoch ein separates Verfahren.

Anna Augustin war keineswegs das einzige Opfer der Josefine Luner gewesen, die bereits wegen Dienstbotenmisshandlung vorbestraft war. Der Lebenslauf der Fabrikantengattin, der in der Anklageschrift ausführlich dargestellt wurde, ließ auf eine schwere sadistische Störung schließen.
Als Josefine Lackner wurde die Luner am 18. Januar 1893 in Wien geboren. Ihr Vater war Briefträger und Alkoholiker. Auf sich allein gestellt, hatte sie seit ihrem 14. Lebensjahr ihren Unterhalt selbst verdienen müssen – als Verkäuferin und Fabriksarbeiterin, gelegentlich verbessert durch entgeltliche Beziehungen zu Männern. Als sie 1911 den 18-jährigen Egon Tobner kennen lernte, schien sich mit einem Mal das Tor zur besseren Welt für sie zu öffnen. Tobner war der Sohn eines Landesgerichtsrats. 1913 verlobte sie sich mit ihm, er aber fiel 1915 im Weltkrieg. Da seine inzwischen verwitwete Mutter nicht allein in der großen Villa in Hietzing leben wollte, ließ sich Josefine gern von ihr überreden, zu ihr zu ziehen. Während die alte Frau alle Hausarbeiten verrichtete, ging die »Trauernde« zum Heurigen und machte Männerbekanntschaften, die sie auch in den Betten der Villa weiter pflegte.
So lernte sie auch den Klavierfabrikantensohn und Deutschmeisteroffizier Edmund Luner kennen, den sie heiratete, als er im Sommer 1918 nach einer schweren Verwundung am Rückgrat vom Militär entlassen worden war. Frau Tobner nahm das Paar in ihre Villa auf, schenkte eine Aussteuer und Möbel und verrichtete weiterhin die Hausarbeit, ohne dafür besonderen Dank zu bekommen. Im Gegenteil: Wenn ihre Arbeit nicht zufriedenstellend ausfiel, wurde sie von Josefine Luner geschlagen und an den Haaren über den Boden gezogen. Herr Luner wollte von alldem nichts bemerkt haben. Am 24. August 1926 fand die Bedienerin in

der Früh neben einer anscheinend völlig verzweifelten Frau Luner die alte Dame mit einer Schusswunde im Kopf, den noch rauchenden Revolver in der Hand. Obwohl die Schwerverletzte sofort mit der Rettung ins Krankenhaus befördert wurde, starb sie noch am selben Vormittag. Ein Abschiedsbrief, in dem sie ihren Freitod mit unheilbarer Krankheit motivierte, bestätigte die Selbstmordversion. Josefine Luner wurde anfangs der Tat verdächtigt, doch die Untersuchung wurde bald eingestellt.
Trotz ihrer Ehe setzte Fini ihr altes Leben mit Heurigenbesuchen und Männerbekanntschaften fort. Sie brachte ihre Liebhaber auch nach Hause mit und führte dort ihrem Mann vor, was er infolge seiner Rückgratverletzung mit ihr nicht mehr zu tun imstande war. Herr Luner wagte, wie schon bei der Misshandlung der alten Frau Tobner, keinen Einwand, sondern kaufte seiner Frau vielmehr sogar die große Villa in der Brühl, obwohl er dafür ein hohes Darlehen aufnehmen musste. Er war keineswegs Mitbesitzer der Klavierfabrik seines Vaters, sondern als einfacher Angestellter mit einem Salär von 220 Schilling im Monat angestellt.
Zur Führung des Haushalts nahm Frau Luner ein Dienstmädchen auf – die 21-jährige Anna Neupärtl. Auch sie wurde, wie die alte Frau Tobner, bei ungenügender Dienstleistung an den Haaren durch die Villa geschleift, mit dem Teppichklopfer verprügelt und in den Unterleib getreten. Wenn im Haushalt Gegenstände verlegt oder verloren wurden, bezichtigte Frau Luner das Mädchen des Diebstahls und zog ihr den Wert der Gegenstände vom Lohn ab. Als einmal beim Abwaschen eine Tasse zerbrach, strich sie ihr für drei Tage das Essen. Anna Neupärtl, die um einiges älter und kräftiger war als Anna Augustin, gelang es, zu ihrer Großmutter zu fliehen, die gegen Frau Luner Anzeige erstattete. Bei der Verhandlung im Jahre 1929 wurde die Sadistin wegen Dienstbotenmisshandlung zu sechs Monaten Arrest verurteilt.
Dieses Urteil hinderte Josefine Luner aber nicht daran – und offenbar gab es auch keine behördlichen Maßnahmen dagegen –, später wieder Dienstboten einzustellen, möglichst junge und unerfahrene Mädchen. Ihr Mann wagte keinen Einspruch. Seine Empfehlung, doch ältere, selbstbewusste Haushaltshilfen einzustellen, blieb ohne Erfolg. Franziska Greiml, 15 Jahre alt, wurde mit Stock und Teppichklopfer geschlagen, hatte aber das Glück, den Dienst verlassen zu können. Paula Krenn, erst elf Jahre alt, wurde das Nasenbein zertrümmert. Ihre Anzeige blieb von der Behörde unbeachtet. Wenige Wochen später trat Anna Augustin ihren Dienst an.
Die Öffentlichkeit gab daher auch der Behörde und dem ungenügenden

Arbeitsschutz für Hausgehilfinnen Mitschuld am Tod des jungen Mädchens. Der Verein christlicher Hausgehilfinnen protestierte offiziell gegen die Missstände im Gesetz.
Im Prozess verteidigte sich Josefine Luner mit derselben unergründlichen Mischung aus Arroganz und Raffiniertheit, die sie schon nach dem Tod Anna Augustins und bei dem Versuch, den Vorfall zu vertuschen, gezeigt hatte. Sie beschuldigte, beschimpfte und bedrohte Zeugen und Zeuginnen, lieferte sich Schreiduelle mit dem Staatsanwalt, ließ weder ihren Mann noch ihr Kind ungeschoren und musste des Öfteren zwangsweise aus dem Gerichtssaal entfernt werden. Die Luner bestritt jede Schuld. Für den Tod ihres Dienstmädchens sei ein gewisser Herr Z., einer der zwölf Namen auf der Liste der angeblichen Liebhaber, verantwortlich. Das Gericht ließ sogar die Identität dieses Mannes feststellen, der ein einfacher Familienvater aus der Nachbarschaft war und offenbar nur beschuldigt wurde, da er nicht mehr aussagen konnte: er war vor Prozessbeginn an Herzschlag verstorben.
Josefine Luner behauptete steif und fest, das Mädchen nie geschlagen zu haben – oder nur ganz leicht, und wenn, dann zu Recht. Anna sei Bettnässerin gewesen und hätte deshalb hin und wieder im Keller schlafen müssen. Alles Übrige – etwa dass sie dem Mädchen nichts zu essen gegeben haben soll – sei unwahr oder nur eine Komödie, die sie selbst inszeniert habe, um ihren Mann fester an sie zu binden.
Das Gericht sprach sie trotz aller unglaublichen Geschichten und unsinnigen Ausflüchte ohne Geständnis in allen Punkten schuldig und verurteilte Josefine Luner wegen vorsätzlichen Mordes zum Tod durch den Strang. Ihr Mann, der der ganzen Verhandlung teilnahmslos und apathisch beigewohnt und sich selbst, auch gegen seine Frau, kaum verteidigt hatte, bekam wegen Mittäterschaft sechs Jahre schweren Kerker. Das Todesurteil wurde später von Bundespräsident Miklas auf dem Gnadenweg zu lebenslangem schweren Kerker umgewandelt.
Die Verhandlung gegen die mittlerweile 16-jährige Grete Luner wurde separat vor dem Jugendgericht geführt und endete mit einem milden Urteil. Von der Mittäterschaft wurde das hübsche Mädchen freigesprochen und nur der Freiheitsberaubung schuldig befunden. Dafür wurde sie mit drei Wochen Arrest bestraft, die durch die Untersuchungshaft abgeleistet waren. Sie wurde einer Klosterschule zur weiteren Erziehung übergeben.

Weibliche Tugenden

Die lustige Witwe

Der Fall Elfriede Blauensteiner

Als die Polizeibeamten am 9. und 10. Januar den Telefonanschluss der Witwe Blauensteiner – wohnhaft in der Margaretenstraße im vierten Wiener Gemeindebezirk – abhörten, trauten sie ihren Ohren nicht. Da unterhielt sich diese Dame, die des Mordes an ihrem letzten Lebensgefährten verdächtigt wurde, doch tatsächlich ganz offenherzig mit ihrem Anwalt Harald Schmidt (der den Behörden seit vielen Jahren wegen seiner Aktivitäten in Rechtsradikalenkreisen bekannt war) über den Tod ihres Opfers. Elfriede Blauensteiner hatte den alten, kranken Mann mit Medikamenten traktiert, ihn im Winter bei offenem Fenster und mit nassen Handtüchern zugedeckt in ein Zimmer gesperrt und ihn danach in die Badewanne gesetzt, wo sie ihn mittels abwechselnder Warm- und Kaltduschen ins Jenseits beförderte.

»Ich war ja so gescheit und hab' nur wenig Wasser in die Wanne gelassen«, sagte sie am Telefon. »Nicht zu warm und nicht zu viel Wasser … Zum Glück hat der nichts geschluckt. Weil dann hätten die gesagt: Aha, Wasser in der Lunge. Der ganze Körper war ja voll Scheiße, und das hat dann den Ausguss verstopft … Und kaum liegt der im Bett, scheißt er sich wieder an. Ja, bitte schön, dann muss ich ihn wieder baden. So ist er eben in der Badewanne gestorben. Und kein Mensch hat etwas dazugetan.«

Die Frau, die da so herzlos über ihren »Burli« – den vor wenigen Tagen verschiedenen Alois Pichler – sprach, war eine 64 Jahre alte Großmutter mit blondierten, hochtoupierten Haaren, einem gepflegten Äußeren und einer auf den ersten und auch zweiten Blick charmanten, freundlichen und hilfsbereiten Art. Erst bei näherem Kennenlernen erwies sich Elfriede Blauensteiner als geldgierige, skrupellose und bösartige Soziopathin, die für ihr persönliches Wohl buchstäblich über Leichen ging. In den vergangenen Jahren hatte sie mit Hilfe von Kontaktanzeigen liebes- und pflegebedürftige Männer gefunden, die sie nicht nur ihrer oft bemerkenswert hohen Ersparnisse, sondern auch ihres Lebens beraubte. Herr Pichler war nur ihr letztes Opfer gewesen.

Der 76-jährige pensionierte Postamtsleiter aus dem malerischen Ort Rossatzbach in der niederösterreichischen Wachau hatte sich im Herbst 1995 auf ein Inserat in der »Kronen Zeitung« gemeldet: »Suche einsamen Mann, der sich nach einer häuslichen Witwe, 62/166, sehnt.« Nur zwei Tage, nachdem er Elfriede Blauensteiner und ihre Behandlungsmethoden kennen gelernt hatte, war Pichler zum ersten Mal ins Koma gefallen. Zwei Monate später, am 21. November, war der Frischverliebte – seiner anonymen Sparbücher im Gesamtwert von über einer Million Schilling (rund 72 000 Euro) längst beraubt – dann einen qualvollen Tod gestorben. Auf dem Partezettel, den die trauernde Hinterbliebene für ihn bestellt hatte, stand unter dem vielsagenden Motto »Wenn die Kraft zu Ende geht, ist Erlösung Gnade« nur noch der lapidare Satz: »Alois Pichler ist nach kurzer, schwerer Krankheit von Gott, dem Herrn abberufen worden.«

Am 1. Dezember 1995 wurde der Verstorbene auf dem Gemeindefriedhof von Rossatzbach beigesetzt. Elfriede Blauensteiner, stilgerecht im teuren Pelzmantel, kam zu spät zum Begräbnis – dafür aber in Begleitung zweier Detektive der Agentur Lux, die sie vor tätlichen Übergriffen der aufgebrachten Dorfbewohner schützen sollten. In Rossatzbach galt die lustige Witwe nach dem Tod ihres Lebensabschnittspartners nämlich als Erbschleicherin, die Pichler »unter die Erde gebracht hat«. Sie ging schnurstracks auf das Grab zu, ließ einen Strauß langstieliger roter Rosen auf den Sarg fallen, verabschiedete sich mit den Worten »Adieu, Alois« und stieg dann wieder ins Auto ein. Dort soll sie sich nach Aussage des Privatdetektivs Wrba nicht lange mit ihrer Trauer aufgehalten haben, sondern auf der Rückseite der Todesanzeige gleich das nächste Kontaktinserat für die »Kronen Zeitung« formuliert haben. Angeblich fragte sie den Detektiv bei der Heimfahrt auch, ob er für 300 000 Schilling bereit wäre, das gefälschte Testament Alois Pichlers als Zeuge zu unterschreiben, doch der Mann lehnte dieses Ansinnen, das seiner Klientin rund drei Millionen Schilling eingebracht hätte, klugerweise ab.

Diesmal war Elfriede Blauensteiner ohnehin etwas zu ungeniert vorge-

gangen – und das sollte ihr zum Verhängnis werden. Pichlers Schwester Josefine, eine 91-jährige Nonne, hatte schon in den letzten Wochen seines Lebens den Verdacht gehegt, dass da etwas nicht in Ordnung war; und Wolfgang Kühmayer, der Wahlneffe des Verstorbenen, hatte berechtigte Zweifel an der Richtigkeit des Testaments gehegt und daher Anzeige bei der Gendarmerie erstattet. Aus diesem Grund war auch das ursprünglich für den 25. November geplante Begräbnis verschoben worden, weil man den Toten zur Obduktion nach Wien gebracht hatte. Nachdem die Gerichtsmedizin im Leichnam Alois Pichlers größere Mengen des Medikaments Anafranil gefunden hatte, begann die Mordkommission zu ermitteln und die Telefonate der Blauensteiner abzuhören.
Die eingangs zitierten Gesprächsprotokolle waren für die Behörden Grund genug, umgehend einen Haftbefehl auszustellen. In den frühen Morgenstunden des 11. Januar 1996 wurde Elfriede Blauensteiner in ihrer Wiener Wohnung festgenommen. Danach ermittelte die Mordkommission der niederösterreichischen Sicherheitsdirektion in sechs bis zwölf mysteriösen Todesfällen, die sich während der vergangenen zehn Jahre in der näheren Umgebung der Verdächtigen ereignet hatten. Mögliche Opfer wurden exhumiert, Geldflüsse überprüft und die Vergangenheit der Verdächtigen aufgerollt.
Währenddessen plauderte die »schwarze Witwe«, wie sie sich vor den Kameras und Mikrofonen der Journalisten kokett selbst genannt hatte, im Vernehmungszimmer munter aus der Krankenpflegeschule. Innerhalb weniger Tage gestand sie die Morde an fünf Personen und eine Beihilfe zum Selbstmord. Einmal, spät am Abend, sagte sie sogar gut gelaunt zu den Vernehmungsbeamten: »Ein bisserl machen wir schon noch weiter, jetzt, wo's so spannend ist, oder?« Im Interview mit der Zeitschrift »News« sagte einer der Beamten später: »Die Grobheit, mit der diese Frau ihre Opfer behandelt hat, war selbst für uns kaum zu verdauen. Aber sowas kann man ja nicht erzählen …«

Ihr erstes Opfer hatte die Serienmörderin bereits 1986 um die Ecke gebracht: den Pensionisten Otto Reinl, den sie zärtlich »Vatili« genannt und in häusliche Pflege übernommen hatte. Dort hatte sie dem Mann das blutzuckersenkende Medikament Euglucon in immer höheren Dosen verabreicht, »bis er seinen Stuhlgang nicht mehr kontrollieren konnte und mir dauernd die Wohnung verschmutzt hat«. Das konnte die reinlich-

Elfriede Blauensteiner: Alles nur gut gemeint

keitsliebende Frau natürlich nicht dulden, also bekam Reinl am 23. September seine Überdosis. Offizielle Todesursache: Diabetes mellitus.
Elfriedes zweiter Ehemann Rudolf Blauensteiner, ein ehemaliger Fahrdienstleiter der Österreichischen Bundesbahnen, hatte im August 1992 als nächster – im Alter von 52 Jahren und nach intensiver Pflege durch seine Gattin – das Zeitliche segnen müssen. Sechs Jahre lang waren dem stets kränkelnden Epileptiker blutzuckersenkende Mittel verabreicht worden, obwohl er keineswegs zuckerkrank gewesen war. Elfriede hatte selbst dann nicht damit aufgehört, nachdem er deshalb einmal 13 Tage ins Koma gefallen war. »Er war so grauslich, er hat nur mehr ins Bett gemacht«, sagte sie beim ersten Verhör zu den Kriminalbeamten. »Und da hab' ich den armen Rudl halt erlöst. Er hat seinen Tod verdient.« Den Leichnam ihres Mannes hatte die Witwe vorsorglich einäschern lassen. Später behauptete sie, von Rudolf geschlagen worden zu sein, und das hätte sie ihm natürlich heimzahlen müssen.
Die nächste Kandidatin hatte gleich nebenan gewohnt. Franziska Köberl

war, wie viele einsame Rentnerinnen, recht wohlhabend gewesen. Nicht zuletzt aus diesem Grund hatte sich Elfriede aufopfernd um die kranke Nachbarin gekümmert und sie ebenfalls eingeladen, doch in ihre Wohnung zu übersiedeln. Auch bei ihr hatten blutzuckersenkende Medikamente zur »Behandlung« gehört; da die Patientin aber immer eine »Naschkatze« gewesen war, hatten die Präparate bei ihr nicht wie vorgesehen anschlagen wollen. Eine Erhöhung der Dosis hatte jedoch das gewünschte Ergebnis gebracht: Frau Köberl war dem Gift am 15. Dezember 1992 erlegen – und hatte ihr gesamtes Vermögen testamentarisch der Pflegerin hinterlassen.

Friedrich Döcker war 65 Jahre alt gewesen, als er Elfriedes liebevoller Pflege am 11. Juni 1995 zum Opfer gefallen war. Der alleinstehende Herr hatte sich etwa ein Jahr vorher auf eine Kontaktanzeige gemeldet, die ihm eine »treusorgende Kameradin und Krankenschwester« versprochen hatte. Sein Haus hatte die Kameradin noch zu Döckers Lebzeiten um drei Millionen Schilling an den Mann gebracht; als er dann verstorben war, war sein Leichnam auf eigenen Wunsch an die Anatomie gegangen – was es den Gerichtsmedizinern später besonders schwer machen sollte, die Todesursache festzustellen.

Nachdem die Festgenommene das alles »quasi« zugegeben hatte, erzählte sie den staunenden Beamten wie nebenbei noch über ihren 61-jährigen Hausmeister Erwin Niedermayer, dem sie »beim notwendigen Selbstmord hilfreich zur Seite gestanden« sei.

Bei den Befragungen stellte sich auch heraus, dass die Blauensteiner spielsüchtig war und nach eigenen Angaben »21 Tage im Monat« im Casino verbrachte, vor allem am Roulettetisch. Sie erzählte gern, dass sie ein todsicheres System habe, mit dem sie 140 000 Schilling an einem Abend locker verdoppeln könne. Manchmal dürfte dieses System jedoch nicht funktioniert haben, weil sie ansonsten wohl nicht immer wieder auf die Sparbücher und Immobilien ihrer »Pflegefälle« angewiesen gewesen wäre. Vor Gericht sowie in Interviews behauptete sie dann übrigens, all das geerbte und spurlos verschwundene Geld (die Ermittler schätzten das erbeutete Vermögen auf insgesamt über 14 Millionen Schilling verspielt zu haben.

Elfriede Blauensteiner tötete keineswegs zufällig und planlos, sondern äußerst bewusst und kaltblütig. In ihrer Wohnung fanden Kriminalbeamte eine handliche Medizinbibliothek und jede Menge Beipackzettel all der Medikamente, mit denen sie so erfolgreich gearbeitet hatte – vor allem des blutzuckersenkenden Präparats Euglucon und des Antidepressivums Anafranil. Da beide Mittel geschmacklos sind, konnte die Mörderin auch hohe Dosen problemlos in warmer Milch oder Kaffee auflösen. Die Rezepte für ihre todsicheren Cocktails holte sich die lustige Witwe bei der Sprechstundenhilfe eines Arztes, die dafür jeweils ein paar hundert Schilling zugesteckt bekam. Der forensische Pathologe Dr. Christian Reiter lobte sie später für ihre pharmazeutische Findigkeit: »Die Heranziehung von Antidiabetika aus der Gruppe des Euglucon, das ist eigentlich fast eine neue Entdeckung der Frau Blauensteiner – das im Rahmen von groß angelegten Tötungen anzuwenden.«

»Jetzt werde ich berühmt«, sagte die begabte Laienmedizinerin nach ihrer Verhaftung. Und sie sollte Recht behalten. Die Zeitungen stürzten sich auf den sensationellen Fall, weil man weibliche Serienmörder schließlich nicht alle Tage findet, vor allem nicht in Europa. Fernsehsender aus aller Welt waren bereit, für Exklusivinterviews hohe Summen hinzulegen. Und die Verdächtige begann bereits wenige Tage nach ihrer Festnahme im Gefängnis ihre Memoiren zu verfassen (Kernaussage: »Ich fürchte mich nicht. Ich habe nur geholfen.«), die sie für viel Geld losschlagen wollte. Die Verfilmung sollte Steven Spielberg übernehmen, wenn es nach ihr ging, am besten mit Liz Taylor in der Hauptrolle. Währenddessen holte Blauensteiners Anwalt Karl Bernhauser sein hohes Honorar mit – allerdings meist erfolglosen – Presseklagen gegen mehr als 60 Blätter wieder herein, die seine Mandantin angeblich »vorverurteilt« hatten.

Bald wurde auch die Lebensgeschichte der »schwarzen Witwe« öffentlich bekannt. Elfriede Blauensteiner, geborene Zelinka, war 1931 im Wiener Arbeiterbezirk Favoriten als erstes von fünf Kindern geboren worden. Ihr Vater war im Zweiten Weltkrieg gefallen und die Familie hatte danach in noch ärmlicheren, unhygienischeren Verhältnissen leben müssen, was in dem Mädchen schon bald den Wunsch geweckt hatte, ihrer tristen Umgebung zu entkommen. Dazu gab es nur einen Weg: Geld. Und das konnte man sich als Frau ausschließlich über Männer beschaffen.

Als ihre erste Ehe mit Alfred Franze (dem »großen Feschen«) gescheitert war, hatte Elfriede eine tiefsitzende Abneigung gegen das andere Geschlecht entwickelt. Bei den ersten Verhören, kurz nach ihrer Festnahme, wurde denn auch ihr denkwürdiger Satz »Es ist um keinen Mann schade, wenn er stirbt« ins Vernehmungsprotokoll aufgenommen.

Später, vor dem ersten Prozess gegen Frau Blauensteiner, wurde ihr Geisteszustand in einem psychiatrischen Gutachten analysiert: »Sie hatte zeitlebens das Bedürfnis, nach oben zu kommen und sich durch elegante Kleidung von den anderen abzuheben. Frau Blauensteiner ist bereit zu geben, aber sie will dafür angesehen sein. Das Bedürfnis, anderen zu helfen, verband sich mit dem Geltungsbedürfnis. Der Wunsch zu helfen ging eine enge Verbindung mit dem Wunsch zu beherrschen ein.« Und, höflich ausgedrückt: »Es ist die Aussage zulässig, dass ihre theoretische Intelligenz weniger ausgeprägt ist als die praktische Intelligenz.«

Obwohl Elfriede Blauensteiner ihre Geständnisse bald zurückzog und behauptete, man habe sie sowohl zu den belastenden Aussagen als auch zu ihren Unterschriften unter die Protokolle genötigt, plante die Staatsanwaltschaft, sie wegen Mordes, Betrugs und schweren Betrugs vor Gericht zu stellen. »Ich habe nie in Tötungsabsicht gehandelt«, meinte die Witwe indigniert, als man sie mit der Anklage konfrontierte. Außerdem war sie mittlerweile ohnehin dazu übergegangen, ihren Ex-Anwalt als den wahren Schuldigen hinzustellen, der sie auch dazu angestiftet habe, die Testamente zu fälschen. »Gnädige Frau, das geht in Ordnung, da fährt die Eisenbahn drüber«, soll er zu ihr gesagt haben.

Der Ankläger, der Kremser Staatsanwalt Friedrich Kutschera, war da ganz anderer Ansicht. Seinen Erkenntnissen nach musste die Blauensteiner selbst die treibende Kraft hinter den Morden gewesen sein. Vor Gericht sollte sie allerdings vorerst nur wegen eines einzigen Todesfalls kommen, weil hier die Beweiskette ziemlich lückenlos schien. »Elfriede Blauensteiner und Dr. Harald Schmidt haben am 21. 11. 1995 in Rossatzbach Alois Pichler durch Vergiftung mit Euglucon und Anafranil sowie durch Verursachung einer Unterkühlung vorsätzlich getötet«, hieß es wörtlich in der Klagsschrift.

Der Prozess gegen Elfriede Blauensteiner begann am 10. Februar 1997 vor dem Landesgericht Krems. Nach einer vom Richter organisierten Pressekonferenz, die zum wilden Medienspektakel ausartete, betrat die Angeklagte am ersten Verhandlungstag den Gerichtssaal im schlichten braunen Kostüm mit weißer Bluse und frisch blondierten Haaren. Die freundliche Oma kannte ihre mehr als 1000 Seiten starke Akte auswendig und erfreute die Anwesenden immer wieder ungefragt mit launigen Bonmots und ätzenden Kommentaren über die Glaubwürdigkeit der Belastungszeugen.

Doch gegen die drückende Beweislast half selbst das positivste Auftreten

nicht: Am 7. März 1997 befanden die Geschworenen nach zwölfstündiger Beratung Frau Blauensteiner einstimmig für schuldig und entschieden für »lebenslang«. Der Mitangeklagte Anwalt Harald Schmidt kam wegen seines »vorsätzlichen Beitrags zur schweren Körperverletzung mit Todesfolge« mit sieben Jahren Haft davon.
Elfriede Blauensteiner konnte ihren Lebensabend im Frauengefängnis Schwarzau aber nicht in Ruhe genießen. Im Sommer 2000 stand die Wiener Staatsanwaltschaft mit zwei neuen Mordanklagen vor der Tür. Die Leichen von Franziska Köberl und Friedrich Döcker waren exhumiert und gerichtsmedizinisch untersucht worden. Erst jetzt lagen die für die mittlerweile 69-jährige Witwe gar nicht positiven Gutachten vor. »Franziska Köberl ist infolge eines Multiorganversagens nach exogener Zufuhr von Glibenclamid, dem Wirkstoff von Euglucon, eines nicht natürlichen Todes – also infolge einer Vergiftung – gestorben«, hieß es in dem einen. Bei Döcker gab es einen ähnlichen Befund, der mit den Worten schloss: »Das Studium des Falles spricht dringend für fremdes Verschulden am Tod – und es bestehen unübersehbare Parallelen zu anderen Fällen der Causa Blauensteiner.«
Am 18. April 2001 wurde der zweite Mordprozess gegen Elfriede Blauensteiner eröffnet. Kurz zuvor war ein nicht besonders erfolgreicher österreichischer Spielfilm namens »Die Gottesanbeterin« angelaufen, in dem Christiane Hörbiger eine mörderische Blauensteiner-Gestalt spielte. Statt sich über ihren Fall zu äußern, zog die »schwarze Witwe« in Interviews lieber über die Hauptdarstellerin. Dass sie den Prozess verlieren würde, war ihr ohnehin von vornherein klar: »Für die Öffentlichkeit soll ich eben unbedingt die eiskalte Killerin sein«, sagte sie zu einem Reporter der Zeitschrift »News«. »Das ist die Rolle, die mir zugedacht wurde. Und die auf mir picken bleibt.«
Natürlich sollte sie auch in dieser Angelegenheit Recht behalten. Elfriede Blauensteiner wurde der beiden anderen Morde schuldig gesprochen und zu zweimal lebenslänglicher Haft verurteilt. Der Oberste Gerichtshof bestätigte das Urteil im Dezember 2001; Senatspräsident Johann Rzeszut schrieb in seiner Urteilsbegründung: »Blauensteiners Taten haben eine Unrechtsdimension, die für einen irdischen Gerichtshof eigentlich zu groß ist.«
Doch damit wollte sich die Angeklagte bei ihrem letzten öffentlichen Auftritt nicht näher befassen. Als sie in der spärlich besuchten Verhandlung vor dem Höchstgericht erschien, interessierte sie etwas anderes viel mehr: »Wo ist die Presse?«

Roh und gekocht

Der Fall Kate Webster

Die ersten Spuren – oder besser die ersten Teile – fanden zwei Kohlenhändler: Mr. Henry Wheatley und sein Kollege schoben am frühen Morgen des 5. März 1879 ihren Karren am Themse-Ufer bei Richmond flussaufwärts. Bei der Barnes-Brücke sah Wheatley einen großen schwarzen Behälter im Wasser nahe am Ufer liegen. Er sprang über die Böschung und zog ihn an Land. Es war ein großer, hölzerner Koffer, der mit einem Vorhängeschloss gesichert und mit dicken Seilen verschnürt war. Mit seinem Federmesser schnitt er die Knoten durch und sprengte das Schloss auf. Der Deckel fiel zurück, aber der Inhalt war anders, als Mr. Wheatley sich ihn erwartet und vielleicht auch erhofft hatte: Der Koffer enthielt große Stücke rohes Fleisch, das wahrscheinlich von einem Metzgereibetrieb stammte. Sein Kollege vermutete, dass es sich um Schweinefleisch handelte. Trotzdem waren sich beide ihres Urteils nicht ganz sicher. Warum sollte ein Fleischer Abfälle so sorgfältig entsorgen, indem er sie in einen Koffer packte, diesen fest verschloss und dann in den Fluss warf, wenn er doch einfacher und profitabler feine Wurst daraus erzeugen hätte können?

Die beiden Männer meldeten deshalb ihre Entdeckung auf der nahe gelegenen Polizeistation von Barnes. Inspector Marber brach sofort zur Fundstelle auf und nahm den praktischen Arzt des Ortes, Dr. James Adam, gleich mit. Dem genügte ein kurzer Blick auf die Fundgegenstände der Kohlenhändler, um deren Diagnose in Frage zu stellen. Er war fast hundertprozentig davon überzeugt, Menschenfleisch vor sich zu haben, und ließ den Koffer samt Inhalt zur genaueren Untersuchung ins Gemeindeleichenhaus bringen.

Die Totenbeschau ergab zwei Fakten, die Dr. Adam für unumstößlich hielt. Erstens handelte es sich um Teile einer weiblichen Leiche, bei der nur der Kopf und ein Bein fehlten. Die Frau musste zu Lebzeiten um die 50 Jahre alt und ungefähr 1,50 Meter groß gewesen sein; sie hatte schwarzes, nur leicht angegrautes Haar gehabt. Zweitens war die Zerstückelung nach dem Tod mit roher Gewalt, wahrscheinlich mit einem Messer und einer Hacke, ohne eine Spur von anatomischen Kenntnissen erfolgt. Beim dritten Faktum allerdings traute sich der Gemeindearzt nicht allein zu urteilen, sondern zog einen berühmteren Kollegen mit Erfahrung in forensischer Medizin bei. Doch Professor Dr. Thomas Bond vom Westminster Hospital konnte Adams Befund nur bestätigen. Da kaum Verwesungsspuren festzustellen waren, obwohl der Koffer garantiert längere Zeit im Wasser gelegen war, und die Haut der Leiche einen seltsamen, unnatürlichen, pergamentartigen Zustand aufwies, mussten die Teile gekocht worden sein.
Identifizieren konnte man die Tote mit den damaligen Mitteln der Kriminalistik nicht. Die Polizei konnte nur auf eine passende Vermisstenmeldung warten. Man war gespannt: Wo fehlte eine gekochte Frau?

Die Behörden mussten 16 Tage lang auf entsprechende Nachricht warten. Am 22. März erschien der Anwalt Mr. William Hughes mit zwei Herren in der Polizeistation von Richmond und meldete dort eine seltsame Geschichte. Eine Frau, die sich als seine Klientin Mrs. Julia Martha Thomas ausgab, hatte versucht, dem Altwarenhändler John Church, einem der beiden Männer in seiner Begleitung, Möbelstücke und Einrichtungsgegenstände aus dem Haus Nr. 2 Vine Cottages, Park Road, Richmond, zu verkaufen. Mr. Church, der zuerst keinen Verdacht schöpfte, da die Kundin den Schlüssel zum Haus bei sich hatte und ganz wie die Eigentümerin auftrat, war bereits mit ihr handelseins geworden und hatte alles auf seinen Wagen geladen, als eine Nachbarin namens Mrs. Ives sich bei der Verkäuferin nach dem Verbleib von Mrs. Thomas erkundigte und fragte, warum die Gegenstände verkauft werden sollten. Churchs Handelspartnerin behauptete, Mrs. Thomas sei verreist und habe ihr den Auftrag zur Veräußerung der Möbel gegeben. Doch Mr. Church war jetzt misstrauisch geworden; er machte seinen Kauf rückgängig und ließ alles wieder ins Haus zurückschaffen. Ihm war klar geworden, dass er es nicht mit der tatsächlichen Mrs. Thomas zu tun gehabt hatte.

Ein paar Frauenkleider, die zum Ankauf gehört hatten, waren in der Eile auf seinem Wagen zurückgeblieben. In ihnen fand Churchs Frau Briefe von Mrs. Thomas, die an einen Herrn Menhennick in Finsbury Park adressiert waren. Mit diesem setzte er sich in Verbindung und seine Beschreibung von Mrs. Thomas passte überhaupt nicht zu der, die ihm Mr. Menhennick gab. Der Befragte wusste, dass es sich bei der verdächtigen Person nicht um die schon seit Tagen vermisste, sondern um deren Magd, eine gewisse Kate Webster, gehandelt haben musste. Church verständigte den Anwalt Mr. Hughes und ging mit ihm und einem Freund Churchs, Mr. Henry Porter, zur Polizei.
Porter hatte nach eigener Aussage das Geschäft vermittelt. Kate Webster sei ihm bekannt, er habe sie flüchtig vor etwa sechs Jahren kennen gelernt, dann jedoch kaum mehr von ihr gehört. Vor wenigen Tagen aber sei sie plötzlich zu ihm nach Notting Hill auf Besuch gekommen, elegant ausstaffiert in einem schwarzen Seidenkleid und mit teurem Schmuck. Ihre Tante Julia sei gestorben, erzählte sie, und habe ihr ein Haus in Richmond hinterlassen. Und jetzt brauche sie seinen Rat, da sie das Haus und alle Einrichtungsgegenstände verkaufen wolle. Er solle ihr doch bitte ein Realitätenbüro und einen Altwarenhändler empfehlen. Immobilienmakler kannte Mr. Porter zwar keinen, doch sein Freund Mr. Church kam als Käufer für die Einrichtung in Frage. Mr. Porter, seine Gattin und der Sohn Robert wurden zusammen mit Church von der vorgeblichen glücklichen Erbin auch in die Villa eingeladen, mit Kaffee und Kuchen bewirtet und im Haus herumgeführt.
Seltsam war bis zu diesem Zeitpunkt nur eines gewesen: Kate hatte bei ihrem ersten Besuch bei den Porters eine schwarze Tasche bei sich gehabt. Abends brachte die Familie sie zur Bahn. Sohn Robert trug die Tasche, die aber so schwer war, dass er seinen Vater um Hilfe bitten musste. Als sie in ein Wirtshaus einkehrten, um zu rasten, sagte Kate plötzlich, sie müsse kurz einen Bekannten in der Nähe besuchen. Sie nahm die schwere Tasche an sich, schleppte sie zur Tür hinaus und kam wenig später ohne das Gepäckstück wieder, das sie auch nicht mehr erwähnte. Ein ähnlicher Vorfall wiederholte sich zwei Tage später, als sie abends noch einmal den jungen Porter bat, ihr einen schwarzen, schweren Koffer vom Haus in Richmond zur Bahn zu tragen. Bei der Barnes-Brücke blieb sie plötzlich stehen. »Drüben wartet ein Bekannter auf mich, dem ich den Koffer geben soll. Bleib hier, ich komme gleich wieder.« Sohn Porter konnte – vielleicht auch wegen der Dunkelheit – niemand sehen, aber Kate schleppte den Koffer zielsicher Richtung Brücke. Dann hörte er ein

lautes Platschen, als ob ein schwerer Gegenstand aus einiger Höhe ins Wasser geworfen worden wäre. Kurze Zeit später kam Kate zurück, natürlich wieder ohne ihr Gepäck. »Alles erledigt«, sagte sie nur. »Dank' dir für die Hilfe.«

Die Polizei in Barnes zeigte Porter jun. eine Kiste, die er sofort wiedererkannte. Es war jene, die er Kate tragen geholfen hatte – und natürlich auch die, in der Kohlenhändler Wheatley und sein Kollege die Fleischstücke entdeckt hatten.

Damit war das traurige Schicksal der armen, bisher nur vermissten Mrs. Thomas ebenso klar wie die Tatsache, dass ihre Magd Kate Webster daran aktiven Anteil gehabt haben musste.

Kate Webster war für die Polizei keine Unbekannte. Im Archiv fand sich ein ganzes Bündel Akten, aus denen der wenig erfreuliche Charakter der Frau klar hervorging. Ihre Vorstrafen, meist wegen Diebstahls und Betrugs, waren kaum zu zählen. Es waren mindestens 20, doch da sie ihrer Tätigkeit unter häufig wechselnden Namen – als Mrs. Weber, Fletcher, Mayer oder Webster – nachgegangen war und ebenso oft ihren Wohnsitz gewechselt hatte, musste man eine hohe Dunkelziffer vermuten.

Kate war vor 30 Jahren als Catherine Lawler in Enniscorthy, einem kleinen Ort im irischen County Wexford, zur Welt gekommen. Angeblich hatte sie sehr jung einen Kapitän namens Webster geheiratet und ihm drei Kinder geboren, von denen aber keine Spur mehr aufzufinden war. Der Ehemann soll bald das Zeitliche gesegnet haben; Urkunden dazu gab es nicht. Noch in Irland war sie wegen Diebstahls zu einer längeren Haftstrafe verurteilt worden – dazu gab es sehr wohl Unterlagen. Nach Verbüßung der Strafe setzte sich Kate nach England ab und zog 1867 nach Liverpool. Auch hier wurde sie, wieder wegen Diebstahls, zu vier Jahren Arbeitshaus verurteilt.

Mit einem Herrn Strong, dem sie am 19. April 1871 einen Sohn gebar, ging sie nach London, gab sich dort als Kapitänswitwe aus, nachdem Strong das Weite gesucht hatte, und sammelte unberechtigt Almosen. Deshalb und wegen kleinerer Diebstähle und Betrügereien wurde sie wieder verurteilt: 1875 zu 18 Monaten Arbeitshaus, 1877 zu zwölf Monaten Gefängnis. Daraufhin änderte sie ihre Erwerbsform und nahm bei einer Familie Mitchell in Notting Hill Dienst, mit der erklärten Absicht, alles zu stehlen, was im Haushalt nicht niet- und nagelfest war. Leider waren die Mitchells so arm, dass sich das Unternehmen kaum lohnte. In Notting Hill lernte Kate auch die Familie Porter kennen, die freilich von der eigentumsfeindlichen Absicht ihrer Bekannten nichts ahnte. Später sollte sie diese Bekanntschaft für ihre makabren Zwecke nützen.

Nach dem erfolglosen Engagement bei Mitchells wurde sie als Haushälterin an Mrs. Julia Martha Thomas, eine ältliche Witwe mit einigermaßen exzentrischem Charakter, vermittelt. Besagte Dame hielt sich von ihren Verwandten fern und zog trotz ihres Alters leidenschaftlich gern um. Sie wechselte ihren Aufenthaltsort so oft, dass auch ihre wenigen guten Bekannten längst den Überblick verloren hatten und oft wochenlang nicht wussten, wo Tante Julia gerade wohnte. Dabei war sie fromm und nicht unvermögend – alles Eigenschaften, die Kate sehr gut ins Konzept passten.

Am 25. Januar 1879 trat sie ihren Dienst an. Sie und Mrs. Thomas müssen in der ersten Zeit gut miteinander ausgekommen sein; das ging zumindest aus den durchaus positiven Eintragungen im Tagebuch der Chefin hervor, das später von der Polizei im Haus gefunden wurde. Bald aber muss sie sich vor ihrer Haushälterin zu fürchten begonnen haben – warum, das erläuterte sie nicht näher. Jedenfalls bat sie Damen aus ihrer Kirchengemeinde, zum Schutz bei ihr zu übernachten, und kündigte Kate zum nächstmöglichen Termin, dem 28. Februar. Da Kate jedoch keinen Wohnsitz hatte, gestattete ihr Mrs. Thomas, noch übers Wochenende zu bleiben. Warum sie ausgerechnet an diesen letzten Tagen auf den Schutz möglicher Mitbewohner verzichtete, blieb unklar. Zum letzten Mal wurde sie gesehen, als sie Sonntag abends, wie gewohnt, zum Gottesdienst in die Presbyterian Lecture Hall in der Kings Road Hill Street in Richmond ging. Später am Abend hörte ihre Nachbarin Mrs. Ives einen dumpfen Fall, kümmerte sich aber nicht weiter darum, da nachher alles ruhig blieb.

Nach dem Kirchgang am 2. März wurde Mrs. Thomas von niemandem mehr gesehen, bis die beiden Kohlenhändler drei Tage später den Koffer aus der Themse zogen.

Die Polizei schreib Kate Webster zur Fahndung aus. Ihr Signalement war bekannt: von kleiner gedrungener Statur, stumpfe Nase, hellbraune Augen, dunkelblondes Haar, Sommersprossen. Da sie zudem in den bei Mr. Church zurückgelassenen Kleidern die Adresse ihres Onkels in Irland vergessen hatte, hatten die Beamten keine Probleme damit, sie schnell aufzuspüren. Sie hatte sich, wie Täter und Täterinnen das nach einem schweren Verbrechen oft tun, nach Hause geflüchtet.

Wenn die Behörden jedoch ein ebenso eiliges Geständnis der Festgenommenen erwartet hatten, so wurden sie enttäuscht. Kate beschuldigte stattdessen sofort ihren Handelspartner Herrn Church. Schon seit längerer Zeit habe sie mit ihm ein Liebesverhältnis und sie habe ihn im Haus ihrer Dienstgeberin immer wieder heimlich empfangen. Er sei es gewesen, der aus Geldgier Mrs. Thomas umgebracht hätte.
Tatsächlich wurde Mr. Church auf diese Aussage hin verhaftet, konnte aber zu seinem Glück ein Alibi beibringen. Daraufhin änderte Kate ihre Aussage – nicht Church, sondern Porter sei der Schuldige. Auch mit ihm habe sie verkehrt und er habe den grausamen Mord begangen. Doch Porter hatte ebenfalls ein nachprüfbares Alibi. Außerdem hatten beide Anschuldigungen nicht klären können, warum die gefundenen Teile von Mrs. Thomas gekocht worden waren.

Am 2. Juli 1879 begann die Gerichtsverhandlung vor dem Central Criminal Court. Sie wurde als Indizienprozess geführt, da die Angeklagte nicht geständig war. Bereits am 8. Juli erklärten die Geschworenen Kate Webster nach einstündiger Beratung für schuldig. Der Richter verhängte die Todesstrafe, die Kate noch zu verhindern suchte, indem sie behauptete, schwanger zu sein; dies stellte sich nach Untersuchung durch Hebammen und Gerichtsärzte aber als Lüge heraus.
In der Todeszelle schrieb Kate eine neue Tatbestandsdarstellung und beschuldigte diesmal Herrn Strong, den Vater ihres Kindes, der Mörder von Mrs. Thomas zu sein. Mangels Wahrscheinlichkeit nahm das Gericht dies aber nicht zur Kenntnis und erst auf Zureden ihres Anwalts, im Angesicht des sicheren Todes doch die Wahrheit zu sagen, legte sie ein schriftliches, endgültiges Geständnis ab: »Mr. O'Brien, mein Anwalt, hat mich informiert, dass ich, da meine letzte Eingabe ohne Erfolg war und es keine Hoffnung mehr auf eine Aufhebung des Urteils gegen mich gibt und ich daher am nächsten Dienstag, am 29. Juli um 9 Uhr morgens, hingerichtet werde, jetzt im Angesicht des allmächtigen Gottes meine bisherigen falschen Beschuldigungen widerrufen und die Tat so darstellen soll, wie sie wirklich gewesen ist.
Was den Tod von Mrs. Thomas betrifft, so sind die Umstände, die dazu geführt haben, wie folgt: Ich trat im Monat Januar dieses Jahres in den Dienst von Mrs. Thomas. Zuerst hielt ich sie für eine nette, feine alte Dame und dachte auch, in ihrem Dienst gut und glücklich leben zu

können, fand sie aber sehr anspruchsvoll und fordernd. Sie unternahm vieles, mich zu ärgern. Wenn ich meine Arbeit in den Zimmern fertig hatte, überprüfte sie alles und zeigte auf Stellen, die ihrer Meinung nach nicht genügend gesäubert waren und bewies damit, dass sie eine hässliche Gesinnung (›nasty spirit‹) gegen mich hatte. Dieses ihr Benehmen führte auch dazu, dass ich meine anfänglich gute Meinung ihr gegenüber verlor, doch ich hatte nie die Absicht, sie zu töten, zumindest damals noch nicht. Eines Tages hatten wir einen heftigeren Streit und wir kamen überein, dass ich ihren Dienst verlassen würde, was sie auch in ihrem Tagebuch so eingetragen hat.
Am Sonntag abends, dem 2. März, war ich mit Mrs. Thomas allein im Haus. Wir hatten wieder Streit, und sie regte sich so auf, dass sie erzürnt aus dem Haus ging, um die Kirche zu besuchen, und mich allein zurückließ. Nach ihrer Rückkehr aus der Kirche, früher als üblich, ging sie die Stiegen im Haus hinauf. Ich folgte ihr, wir hatten wieder Streit, wurden tätlich und in meinem Zorn warf ich sie die Treppe herunter, vom ersten Stock ins Parterre. Sie tat einen schweren Fall. Ich nahm an, dass sie schwer verletzt sei, und war sehr aufgeregt über das, was passiert war. Ich verlor alle Kontrolle über mich und – um sie am Schreien zu hindern, was mich sicher in ernste Schwierigkeiten gebracht hätte – fasste sie am Hals. Im folgenden Ringen erstickte sie.
Ich war dann ganz außer mir und ohne Kontrolle über mein Tun. Da ich sah, was geschehen war, und in der Angst vor den Folgen, wenn es aufkäme, entschloss ich mich, die Leiche verschwinden zu lassen, so gut ich konnte. Ich schnitt ihr den Kopf vom Körper ab, mit Hilfe eines Rasiermessers, das ich auch benützte, um später den Rest des Körpers zu zerschneiden; dazu verwendete ich auch eine Knochensäge und ein Schnitzmesser.
Dann befeuerte ich den Heizkessel, weil ich die Körperteile kochen wollte, um eine Identifizierung zu vermeiden. Sobald ich mit dem Zerschneiden fertig war, gab ich alles in den Kessel und kochte es. Den Magen öffnete ich mit dem Schnitzmesser und verbrannte so viele Teile, als ich konnte. Während ich das tat, war niemand im Haus außer mir. Obwohl mir mehrmals, wegen des grässlichen Anblicks vor mir und des entsetzlichen Geruchs, die Sinne zu schwinden drohten, tat ich doch alles, um mein Tun verborgen zu halten und die Nachbarn nicht aufmerksam zu machen. Der Teufel half mir bei diesem verbrecherischen Beginnen. Einen Teil des Körpers verbrannte ich, den andern kochte ich. Ich glaube, ich habe einen der Füße gekocht. Dann säuberte ich den Kessel, schütte-

te das Wasser weg, und reinigte das ganze Haus. Danach legte ich Teile des Körpers in den hölzernen Koffer, der im Gerichtssaal vorgelegt wurde, umschnürte ihn und wollte ihn in die Themse werfen, was ich auch mit Hilfe des jungen Porter getan habe.
Den Kopf von Frau Thomas steckte ich in die schwarze Tasche, und da ich ihn nicht mehr im Haus haben wollte, nahm ich ihn zu meinem ersten Besuch bei Porters mit, wo ich mit ihnen Tee trank. Dabei stellte ich die Tasche mit dem Kopf unter den Tisch, von wo ich sie dann fortbrachte und an dem Platz deponierte, den ich meinem Anwalt, Mr. O'Brien, angegeben habe. Den zweiten Fuß hatte ich in einem Kehrichthaufen in Kingston versteckt.
Ich habe mich jetzt ganz mit der mir auferlegten Strafe abgefunden und bin voller Vertrauen in eine glückliche Ewigkeit. Wenn ich die Wahl hätte, würde ich lieber sterben als in ein Leben voll von Armut, Lüge und Verbrechen zurückzukehren. Ich sterbe mit großer Stärke und Zuversicht in meinen Glauben, und in unser aller Heiland, den ich bitte, gnädig zu meiner Seele zu sein. Katherine Webster.«

Nachdem die Verurteilte die Nacht gut geschlafen hatte, ging sie am Morgen des 29. Juli aufrecht und nur in Begleitung ihres Beichtvaters Father Menery zum Schafott.
Nur einen weiteren Tag später wurde in Vine Cottage Nr. 2 die Verlassenschaft der unglücklichen Mrs. Thomas versteigert. Hauptkäufer war John Church, der offenbar alles, was für ihn an Üblem mit den Effekten verbunden war, bereits bewältigt hatte. Unter anderem erstand er das Schnitzmesser, das Kate angeblich dazu benützt hatte, Mrs. Thomas zu zerschneiden. Den Kupferkessel, in dem die Ermordete gekocht worden war, erwarb ein Unbekannter um 5 Shilling.
Kate Webster erschreckte jahrzehntelang als »schwarze Köchin« mit ihrer berüchtigten schwarzen Tasche die Besucher von Mme. Toussauds Wachsfigurenkabinett. Wie schrecklich das eigene Leben der Mörderin gewesen sein muss, was es für sie bedeutete, im bettelarmen Irland ihrer Zeit drei Kinder durchzubringen und dann mehrmals am Versuch zu scheitern, sich in England eine Existenz aufzubauen, das wurde von Experten damals und später nie erwogen.

Tod eines Schokoladenkönigs

Der Fall Adrienne Eckhardt

22. November 1952: Kurz nach 1 Uhr früh wird ein Rayonsinspektor der Polizei, der in der Nähe des Wiener Landesgerichts Streife geht, vom Angestellten einer privaten Wach- und Schließgesellschaft angerufen: »Herr Inspektor, kommen's doch einmal her!« Der Nachtwächter hat bemerkt, dass der Rollbalken einer wegen ihrer »Dumping-Preise« beliebten Delikatessenhandlung in der Alser Straße Nr. 7 nicht verschlossen ist. Der Polizist registriert, dass auch die Eingangstür offen steht, betritt also das Geschäft und sieht sich vorsichtig um. Als er mit der Taschenlampe in das Magazin hinter dem Verkaufsraum hineinleuchtet, entdeckt er die Leiche des in der Gegend wohlbekannten Geschäftsbesitzers, des 43-jährigen Johann Arthold. Der Mann liegt in einer riesigen Blutlache auf dem Boden, sein Schädel ist zu einem formlosen Brei zertrümmert.

Sofort werden Kriminalbeamte hinzugezogen. Sie stellen fest, dass Artholds Kopf durch Schläge mit einem stumpfen Gegenstand so zugerichtet wurde. Gestorben ist der Mann mit dem feisten Gesicht und dem Don-Juan-Bärtchen aber erst, als ihm mit einem Messer der Hals durchgeschnitten wurde. Auch die Pulsadern der linken Hand sind verletzt. Der Polizeiarzt stellt fest, dass der Tod zwischen Mitternacht und 0.30 Uhr eingetreten sein muss.

Auf einem Tisch im Magazin stehen drei Bierflaschen und ein Pappbecher, der noch einen Rest Bier enthält. Von der Blutlache führen blutige Schuhabdrücke in den Verkaufsraum – es lässt sich mühelos feststellen, dass es sich dabei um Damenschuhe der Größe 37 gehandelt haben muss. Die Beamten finden ein Stück blutiges Papier, an dem der Täter wahrscheinlich das Messer abgewischt hat. In einem Waschbecken wer-

den Blutspuren und Stofffasern entdeckt. Artholds protziger Brillantring ist verschwunden, aber im Geschäft scheint nichts weiter zu fehlen. Auf einer Stellage im Hinterzimmer befindet sich eine Geldschachtel, die 3500 Schilling enthält. (Erst einige Stunden später findet man bei einem Verhör der Verkäuferin heraus, dass der Mörder etwa 200 Schilling aus der Registrierkasse geraubt haben muss.)
Arthold ist vor einigen Jahren dadurch bekannt geworden, dass er es verstand, im Nachkriegs-Wien billig (auf den undurchsichtigen Wegen des »grauen Marktes«) größere Posten begehrter Lebensmittelkonserven und Kolonialwaren aufzukaufen und diese mit großem Gewinn wieder loszuschlagen. Nach 1945 betrieb er ein Geschäft Ecke Lange Gasse/Alser Straße, wo er vor allem Unmengen der damals beliebten Cadbury-Schokolade billig unters Volk brachte – und es sich daher leisten konnte, auf großem Fuß zu leben und den freigiebigen Kavalier zu spielen. In letzter Zeit war es Arthold allerdings nicht mehr so gut gegangen: Er hatte das Geschäft im Zuge eines Rückstellungsverfahrens zurückgeben, in das Lokal in der Alser Straße übersiedeln müssen und war – da sich die Marktlage verändert hatte – auch gezwungen gewesen, seinen Reitstall zu verkaufen und das Auto mit Chauffeur wieder abzulegen. Sein flottes und kostspieliges Nachtleben hatte der verheiratete Mann dennoch weitergeführt.
Erste Ermittlungen ergeben, dass Arthold am Tag vor seiner Ermordung einen größeren Geldbetrag bei sich getragen haben soll, den er einem Rechtsanwalt zur Aufbewahrung übergeben wollte. Ob er das auch getan hat, ist nicht bekannt. Außerdem, so meinen einige der Befragten, soll der »Cadbury-König« viele Feinde gehabt haben.
Als die Beamten die Manteltaschen des Toten durchsuchen, finden sie zwei Vorverkaufsfahrscheine der Straßenbahn, abgestempelt am Vorabend zwischen 22 und 22.30 Uhr in der Linie 38, die zwischen Grinzing und Schottentor verkehrt. Bei einer Befragung der Straßenbahner, die zur fraglichen Zeit Dienst taten, stößt man auf eine erste Spur: Eine Schaffnerin erkennt Arthold auf einem Foto als einen ihrer Fahrgäste von letzter Nacht. Sie sagt aus, dass er in Begleitung einer etwa 25 bis 30 Jahre alten Frau vom Weinort Grinzing bis zur Alserbachstraße gefahren sei. Die Frau sei 1,60 Meter groß, habe rotblondes Haar, ein blasses, breitflächiges Gesicht mit grellrot geschminkten Lippen. Bekleidet sei sie mit einer braunen Panofix-(Kunstpelz-)Jacke gewesen.
In den folgenden Stunden finden die Kriminalbeamten auch heraus, dass das Paar den Freitagabend beim Grinzinger Heurigen Maly ver-

brachte und dort sieben Vierteln Wein konsumierte. Auf dem Fußweg zwischen 38er-Haltestelle und Alser Straße kehrten die beiden noch in einem kleinen Café im neunten Bezirk ein und tranken dort – offenbar bester Laune – zwei Mokka.

23. November: Die Suche nach der Rotblonden läuft in der Nacht auf Sonntag auf Hochtouren. Da die Polizei über Artholds Freizeitaktivitäten und seine zahlreichen Freundinnen Bescheid weiß, konzentriert sie sich in erster Linie auf sämtliche Nachtlokale und Bars der Stadt. Gegen 5 Uhr früh werden Kriminalkommissar Obsieger in Ottakring zwei Animiermädchen vorgeführt, die einem Kunden aus Linz den Mantel gestohlen haben sollen. Um von ihrem Vergehen abzulenken, berichten sie, dass Arthold regelmäßig im Etablissement »Pariser Nächte«, ihrem Arbeitsplatz, aufgetaucht sei. Und die Rothaarige, das kann nur ihre Kollegin Adrienne gewesen sein; die besitze so einen Pelzmantel und sei öfter mit dem Arthold zusammengesessen, seit sie ihn nach langer Zeit in der Bar wieder getroffen habe. »Den koch' ich mir wieder ein«, habe sie damals zu den anderen Gesellschaftsdamen gesagt.
Wenige Stunden später stehen zwei Kriminalbeamte der 23-jährigen Adrienne Renée Eckhardt in ihrem Untermietzimmer in der Neustiftgasse 54 gegenüber. Das Mädchen gibt sich völlig ahnungslos und behauptet, Arthold nur flüchtig gekannt und seit längerer Zeit nicht mehr gesehen zu haben. Sie wird verhaftet. Beim ersten Verhör im Sicherheitsbüro wird die diplomierte Säuglings- und Kinderschwester mit dem Ergebnis der soeben erfolgten Gegenüberstellung konfrontiert: Mehrere Personen haben sie einwandfrei als Artholds Begleiterin vom Freitagabend identifiziert. Sie gibt also zu, mit dem Schokoladenkönig in Grinzing und dann auch kurz in seinem Geschäft gewesen zu sein, um sich von ihm ein paar Lebensmittel spendieren zu lassen: »Er hat mit einem Messer ein großes Stück Selchfleisch abgeschnitten und es zu einem Viertelkilo Emmentaler gepackt«, erzählt Adrienne. »Das Ganze hat er mir dann in die Hand gedrückt und hat, wie es seine Art war, dazu ein paar unanständige Witze gemacht. Dann bin ich wieder gegangen. Das ist alles.«
Während des Verhörs sind Flecken am Rock und dem Pelzmantel der Eckhardt entdeckt worden, die im Labor analysiert werden. Die Gerichtsmedizin hat mittlerweile ihren Obduktionsbericht veröffentlich: Arthold ist durch 40 mit einem schweren Gegenstand geführte Schläge auf den Schädel verletzt worden. Die Kehle wurde ihm mit einem Wurstmesser aus dem Geschäft durchschnitten.

24. November: Das Ergebnis der Untersuchung liegt vor: Bei den verdächtigen Flecken handelt es sich um Menschenblut. Trotzdem hält die Polizei Adrienne nicht unbedingt für Artholds Mörderin, da es unwahrscheinlich sei, dass eine Frau so wuchtige Schläge führen kann. Vielleicht war die junge Frau, die ihre Freunde angeblich nicht nur ausgenützt, sondern notfalls auch erpresst haben soll, ja nur die Komplizin des brutalen Täters.
Am Abend erscheint Oskar Eckhardt, Adriennes Vater, der in Wiener Neustadt lebt, bei der Polizei. Er erzählt den Beamten, bei der gesuchten Begleiterin des Delikatessenhändlers könne es sich nur um seine Tochter handeln. Das habe er gleich gewusst, als er die Personsbeschreibung der Frau gelesen habe, und er sei gestern nach Wien gefahren, um Adrienne gut zuzureden, sich zu stellen. Sie habe diesen Vorschlag aber zurückgewiesen, weil sie sich nicht in Schwierigkeiten bringen wollte – besonders, da der Schein gegen sie spreche. Als der alte Mann erfährt, dass seine Tochter bereits am Vortag verhaftet wurde, wirkt er geradezu erleichtert, dass nicht er es war, der sie »verraten« hat.

25. November: Adrienne Eckhardt wird bei einem neuerlichen Verhör gefragt, wie denn das Blut auf ihre Kleidungsstücke gekommen sei. Sie beginnt zu weinen und will nun erzählen, was sich wirklich ereignet hat. Als sie mit Arthold gegen Mitternacht im Magazin der Delikatessenhandlung Bier trank und sich seine ordinären Geschichten anhörte, klopfte es plötzlich draußen am Rollbalken. »Geh, mach auf!«, sagte Arthold zu ihr. Als sie einen Mann vor der Glastür stehen sah, warf sie ihrem Freund noch einen fragenden Blick zu. »Lass ihn herein!«, meinte der Lebensmittelhändler.
Der Mann betrat das Geschäft, ging an Adrienne vorbei auf Arthold zu und begrüßte diesen mit den schlecht gelaunt klingenden Worten: »Servus, du alter Gauner!« Der Unbekannte war etwa 1,75 Meter groß, hager, 30 bis 33 Jahre alt, brünett und gut aussehend. Er trug einen hellgelben Dufflecoat mit Kapuze – einen sogenannten »Dritter-Mann-Mantel« – und sprach einen »sympathischen Wiener Dialekt«. Arthold lud den anderen ein, mit ihm ein Bier zu trinken. »Also, was ist, wann bekomme ich mein Geld?«, fragte der späte Gast. Als Arthold ihn vertrösten wollte, zog der Mann im Dufflecoat einen länglichen Gegenstand – wahrscheinlich ein Eisen- oder Bleirohr – aus der Tasche und schlug es dem vor ihm sitzenden Arthold auf den Hinterkopf.
»Wenn du schreist, kriegst du auch ein paar!«, brüllte der Angreifer Adri-

enne an und befahl ihr, sich wegzudrehen. Zitternd musste das Mädchen mitanhören, wie zahlreiche weitere Schläge Knochen splittern ließen. Der Mann befahl der Animierdame nunmehr, den blutenden Arthold umzudrehen und ein Messer aus dem Geschäft zu holen. Das erste Wurstmesser, das sie brachte, war dem Täter zu stumpf, erst mit dem zweiten war er zufrieden. Er durchschnitt damit seinem Opfer die Kehle und die Pulsader. Adrienne musste dann das Messer säubern und wusch sich auch selbst die Hände. Sie sah zu, wie der Mörder Artholds Leichnam durchsuchte.

»Verschwind' jetzt!«, befahl er ihr plötzlich. »Und wehe dir, wenn du auf der Straße zu schreien anfängst, dann kommst du auch dran.« Adrienne gibt an, tatsächlich durch dunkle Nebengassen in die Neustiftgasse heimgeschlichen zu sein und dort das blutige Handtuch, mit dem sie die Mordwaffe gereinigt hatte, verbrannt zu haben. Sie habe der Polizei anfangs nichts davon erzählt, weil sie Angst vor dem Unbekannten hatte und auch fürchtete, man werde ihr – einer wegen eines Erpressungsversuchs Vorbestraften – sowieso keinen Glauben schenken.

Der Polizei scheint diese neue Version schon plausibler. Aber noch immer will man nicht ausschließen, dass die Eckhardt die Komplizin des Täters gewesen sein könnte und jetzt nur versucht, ihn zu schützen. Beim Verhör und einem sofort durchgeführten Lokalaugenschein (von dem auf undurchsichtigen Wegen Hunderte Schaulustige erfahren haben) widerspricht sich Adrienne kein einziges Mal. Es erscheint den Untersuchungsbeamten seltsam, dass die Frau beim Verlassen des Geschäfts nicht sofort die nur wenige Meter entfernte Polizeiwache alarmiert hat. Bei Juwelieren und Pfandleihanstalten in ganz Wien wird eine Suche nach Artholds verschwundenem Brillantring gestartet.

26. November: Die Tatsache, dass Adrienne Eckhardt am Samstag eine Uhr aus der Pfandleihanstalt ausgelöst hat, gilt als weiteres Verdachtsmoment. Das Barmädchen gibt zwar an, das Geld dafür von einem Bekannten erhalten zu haben, doch die Kriminalbeamten weisen ihr nach, dass sie dieses Geschenk schon vor einer Woche bekommen hat.

Ganz Wien macht sich auf die Suche nach dem Mann mit dem damals gerade in Mode kommenden Dufflecoat. Dutzende Männer werden in den nächsten Tagen angezeigt, angehalten, auf ihr Alibi überprüft und wieder freigelassen – bis die Zeitungen einwenden, der Mörder wäre doch wohl nicht so dumm, Tage nach der Tat noch im selben Mantel, von dem jetzt überall geredet wird, herumzulaufen.

Durch eine Meldung des »Wiener Kurier« verbreitet sich in Windeseile das Gerücht, Oskar Eckhardt, Adriennes Vater, habe mit dem Mord zu tun gehabt und sei verhaftet worden. Dies stellt sich binnen weniger Stunden als falsch heraus.

27. November: Erstmals wird Näheres über die Verhältnisse bekannt, aus denen die Eckhardt stammt: Sie kommt aus gutem Hause, ihr Großvater war General-Auditor bei der österreichisch-ungarischen Armee und Adrienne wuchs in geordneten Verhältnissen auf. 1949 machte sie ihr Diplom als Säuglings- und Kinderschwester und erhielt einen Posten im Leopoldstädter Kinderspital. Aber es hielt sie – die sich gern schön anzieht, Kleider und Schuhe kauft, Schulden macht und mit Vorliebe nachts unterwegs ist – nicht lang in den Reihen der braven, anständigen Krankenschwestern. Man warf ihr vor zu stehlen, faul zu sein und sich mehr für die Ärzte als die ihr anvertrauten Kinder zu interessieren. Bald gab sie ihren erlernten Beruf auf und wurde die Geliebte eines griechischen Schleichhändlers. Bis zur Stelle als Animierdame in Nachtbars war es nun nicht mehr weit – obwohl Adrienne bis zum Schluss nicht zu den Mädchen gehörte, die für Geld alles machten, so wie viele ihrer Kolleginnen. Privat soll sie einzelgängerisch und verschlossen gewesen sein.

29. November: Wie sich erst jetzt herausstellt, hat ein Kriminalbeamter Adrienne Eckhardt am Morgen nach dem Mord um 8.30 Uhr in ihrer Wohnung aufgesucht und ihr einige Fragen über den abwesenden Hauptmieter gestellt, gegen den eine unbedeutende Anzeige erstattet worden war. Er berichtet, dass die junge Frau völlig ruhig und gelassen gewirkt sowie seine Fragen kühl und sachlich beantwortet habe – ohne auch nur mit einem Wort auf die entsetzlichen Ereignisse der vergangenen Nacht hinzuweisen.

30. November: Ein Oberlandesgerichtsrat im Ruhestand richtet einen Brief an die Redaktion der »Presse«, in dem er die Gründe für seine Ansicht erläutert, dass nur eine Frau den Mord an Johann Arthold begangen haben kann: »Ein Mann pflegt, logisch im Handeln, die Einwirkung abzubrechen, sobald er erkennt, dass er den Erfolg der beabsichtigten Tötung erreicht hat. Die Frau aber, die in der Verwirklichung der Tat steht, kann vom Übermaß des verbrecherischen Antriebes so beherrscht sein, dass sie das Augenscheinlichste, die absolute Tödlichkeit der Verletzungen, übersieht, und mit dem Mordwerkzeug weiter und weiter

schlägt. Das ist meiner Meinung nach einem Manne nicht zuzumuten, sofern er nicht geisteskrank ist.«

2. Dezember: Adrienne Eckhardt ist seit Freitag nicht verhört worden und hat auch keine ihren Fall betreffenden Nachrichten aus der Außenwelt erhalten. Man will sie verunsichern; sie soll sich fragen, ob die Polizei ihrer Version des Tathergangs Glauben schenkt oder etwas Neues herausgefunden hat. Und tatsächlich sind die Beamten bei einer genauen Überprüfung von »Adis« (wie die Zeitungen sie mittlerweile nennen) Finanzgebarung der Woche vor dem Mord und des Tages danach auf eine verdächtige Differenz gestoßen: Die junge Frau hat mehr Geld ausgegeben, als sie ihren eigenen Angaben zufolge besessen haben kann. Noch am Tag vor dem Mord musste sie für ein paar Schilling eine Heizsonne versetzen – und schon am Samstag konnte sie die Uhr auslösen und Kleiderstoff einkaufen. Außerdem hatte man bei einer genauen Durchsuchung ihrer Wohnung Lebensmittel gefunden, die aus Artholds Geschäft fehlten (wie bei einer Inventur festgestellt wurde).
Um 10 Uhr Vormittag bringt man Adrienne wieder zum Verhör und konfrontiert sie mit diesen neuen Erkenntnissen. Sie sieht sich wieder einmal gezwungen, ihre Aussage zu ändern: Der Mörder habe sie gezwungen, erzählt sie jetzt, mit ihm gemeinsam einen Raubmord vorzutäuschen. Er habe ihr 200 Schilling aus der Registrierkasse in die Tasche gesteckt und ihr Lebensmittel aus dem Delikatessengeschäft mitgegeben. Das Einkaufsnetz sei so schwer gewesen, dass sie es auf dem Nachhauseweg mehrmals habe absetzen müssen. Die Mordwaffe und den Brillantring habe der Unbekannte im Dufflecoat mitgenommen. Sie habe dies bisher nur verschwiegen, weil sie sich »herausreiten« habe wollen.
Das Verhör ist um 15.30 Uhr beendet. Die Beamten des Sicherheitsbüros sind wieder einen Schritt weiter. Doch Adrienne Eckhardt weiß auf jede neue Vorhaltung, jeden unumstößlichen Beweis eine passende, logische Antwort – es wird nicht leicht sein, die ganze Wahrheit herauszufinden. Immerhin scheint ihre angebliche Angst und Panik nach der Schreckenstat nun nicht mehr glaubwürdig und es ist auch höchst fraglich, ob es den Unbekannten überhaupt gegeben hat.
Während des Verhörs wird am Zentralfriedhof Johann Arthold beigesetzt. Etwa tausend Schaulustige haben sich zum Begräbnis des ermordeten »Cadbury-Königs« eingefunden.

3. Dezember: Die Befragung geht weiter – elf Stunden an diesem Mitt-

Adrienne Eckhardt: Mord nach dem Heurigen

woch. Die Beamten konzentrieren sich auf ein Päckchen, von dem man weiß, dass Adrienne Eckhardt es in den Stunden vor der Ermordung Artholds bei sich getragen hat. Sie behauptet, Käse und Brot für den Heurigenbesuch (damals brachte man seinen Proviant noch selbst ins Lokal mit) darin mitgenommen zu haben. Das Päckchen habe sie dann absichtlich im Delikatessengeschäft liegen lassen, um einen Vorwand zu haben, noch einmal dorthin zurückgehen zu können. Sie gibt zu, Arthold auch früher schon öfter bestohlen zu haben, und das wollte sie angeblich auch am fraglichen Abend tun. Trotz dieser wie schon so oft überzeugend klingenden Geschichte sind die Kriminalisten der Ansicht, dass sich in dem ominösen Päckchen die Mordwaffe befunden haben muss.

4. Dezember: Mit einer Fangfrage bringen die Untersuchungsbeamten

Adrienne – nach einem langen Tag – gegen 20 Uhr dazu, sich zu verraten. Sie gibt an, beim Verlassen des Geschäfts das Licht abgedreht zu haben. »Und Ihren großen Unbekannten haben Sie also im Dunkeln sitzen lassen?«, fährt Oberpolizeirat Dr. Heger die junge Frau an. Sie ist ihm zum ersten Mal in die Falle gegangen. Und am Abend haben die Beamten Adrienne Eckhardt endlich soweit, dass sie gesteht: »Ja, ich bin es gewesen. Ich allein habe ihn umgebracht.«

Bei der Mordwaffe hat es sich um einen Fleischwolf gehandelt, den sie aus dem Haushalt in der Neustiftgasse in besagtem Päckchen in die Lebensmittelhandlung geschafft, dort auf einer Stellage im Magazin hinterlegt und nach der Tat zu Hause sorgfältig gereinigt hat. (In dem Teil der Wohnung, den die Hauptmieter bewohnen, wird das fragliche Küchengerät dann auch entdeckt.)

»Adi« behauptet, die Tat nicht aus Gewinnsucht begangen zu haben: »Ich habe den Arthold aus Hass umgebracht«, erklärt sie. »Sie müssen mich verstehen. Ich bin keine gewöhnliche Mörderin. Ich bin auch kein Straßenmädel, das sich von Arthold alles hätte gefallen lassen müssen. Arm bin ich – das ist es ...«

Sie erzählt, dass sie vor Jahren – als Arthold noch schwerreich und sie nur eine arme Säuglingsschwester war – einmal vom Schokoladenkönig in sein Geschäft eingeladen worden sei. Eine Prostituierte habe sich auch dort aufgehalten und Arthold habe von ihr verlangt, mit dem anderen Mädchen »widernatürliche Handlungen« auszuführen.

»Ich war so jung!«, schluchzt Adrienne. »Ich habe mich so geschämt! Und ich habe ihn so gehasst. Weil er mich dann noch, als ich davonlaufen wollte, verprügelt hat. Und das Lachen der Anderen gellte mir in den Ohren. Ich habe diese Szene nie mehr vergessen. Alles hat er mir zerstört. Ich hasste alles an ihm. Schon damals wollte ich ihn töten, um mich zu rächen!«

Nach Jahren traf sie Arthold dann wieder im Nachtclub. Als der Mann ihr erneut Anträge machte, beschloss sie, ihre Rachepläne auszuführen. Am schicksalhaften Abend, im Magazin, habe sie noch gezögert – aber bei Artholds Annäherungsversuchen ergriff der Hass von ihr Besitz. Sie schlug mit der Fleischmaschine unzählige Male auf seinen Schädel ein, schnitt ihm die Kehle durch, weil sie den Röchelnden von seinem Leiden erlösen wollte, und täuschte dann einen Raubmord vor.

Den Ring habe sie beim Heimgehen durch ein Kanalgitter geworfen. Und den mysteriösen Mann im Kapuzenmantel, den habe sie schlicht und einfach erfunden.

6. Dezember: Die Wiener Kanalbrigade sucht auf dem Weg, den Adrienne Eckhardt nach dem Mord angeblich nach Hause gegangen ist, vergebens nach dem weggeworfenen Brillantring. Die Zeitungen vermuten, dass Adrienne – ein Mädchen, das die »große Dame spielen wollte«, »ihre Freunde auszunützen pflegte« und »ohne Arbeit zu viel Geld kommen wollte« – den Mord aus reiner Habgier begangen hat. Und die »Presse« ereifert sich darüber, dass die Täterin in den letzten Tagen von ganz Wien »Adi-Adrienne-Renée« genannt und somit »verniedlicht« wurde: »Ein fast beispiellos bestialisches Verbrechen, wohlüberlegt und vielleicht längst vorgehabt, wurde von einer eiskalten, steinharten ›Rechnerin‹ verübt«, heißt es da in vor moralischer Empörung angeknackstem Deutsch. »Fazit? Dass man sich nicht genug tun konnte an den jungen Jahren der Täterin, an der Herkunft, an dem gesamten Klimbim um diese abscheuliche, abgefeimte Person. Die seit der ersten Minute nach dem Mord gelogen hat, weil Lüge zu ihrem Metier gehört. Denn keiner hätte ihr verwehren können, in einer Fabrik oder sonstwo ehrlich zu arbeiten. Körperkraft hat sie ja genügend bewiesen. Dass sie auch nach dem Geständnis der nie gefallene Engel sein will, der nur aus Rache, aus Hass, den angeblichen oder wirklichen Wüstling umbringt, wird man ihr kaum glauben. Den Wüstling, der auch sie (oho!) anscheinend auf seinem Gewissen hat. Ein Toter kann sich natürlich nicht verteidigen ... Diesen Wüstling also bestiehlt sie nicht nur unentwegt – sie zertrümmert und zermalmt ihm auch den möglicherweise hartgesottenen Schädel. Welch herrliches Bild für übelsten Schund.«

8. Dezember: »Hartgesottene« Männerschädel finden ihre Ansichten über Adrienne Eckhardt bestätigt, als sie zugibt, den Ring nicht auf dem Nachhauseweg nach dem Mord, sondern erst im Gefangenenhaus beseitigt zu haben. Sie habe ihn in ihrem Büstenhalter eingenäht gehabt und erst vor kurzem durch ein Kanalgitter geworfen. Eine ausgedehnte, mühsame Suchaktion der Kanalbrigade bleibt wiederum erfolglos.

10. Dezember: Oberpolizeirat Dr. Heger lässt nicht locker, geht immer wieder Adriennes verzweifelte Vermögenslage vor der Tat durch und drängt die junge Frau, doch endlich die Wahrheit zu sagen. Endlich ist es soweit: »Ich habe den Arthold erschlagen, weil ich unbedingt Geld brauchte«, gesteht sie. »Aber ich hätte es nicht tun können, wenn ich ihn nicht auch gehasst hätte.« Sie habe am Tag des Mordes beschlossen, sich auf irgendeine Weise von Arthold Geld zu beschaffen. Als er ihr nichts

leihen und auch ihr Schweigen wegen der Geschichte mit der Prostituierten vor ein paar Jahren nicht honorieren wollte, habe sie zum Fleischwolf gegriffen. Die Schachtel, in der Arthold größere Geldsummen aufzubewahren pflegte, habe sie dann doch nicht gefunden und sich mit dem, was sie in der Registrierkasse und den Taschen des Toten entdeckte – insgesamt etwa 250 Schilling –, zufrieden geben müssen.

11. Dezember: In einem Interview mit dem »Kurier« ist Adriennes Vater, Oskar Eckhardt, fest davon überzeugt, dass seine Tochter den wahren Schuldigen schützt: »Keine Selbstbeschuldigung kann mich davon überzeugen«, sagt der 53-jährige frühere Bankbeamte, »dass hinter der Tat nicht irgend jemand steckt. Ich bin auch jetzt noch hundertprozentig davon überzeugt, dass es einen Anstifter gibt, den meine Tochter mit allen Mitteln zu decken versucht.«

15. Dezember: Die polizeilichen Erhebungen sind abgeschlossen. Adrienne Eckhardt wird dem Landesgericht für Strafsachen im »Grauen Haus« – nur wenige Meter vom Tatort entfernt – überstellt.

19. Dezember: Ein Mann, der sich Lucius Ferri Natas nennt, schickt Adrienne ein Gedicht ins Untersuchungsgefängnis. Ein Auszug daraus:
»Gedankenvoll steh' ich vor Deinem Bild
und schaue tief in Deine Augensterne;
wie blicken sie so sehnsuchtsvoll und mild
in eine trübe, unbekannte Ferne!«
Die ersten Silben der beiden Vornamen des Absenders ergeben »Lucifer«, der Familienname, von hinten gelesen, das Wort »Satan«.

4. Februar 1953: Der Arzt des Untersuchungsgefängnisses bestätigt, dass Adrienne Eckhardt im dritten Monat schwanger ist. Als Vater des Kindes gibt sie den Direktor und Lebemann Hubert Fleischer an – den Mann, der ihr ein paar Tage vor dem Mord die 200 Schilling geschenkt hat. Fleischer erscheint vor dem Untersuchungsrichter, gibt lächelnd zu, mit der Eckhardt intim gewesen zu sein, und darf wieder gehen. Er hatte schon damals ein Alibi für die Mordnacht beibringen können.
Der Fall erfährt jedoch eine neuerliche sensationelle Wendung: Adrienne sagt jetzt vor dem Untersuchungsrichter aus, den Mörder zu kennen. Es handle sich um einen italienischen Morphiumhändler namens Konstantin Bertini, den sie im September 1952 im »Moulin Rouge« kennen ge-

lernt habe. Sie habe sich dann öfters mit Bertini getroffen (allerdings immer nur zu von ihm festgesetzten Terminen, da sie weder seine Adresse noch seine Telefonnummer kannte), von ihm Rauschgiftampullen übernommen und diese – gegen Provision – Arthold zum Weiterverkauf übergeben. Der ehemalige Cadbury-König sei über diese neue Möglichkeit zum Geldverdienen froh gewesen und sofort auf das Geschäft eingestiegen. Im Oktober habe sich Bertini bei Adrienne über die schlechte Zahlungsmoral Artholds beschwert. Und als der Italiener einen Monat später von der geplanten Heurigenpartie erfahren habe, sei ihm eine Idee gekommen, sagt die Eckhardt aus: » ›Mach' ihn betrunken, den alten Gauner!‹, trägt mir mein neuer Freund auf und erklärt mir weiter: ›Und dann führst du ihn in sein Delikatessengeschäft. Wäre nicht schlecht, wenn wir dort von ihm die Außenstände eintreiben könnten!‹ Ich glaubte ihn gleich richtig zu verstehen. Natürlich – einem Betrunkenen kann man leichter zusetzen. An etwas anderes dachte ich nicht.
Nach dem Kinobesuch am Freitag gehe ich nochmals nach Hause und verpacke drei der länglichen Schachteln mit Morphium in meinem Netz, die ich in das Geschäft des Arthold bringe.«
Nach Bertinis Ankunft in der Delikatessenhandlung sei es dann zu einer Streiterei zwischen Arthold und dem gut aussehenden, charmanten Rauschgifthändler gekommen. Bertini habe plötzlich eine Fleischmaschine aus seiner Aktentasche gezogen und den Schuldner erschlagen. Und alles weitere, so Adrienne Eckhardt, habe sich so abgespielt wie in ihrer Version des Geständnisses mit dem »großen Unbekannten«. Am Nachmittag nach der Mordnacht sei sie von Bertini, mit dem sie sich vor dem Eingang des Zirkus Rebernigg verabredet habe, versetzt worden. Seitdem habe sie nie mehr etwas von ihm gehört.

6. Februar: Die Eckhardt wird nach drei Tagen intensiver Verhöre wieder ins Sicherheitsbüro überstellt, wo sie Dr. Heger noch einmal Konstantin Bertini und seine Untaten beschreibt. Die Kriminalpolizei sieht und hört sich nach dem Rauschgifthändler um, findet aber nicht die geringste Spur. Auch in Bertinis angeblichen Stammlokalen hat niemand Adrienne je mit dem ominösen Südländer gesehen. »Es konnte kein einziger Zeuge oder Beweis dafür erbracht werden, dass der von der Eckhardt genannte Bertini tatsächlich existiert«, heißt es in einem abschließenden Bericht an den Untersuchungsrichter.

15. Februar: Gegen 14 Uhr an diesem Faschingssonntag hält in der

D'Orsaygasse im neunten Bezirk ein blaues Auto. Ein Mann im Smoking steigt aus und versucht, sich an der siebenjährigen Greterl, die gerade für ihren Vater Bier holen soll, zu vergehen. Das Schreien des Kindes und die flinke Reaktion des Vaters vertreiben den Unhold, der in seinem Wagen flüchtet. Bei einer Überprüfung des Autokennzeichens stellt sich heraus, dass es sich um Hubert Fleischer gehandelt hat, der von einem Ball gekommen war und bis in die Mittagsstunden weiter dem Alkohol zugesprochen hatte. Als die Polizei Fleischers Wohnung stürmt, ist der Mann längst – mit zwei hastig gepackten Aktentaschen – verschwunden. Die Phantasie der Bevölkerung ist nun wieder angeregt. Hatte der potentielle Kinderschänder vielleicht doch etwas mit dem Fall Arthold zu tun? Aber die Suche nach ihm verläuft im Sande …

23. März: Im Großen Schwurgerichtssaal des Straflandesgerichts 1 beginnt um 9 Uhr der auf drei Tage anberaumte Mordprozess gegen Adrienne Eckhardt. Unzählige Journalisten, Fotografen und Kameraleute, auch solche aus dem Ausland, haben sich eingefunden. Um die restlichen Plätze hat man sich – trotz der großen Kälte – über Nacht anstellen oder versuchen müssen, eine Karte im Schleichhandel zu ergattern. Die Volksmeinung hat sich in zwei Lager gespalten: Die meisten Frauen sind von der Schuld der Eckhardt überzeugt, während Männer eher dazu neigen, an die Existenz Bertinis zu glauben. Bei der Auswahl der zehn Geschworenen musste also besonders auf Ausgewogenheit geachtet werden. Der Prozess wird unter dem Vorsitz des Präsidenten des Straflandesgerichtes Wien, Dr. Rudolf Naumann, geführt. Vertreter der Anklage ist der aus zahlreichen Sensationsprozessen bekannte Erste Staatsanwalt Dr. Hörmann, als Verteidiger fungiert der ebenso berühmte Anwalt Dr. Michael Stern. Adrienne sieht gar nicht wie der mörderische, eiskalte Engel aus, den das Publikum erwartet hat. Sie wirkt verloren und unsicher in ihrem dunklen Kleid mit weißem Spitzenkragen und man sieht ihr deutlich an, dass sie ein Kind erwartet.
Der erste Prozessvormittag ist der Verlesung der Anklageschrift gewidmet. Der Staatsanwalt hat sich von den verschiedenen Versionen vom »Unbekannten« nicht beeindrucken lassen und stützt sich auf Adrienne Eckhardts Geständnis, die Tat selbst begangen zu haben – die Anklage lautet daher auf heimtückischen Mord.
Danach wird der ehemaligen Kinderschwester die traditionelle Frage gestellt, ob sie sich schuldig bekenne. »Ich bekenne mich im Sinne der Anklage nicht schuldig«, lautet ihre Antwort. »Ich habe bei dem Mord le-

diglich Handreichungen gemacht. Der Mörder war Konstantin Bertini.«
Nun beginnt der Vorsitzende die Angeklagte zu verhören. Er hat sich anscheinend schon vorher ein bestimmtes Bild von ihr gemacht, das sich jetzt in seinen Fragen manifestiert – Adrienne Eckhardt als Mädchen aus guter Familie, das zu hoch hinaus wollte, das zu Geld kommen wollte, ohne anständig zu arbeiten, das zahlreiche Männerbekanntschaften hatte und immer wieder des Diebstahls bezichtigt wurde.
»Warum sind Sie Kinderpflegerin geworden?«, fragt Naumann.
»Ich habe Kinder immer gern gehabt«, antwortet Adrienne.
»Die Zeugnisse reden anders – dort heißt es, Sie seien faul gewesen. Und hätten sich eher für die Ärzte als für die Kinder interessiert.«
»Es ist umgekehrt, die Ärzte interessieren sich für die Schwestern ...«
Arthold lernte sie auf dem Höhepunkt seines Reichtums, im Frühjahr 1950, kennen. Er fragte sie, ob sie seine Freundin werden wolle. Adrienne lehnte ab. »Er hat mir als Mann auch rein äußerlich nicht konveniert«, sagt sie vor Gericht.
Als sie über den Tathergang befragt wird, bleibt sie bei der Version mit dem italienischen Morphiumhändler. (»Es war entsetzlich«, schildert sie weinend, worauf Richter Naumann zynisch entgegnet: »Was sollen diese Krokodilstränen? Die helfen Ihnen auch nichts mehr.«) Ihr selbstbezichtigendes Geständnis sei damals nur deswegen zustande gekommen, weil sie vermeiden habe wollen, dass man ihren Vater und einen Kinderarzt, mit dem sie befreundet war, in die Sache hineinziehen würde. Außerdem habe sie immer nur dann zu essen bekommen, wenn sie etwas gestanden habe. (Die Untersuchungsbeamten leugnen dies natürlich empört.) Erst als sie ihre Schwangerschaft bemerkt hat, habe sie sich entschlossen, die Wahrheit zu sagen und Bertini zu verraten, weil sie nicht wollte, dass ihr Kind einmal sagen müsste, seine Mutter sei eine Mörderin.
Jetzt will Dr. Hörmann seine Fragen stellen. »Ihnen, Herr Staatsanwalt, gebe ich keine Auskunft«, sagt Adrienne Eckhardt nur. »Mein Anwalt hat mir geraten, Ihre Fragen nicht zu beantworten.« Empörung im Gerichtssaal, wo die meisten Anwesenden fest von der Schuld der Angeklagten überzeugt sind. Dr. Stern springt auf und rechtfertigt seine Entscheidung: »Ich musste diesen Rat geben, da die Angeklagte nach einem längeren Verhör alles zugegeben hätte, was man sie gefragt hätte, auch wenn es unrichtig gewesen wäre.« Der Verteidiger erhält einen Verweis, da sein Rat die Wahrheitsfindung erschwert habe. Außerdem will das Gericht bei der Rechtsanwaltskammer eine Disziplinaranzeige erstatten – obwohl es durchaus gestattet ist, dass ein Angeklagter während des

ganzen Prozesses die Aussage verweigert und ein Verteidiger dazu auch raten darf.
Nun beginnen die Zeugenverhöre. Oskar Eckhardt entschlägt sich der Aussage. Katharina Arthold, die Frau des ermordeten Delikatessenhändlers, gibt an, dass ihr Mann immer wieder Frauenbekanntschaften gesucht habe, aber dennoch ein guter Familienvater gewesen sei. Sie hat sich dem Verfahren als Privatbeteiligte angeschlossen und verlangt die Rückerstattung der Begräbniskosten. Adrienne erkennt diese Forderung an. Die Schaffnerin des 38ers, die die Kriminalbeamten auf die Spur der Angeklagten gebracht hat, will schon damals geahnt haben, dass »die Frau etwas vorhatte«. Ein Bewohner des Hauses Neustiftgasse, in dem Adrienne Eckhardt wohnte, sagt aus, die junge Frau einmal im Stiegenhaus in Begleitung eines Mannes mit Dufflecoat gesehen zu haben. »Das kann der Bertini gewesen sein ...«, meint Adrienne unsicher.

24. März: Der zweite Verhandlungstag steht ganz unter dem Zeichen Bertinis. Die Verteidigung versucht verzweifelt, Zeugen aufzubringen, die den mysteriösen Italiener gesehen oder wenigstens seinen Namen gehört haben. Einige Kellner des Café Carlton haben vor dem Untersuchungsrichter angegeben, dass ein Mann dieses Namens mehrmals am Telefon verlangt worden sei. Vor Gericht können sie sich nicht mehr daran erinnern. Dr. Stern wirft ihnen vor, vom Geschäftsleiter des »Carlton« unter Druck gesetzt worden zu sein, der nicht wolle, dass sein Lokal mit einer Mordaffäre in Verbindung gebracht würde.
Der Gerichtsmediziner Dr. Schwarzacher hat den Schädel des Ermordeten und die Mordwaffe mitgebracht und trägt sein Gutachten vor. Demnach ist jede der 40 Verletzungen am Kopf Artholds nachweislich durch die Fleischmaschine hervorgerufen worden, an der jedoch (ebenso wie an den vorgefundenen Messern) keinerlei Blutspuren festgestellt werden konnten.
Der Gerichtspsychiater, Universitätsprofessor Dr. Erwin Stransky, charakterisiert die Angeklagte: Sie sei geistig normal, aber leichtfertig, genusssüchtig, ungleichmäßig und oberflächlich. Außerdem sei sie von einer weit über das normale Maß hinausgehenden Lügenhaftigkeit.
Nun erhebt sich Dr. Stern und sagt, er habe auf Grund der gestrigen Vorfälle schon die Verteidigung niederlegen wollen, aber nach Rücksprache mit dem Vorsitzenden Abstand davon genommen. Er erklärt, dass er auf eigene Faust Privatdetektive beauftragt habe, die in den letzten Wochen erhoben hätten, dass mehrere Personen existieren, die Bertini gekannt haben. Nach einer kurzen Unterbrechung wird eine dieser Perso-

nen, die 53-jährige Wirtin Franziska Rohrleitner aus Weidlingbach, als Zeugin vorgeführt.
Sie erzählt, dass sie sich im Frühsommer 1952 im Café Museum mit einem Fuhrwerker getroffen hätte. Zwei Bekannte des Mannes – der von der Polizei gesuchte Wilhelm Czech und ein Herr, der mit »Servus, Bertini!« begrüßt wurde – seien auch erschienen. Letzterer – ein etwa 40-jähriger, kleiner, brünetter Mann – habe ein paar Fläschchen mit durchsichtiger Flüssigkeit aus der Tasche gezogen. »Mit Zigaretten geht es nicht mehr, so probieren wir's mit etwas anderem«, habe einer der Anwesenden gesagt.
Dr. Hörmann fragt die Zeugin nun, warum sie damit nicht zur Polizei, sondern erst jetzt zu Dr. Stern gegangen sei. Der Verteidiger wirft dem Ankläger vor, ihm unterstellen zu wollen, er hätte die Zeugin präpariert – und Frau Rohrleitner erregt Heiterkeit im Gerichtssaal, als sie meint: »Hätte ich nur meinem Mann gefolgt, der hat mir verboten, vor Gericht auszusagen ...«

25. März: Am Vormittag des letzten Verhandlungstages dieses Sensationsprozesses tritt ein Mann in den Zeugenstand, der eine Wendung der Ereignisse herbeiführen könnte. Dipl.-Ing. Emmerich Waldeck wird aus dem Untersuchungsgefängnis (wo er wegen diverser Passvergehen sitzt) in den Gerichtssaal gebracht und behauptet, Bertini existiere wirklich, besitze auch einen Dufflecoat und habe der von den Russen unterstützten Benno-Blum-Bande angehört, die sich mit Menschenraub und Zigarettenschmuggel befasste. Der Zeuge erscheint dem Gericht jedoch zu wenig glaubwürdig, also werden alle auf seinen Angaben basierenden Beweisanträge der Verteidigung zur Ausforschung Bertinis als unerheblich abgelehnt.
Der Staatsanwalt vertritt in seinem mehr als dreistündigen Plädoyer die Ansicht, dass an der Schuld Adrienne Eckhardts nicht der geringste Zweifel bestehen könne. Er schließt seinen Vortrag mit den Worten: »Meine Damen und Herren auf der Geschwornenbank, Sie haben die Angeklagte weinen gesehen. Lassen Sie sich von diesen Tränen nicht täuschen. Denken Sie daran, wie diese Adrienne Eckhardt kaltblütig und grausam zu Werke ging. Wie sie nach dem Mord ungerührt die Taschen ihres Opfers durchsuchte, die Geldlade leerte, nach dem anderen Geld eifrig suchte, und als sie nichts fand, Lebensmittel zusammenraffte und alle Spuren zu verwischen suchte. Das ist Adrienne Eckhardt, wie sie wirklich ist. Das Leitmotiv des Lebens der Angeklagten war nackter Egoismus, Hang nach Luxus, Sucht nach Geld, ohne zu arbeiten. Ihre Lauf-

bahn ›stieg‹ von Diebstahl über Erpressung in einem diabolischen Crescendo bis zum Raubmord.

Meine Damen und Herren. Die Augen der ganzen Öffentlichkeit der Welt sind auf Sie gerichtet. Lassen Sie die Angeklagte dieses Verbrechen sühnen. Tilgen Sie aber auch die Schmach, welche Adrienne Eckhardt durch ihre Tat dem Begriff Frauentum zugefügt hat. Mit wilder Grausamkeit hat sie sich aus der menschlichen Gesellschaft gelöst. Es darf keine Rückkehr geben. Diese Hände werden nicht mehr rein.«

Dr. Sterns Plädoyer ist um einiges kürzer: Adrienne Eckhardt sei nicht die abgrundtief schlechte Person, als die sie hier dargestellt werde und habe sich nur der Mitwirkung an dem Mord – als Werkzeug Bertinis – schuldig gemacht: »Ich kann hier also nichts anderes tun, meine Damen und Herren vom Hohen Schwurgericht, als das Schicksal dieses Menschen – beinahe hätte ich schon gesagt, dieser zwei Menschen, wenn ich mich der Schwangerschaft der Angeklagten erinnere – in ihre Hände zu legen. Mögen Sie diesen Saal so sorgenfrei verlassen können, wie Sie ihn betreten haben. Vergessen Sie nicht, dass auch Sie einen höheren Richter haben, vor dem Sie sich für diesen Schuldspruch verantworten werden müssen. Ich erinnere Sie an die Bergpredigt: Richtet nicht, auf dass auch ihr nicht gerichtet werdet. Mit dem Maß, mit dem ihr messt, wird auch dereinst an euch gemessen werden.«

Die Geschworenen entscheiden nach zweistündiger Beratung gegen Adrienne (und ihr Kind) und sprechen sie einstimmig des meuchlerischen Raubmordes schuldig. Um 22 Uhr verliest Vorsitzender Dr. Naumann den Urteilsspruch: »Im Namen der Republik: Adrienne Eckhardt ist schuldig, in der Nacht vom 21. auf den 22. November 1952 den Kaufmann Johann Arthold in Raubabsicht getötet zu haben und wird zu lebenslangem, schwerem Kerker, verschärft durch hartes Lager in jedem Vierteljahr und mit einsamer Absperrung in dunkler Zelle an jedem Jahrestag der Tat verurteilt.«

Im Saal herrscht Totenstille. Niemand hat mit der Höchststrafe, die in den letzten Jahren nur mehr selten verhängt worden ist, gerechnet. Adrienne wird leichenblass und muss sich an der Anklagebank festhalten. In der Urteilsbegründung führt der Richter aus, dass die Höchststrafe verhängt werden musste, weil die Erschwerungsmomente (die Brutalität der Tat und die Beharrlichkeit des Leugnens) die Milderungsgründe (das jugendliche Alter der Angeklagten und ihre »psychopathische Minderwertigkeit«) bei weitem überwogen hätten.

Adrienne Eckhardt gibt nach Verlesung des Urteils keine Erklärung ab.

Ein Vertreter des mittlerweile nicht mehr im Gerichtssaal weilenden Anwalts erbittet drei Tage Bedenkzeit.

26. März: Dr. Stern legt in den frühen Morgenstunden Nichtigkeitsbeschwerde wegen Mangelhaftigkeit des Verfahrens (die Ablehnung der Bertini betreffenden Beweisanträge) und Berufung gegen das Strafausmaß ein.

2. Juli: Vor dem Obersten Gerichtshof wird über die Nichtigkeitsbeschwerde der Verteidigung verhandelt. »Diese Geschworenenverhandlung«, argumentiert Dr. Stern, »war ein Schulbeispiel für die Beschneidung der Rechte der Verteidigung. Man hat über ein 24-jähriges Mädchen den Stab gebrochen, ohne vorher jede Möglichkeit auszuschöpfen und ihre Verantwortung zu überprüfen.« Die Nichtigkeitsbeschwerde wird verworfen.

13. Juli: Der Berufung Dr. Sterns wird stattgegeben: Das Strafausmaß wird auf 20 Jahre schweren Kerker herabgesetzt. Begründung: das jugendliche Alter der Angeklagten, ihre Schwangerschaft (die eine Beeinflussung des Gemüts und Entschlusswesens bedingt), ihre bisherige relative Unbescholtenheit und eine gewisse Notlage.

9. August 1954: Dr. Michael Stern beantragt eine Wiederaufnahme des Verfahrens gegen Adrienne Eckhardt, da neue Beweise für die Existenz des mysteriösen Bertini entdeckt worden sein sollen.

26. November 1956: Die Zeitungen melden, dass Adrienne Eckhardt noch heuer den Wiener Baron von Nagy heiraten möchte, den sie durch Briefwechsel während ihrer Haft kennen gelernt hat. Der Mann wolle sie und ihre dreijährige Tochter Sissi, die sie während der Haft (in der steirischen Frauenstrafanstalt Maria Lankowitz) geboren hat und die jetzt bei den Großeltern in Wiener Neustadt lebt, nach ihrer Entlassung nach Addis Abeba in Abessinien mitnehmen, wo er als Bauingenieur arbeitet. Sie hat in den Jahren ihrer Einkerkerung immer wieder Liebesbriefe und Heiratsanträge aus aller Welt erhalten. Ihr Anwalt Dr. Stern will ein Gnadengesuch einreichen. Adrienne erklärt wieder, dass sie keine Mörderin sei.

19. Februar 1963: Die 20-jährige Elfriede Sauer, eine Tochter Johann Artholds, wird auf einer Wiese bei Spital am Semmering tot aufgefun-

den. Es stellt sich heraus, dass sie – nach mehreren misslungenen Selbstmordversuchen – in den Freitod gegangen ist, indem sie das Gift E 605 einnahm. Die »Presse« bezeichnet das Mädchen als »spätes Opfer Adrienne Eckhardts«.

11. Oktober 1966: Das Kreisgericht Wiener Neustadt und das Oberlandesgericht Wien lehnen ein Ansuchen Adrienne Eckhardts auf Erlassung des letzten Strafdrittels ab. Begründung: »Eine vorzeitige Entlassung nach einem so schweren Verbrechen könnte in der Öffentlichkeit kein Verständnis finden.«

7. Dezember 1967: Es wird bekannt, dass Adrienne Eckhardt vor einigen Wochen – im Rahmen der Weihnachtsamnestie – bedingt aus der Haft entlassen wurde. Die Zeitungen bringen seitenlange Fotoberichte, in denen der Fall noch einmal aufgerollt wird, geben bekannt, bei welcher Familie die »Bardame mit dem Engelsgesicht« aufgenommen wurde und dass ihr ein Krankenhaus zugesagt hat, sie eventuell als Hilfsschwester aufzunehmen. Der »Kronen Zeitung«-Kolumnist »Staberl« wendet sich gegen diese Sensationsberichterstattung: »Das Gesetz hat berechtigterweise der Eckhardt jene primären Rechte nicht verweigert, die bei uns und in anderen Kulturstaaten auch den Verurteilten nicht vorenthalten wird [*sic*]. Es war bereit, die schwere Sühne einer vierzehnjährigen Kerkerhaft unter der Bedingung künftiger Bewährung als genug sein zu lassen. Das Gesetz aber hat bei der Aufgabe versagt, der Haftentlassenen durch absolute Diskretion die Eingliederung in die Gesellschaft leicht zu machen.
Ich bin ansonsten der letzte, der dem gern geübten österreichischen Brauch des Vertuschens das Wort redet. Die Haftentlassung der Adrienne Eckhardt aber hätte vertuscht gehört.«
Dem Krankenhaus ist die Publicity jedenfalls zuviel. Die Anstellung der Eckhardt wird abgelehnt.

Adrienne Eckhardt soll seither unter falschem Namen in Oberösterreich leben. Mehr ist über ihr Schicksal – und das, was sich in der Mordnacht abgespielt hat – nicht bekannt.

Folie a deux

Der Fall Christine und Léa Papin

Für Maître Lancelin aus Le Mans war es – zunächst – ein Abend wie viele andere, als er am Abend des 2. Februar 1933 aus seinem Büro nach Hause ging. Seine Familie würde bestimmt schon auf ihn warten. Im Haushalt wohnten neben Lancelins Frau und Tochter auch zwei Mädchen namens Léa und Christine Papin, die seit sechs Jahren als Köchin beziehungsweise Zimmermädchen bei der Familie arbeiteten. Viel wusste man nicht von den beiden, da mit Dienstboten ja auf keinen Fall mehr gesprochen wurde als unbedingt notwendig, vor allem nichts Privates. Man beschränkte sich darauf, ihnen Anweisungen zu geben, die in diesem Fall musterhaft und zur allgemeinen Zufriedenheit erledigt wurden. Nachbarn und Gäste beneideten die Lancelins um ihre beiden »Perlen«. Sicher, etwas eigenartig waren sie schon, aber das lag vielleicht daran, dass sie im Kloster erzogen worden waren.

Die Mädchen kleideten sich ähnlich und steckten so gut wie immer zusammen, als wären sie Zwillinge, was aber nicht zutraf. Léa, die jüngere, war 21, Christine 28 Jahre alt. Sie gingen nur äußerst selten aus und verbrachten sogar ihre freien Tage lieber zusammen im Zimmer – Gott weiß, was sie da taten. Keinesfalls benahmen sich die Schwestern wie andere Mädchen ihres Alters. Sie hatten weder Freundinnen, mit denen sie sich zum Tratschen trafen, und auch keine Freunde, was für ihre Arbeitgeber noch angenehmer war. Auf diese Art schlichen keine Verehrer ums Haus und man musste keine Angst haben, plötzlich des Nachts irgendeinem männlichen Wesen gegenüberzustehen, das sich gerade aus dem Mädchenzimmer davonstahl.

Maître Lancelins Frau, die einiges auf Moral hielt, hätte derartige Zustände jedenfalls schon ihrer Tochter wegen nicht zugelassen. Sie war ohnehin sehr streng mit den beiden, vielleicht sogar etwas zu streng, doch der Herr des Hauses hielt sich da heraus, auch wenn er das Verhalten seiner Frau, dem sich die Tochter anschloss, eigentlich nicht billigte. Andererseits konnte er ihr natürlich auch nicht in den Rücken fallen und schließlich war es besser, sie reagierte sich an den Dienstboten ab als an ihm.

Lancelin bog in die Straße zu seinem Haus ein. Er fand es merkwürdig, dass das Gebäude völlig dunkel war. In den Fenstern brannte kein Licht und auch die Laterne vor dem Tor war finster. Er steckte den Schlüssel ins Schloss und öffnete die Tür. Es konnte doch gar nicht sein, dass niemand zu Hause war. Seine Frau hatte zwar vorgehabt, mit der Tochter Einkäufe in der Stadt zu machen, doch die beiden wollten bereits am späteren Nachmittag wieder zurück sein. Auch die zwei Dienstmädchen hatten heute nicht ihren freien Tag. Lancelin rief nach Frau und Tochter, bekam aber keine Antwort. Vielleicht waren sie weggegangen, weil der Lichtschalter im Vorraum nicht funktionierte. Er suchte in den Taschen nach einem Streichholz und im Schein der kleinen Flamme war ihm, als sähe er zwei dunkle Umrisse auf dem Boden. Er musste unbedingt die Kerze anzünden, die immer am Fensterbrett stand.

Was er dann sah, würde er für den Rest seines Leben nicht mehr vergessen. Seine Frau und seine Tochter lagen nackt vor ihm, beide auf dem Rücken und in einer riesigen Blutlache. Die Mutter hatte schwere, tiefe Wunden in den Oberschenkeln, am Bauch und an den Geschlechtsteilen, die Tochter war mit Blut beschmiert. Das Fürchterlichste aber waren ihre Gesichter – der Täter hatte beide verstümmelt und ihnen die Augen aus den Höhlen gerissen.

Vor Panik und Verzweiflung schreiend, rannte Lancelin die Treppe hinauf, um nach den zwei Dienstmädchen zu sehen. Die Tür zu ihrem Zimmer war nur angelehnt. Léa und Christine lagen, bekleidet und eng umschlungen, auf dem Bett. Auf dem Nachttisch neben ihnen stand eine brennende Kerze. Die jungen Frauen blickten ihrem Arbeitgeber mit völlig ausdruckslosen, leeren Gesichtern entgegen. Auch die sofort alarmierte Polizei stand der bestialischen Schlächterei, die mit fürchterlicher Kraft und Wut begangen sein musste, erschüttert und ratlos gegenüber – vor allem, weil die Schwestern Papin sich sofort und völlig emotionslos zu der Tat bekannt hatten.

Gab es einen Grund für diese fürchterliche Bluttat?
Es war allgemein bekannt, dass die Familie ihre Hausangestellten schlecht behandelt hatte. Doch Léa und Christine hatten jahrelang alle Anfechtungen widerspruchslos ertragen und ihre Arbeit trotzdem stets vorbildlich und musterhaft erledigt. Mit der Herrschaft sprachen sie, wie sich das für Dienstboten gehörte, nur das Notwendigste. Die betreffende Zeile aus dem Polizeiprotokoll, überliefert von Jacques Lacan, wurde später berühmt: »Die eine Gruppe sprach nie mit der anderen. Doch dieses Schweigen war nicht leer, sondern hatte eine tiefere Bedeutung – auch wenn sich diese den Betroffenen nicht erschloss.«
Auch an diesem Abend hatte es wieder heftige Vorwürfe von Seiten der Herrschaft gegeben. Im ganzen Haus war nachmittags wegen eines Kurzschlusses der Strom ausgefallen und als Frau Lancelin und ihre Tochter vom Einkaufen zurückkamen, hatten sie den beiden Mädchen die Schuld an der Misere gegeben. Der genaue Hergang des Streits blieb unklar, da Christine und Léa später abweichende Angaben darüber machten.
Jedenfalls hatten sich die beiden plötzlich auf ihre Dienstgeberinnen gestürzt, ihnen die Kleider vom Leib gerissen und die Augäpfel ausgedrückt. Dann hatten sie mit Haushaltsgeräten, die gerade zur Hand waren, auf sie eingeschlagen, sie mit Zinnkrügen, einem Hammer und einem Plätteisen malträtiert, mit einem Küchenmesser die Geschlechtsteile der Mutter aufgeschlitzt, ihr am Bauch und am Gesäß tiefe Schnittwunden beigebracht und mit dem herausströmenden Blut die Tochter beschmiert. »En voila du propre« – eine Redewendung, die auf Deutsch etwa »saubere Arbeit« bedeutet – das war alles, was Christine nach Beendigung der grausamen Tat zu Léa sagte; das zweite geflügelte Wort dieses Falles. Dann säuberten die Mädchen sorgfältig die Tatwerkzeuge, wuschen sich, zogen sich um und legten sich ins Bett, um auf den Hausherrn zu warten. Die Leichen hatten sie im Vorzimmer liegen lassen.

Eine Erklärung für ihre Tat konnten die Schwestern nicht geben; sie waren vor Gericht nur darauf bedacht, die Schuld an dem Verbrechen zu gleichen Teilen auf sich zu nehmen. Auch die Kriminalisten und Psychiater, die das Gericht bestellte, fanden keine rechte Begründung für diese »Folie a deux«. Konnten zwei Menschen zugleich plötzlich von einer derart wahnsinnigen Wut überfallen werden? Waren die Schwestern zurechnungsfähig oder geisteskrank?

Ihre Lebensgeschichte gab kaum Anhaltspunkte. Gewiss, sie waren stets seltsam, zurückgezogen und – wahrscheinlich auf lesbisch-inzestuöse Art – aufeinander fixiert gewesen. Einmal sollen sie versucht haben, beim Bürgermeister mit einigermaßen wirren Argumenten die Großjährigkeit für die jüngere Léa zu erreichen. Dem Sekretär des Amtes kamen sie damals eindeutig »übergeschnappt« vor. Ihre Erziehung im Kloster war ganz sicher nicht ideal gewesen und auch die familiären Verhältnisse in ihrem Elternhaus hatten wahrscheinlich zu wünschen übrig gelassen, doch darüber wurden kaum Erhebungen angestellt. Der Vater soll schwerer Alkoholiker gewesen sein und Frau und Kinder geschlagen, die Töchter auch missbraucht haben. Aber das alles war nur Hörensagen, zu dem sich die Schwestern nicht äußerten.
Bei Christine allerdings zeigten sich nach fünf Monaten im Gefängnis, die sie getrennt von Léa zubringen musste, doch deutliche Zeichen einer Geisteskrankheit. Sie wurde von schrecklichen Halluzinationen und heftigen Erregungszuständen gequält. Sie versuchte sich die Augen auszureißen wie ihren Opfern, hatte aber damit keinen Erfolg. Zudem glaubte sie, den Ermordeten wieder gegenübertreten zu müssen, erkundigte sich nach deren Befinden und war sich sicher, in einem früheren Leben der Ehemann ihrer Schwester Léa gewesen zu sein. Aus diesen agitierten Zuständen, die immer wieder auch mit erotischen Phantasien und exhibitionistischen Akten verbunden waren, fiel sie in tiefe Melancholie, verweigerte die Nahrung und versuchte, seltsame Sühnehandlungen auf sich zu nehmen. Nur ein einziger der Gutachter, der Gerichtsarzt Dr. Logril, plädierte auf Unzurechnungsfähigkeit, doch das Gericht entschied auf Straffähigkeit.
Beide Schwestern wurden am 30. September 1933 schuldig gesprochen. Léa wurde zu zehn Jahren Haft verurteilt, ihre Schwester zum Tod durch die Guillotine. Als Christine erfuhr, dass das Todesurteil am Hauptplatz von Le Mans vollstreckt werden sollte, kniete sie nieder, wie einst Jeanne d'Arc.
Der Fall hatte natürlich, auch wegen seiner erschreckenden Unerklärbarkeit, entsprechendes Aufsehen im Publikum erregt. In der psychiatrischen Fachliteratur wurde heftig über die Schuldfähigkeit der beiden Schwestern diskutiert. Einen bekannten Aufsatz dazu verfasste der Psychoanalytiker Jacques Lacan, für den sich auch die Surrealisten interessierten; er wurde später in Salvador Dalis »Gesammelte Werke« aufgenommen.

Valium und Spitzenhäubchen

Der Fall Dorothea Puente

Das Haus mit der Nummer 1426 in der F Street im viktorianischen Teil der Altstadt von Sacramento war sicher eines der hübschesten Gebäude der Straße, wenn nicht des ganzen Viertels. Es stand auf einem nach hinten abfallenden Grundstück, etwas zurückgesetzt vom Bürgersteig. Eine breite Freitreppe führte zu einer kleinen Veranda, von der man in die Beletage des ersten Stockwerks kam. Die Außenwände waren hellblau, die Fensterrahmen weiß gestrichen. Der kleine Vorplatz und der große Garten hinter dem Haus waren bestens gepflegt und voll mit Blumen und Ziersträuchern.

Dieses Schmuckstück war Dorothea Puentes Fremdenpension, weithin bekannt als gemütliche und dennoch kostengünstige Herberge. Am liebsten hatte die Pensionswirtin aber Dauergäste – und sie scheute auch keineswegs davor zurück, Mieter aufzunehmen, die ihr von der Wohlfahrt zugewiesen wurden: alte, oft kranke, immer aber schwierige Menschen, die niemanden mehr hatten, der sich um sie sorgte, und die von den Schecks der Fürsorge leben mussten. Gerade um sie kümmerte sich die Witwe Puente besonders rührend und beispielhaft.

Schon in aller Herrgottsfrühe putzte sie im Haus, bereitete dann ein reichhaltiges, im Pensionspreis inbegriffenes Frühstück aus Speck, Rühreiern und Ahornsirup-Pfannkuchen, brachte anschließend die Zimmer in Ordnung und arbeitete bis Mittag im Garten. Die Pension war einfach, aber sehr ordentlich eingerichtet und mit jeder Menge mexikanischer Nippes ausgestattet. Jedes Zimmer hatte Fernsehen und die Bettwäsche wurde einmal pro Woche gewechselt. Die meisten Gäste, die oft direkt von der Straße kamen, hatten seit Jahren nicht mehr in einer so gepflegten Umgebung gelebt. Dorothea Puente nahm sich auch im täglichen Leben fürsorglich ihrer Schutzbefohlenen an, verteilte Medikamente und überwachte deren Einnahme, besorgte die entsprechenden Rezepte vom Arzt, erledigte den oft komplizierten Verkehr mit den Ämtern und trug die Sozialhilfeschecks ihrer Mieter auf die Bank. Die kleine, zierliche Frau mit den schönen weißen Haaren, die wie die gute Oma aus der Kekswerbung aussah, steckte voll Energie und Fürsorglichkeit, sodass man ihr ihre beinahe 70 Lebensjahre nicht anmerkte.

Für die Sozialarbeiterin Judy Moise war es daher ein besonderer Glücksfall, als es ihr im Februar 1988 gelang, ihren Schützling Bert Montoya bei Dorothea unterzubringen. Bert war ein besonders schwieriger Fall. Er hatte weder Papiere noch Angehörige, aber dafür schwere psychische Probleme. Wahrscheinlich war er schizophren; er hörte permanent Stimmen böser Geister, mit denen er in der Öffentlichkeit laut stritt. Seit Jahren war er ohne Einkünfte und hatte von spärlichen Gelegenheitsarbeiten und Almosen auf der Straße und in Notunterkünften gelebt.

Witwe Puente nahm ihn mit der gewohnten Zielstrebigkeit unter ihre Fittiche und konnte bald einen sichtbaren Erfolg erzielen. Binnen kürzester Zeit war Bert wie verwandelt. Er schien sauber gewaschen und ordentlich angezogen, um Jahre verjüngt und nahm – wohl dank der Medikamente, die er jetzt regelmäßig bekam – mehr an seiner Umwelt teil. Mit seinen Geistern, deren Stimmen offenbar leiser geworden waren, führte er kaum noch Diskussionen.

Manchen von Berts alten Freunden aus dem Obdachlosenheim schien Frau Puentes Fürsorge allzu intensiv; sie hatten das Gefühl, als wollte die Pensionswirtin Bert besonders stark an sich binden. Demnächst, so erzählte sie im Viertel, würde der 52-Jährige sogar einen Ausflug in seine Heimat Costa Rica oder zu Verwandten nach Mexiko unternehmen. Den beiden Krankenschwestern, die ihn wegen seiner offenen Tuberkulose behandelten und einmal wöchentlich besuchten, kam dies seltsam vor, ebenso wie Judy Moise. Sie wussten genau, dass Bert wegen seiner Geisteskrankheit niemals zu solchen Reisen in der Lage sein würde. Als sie sich telefonisch bei Dorothea erkundigten, wurden sie barsch abgefertigt – eigenartig, wo die Frau doch ansonsten die Freundlichkeit und Fürsorglichkeit in Person gewesen war.

Die drei Frauen waren wegen dieser Diskrepanz misstrauisch geworden und erkundigten sich genauer nach der Pensionswirtin. Sie bekamen kaum erfreuliche, allerdings auch wenig konkrete Hinweise. Wahrscheinlich war die Hauswirtin identisch mit einer gewissen Dorothea Johanson, die vor zehn Jahren, nur wenige Häuser von ihrem jetzigen Domizil entfernt, schon einmal eine Pension für alte Menschen betrieben hatte, diese aber wegen einiger Unregelmäßigkeiten hatte aufgeben müssen. Sie soll Schecks der Wohlfahrtsbehörde unterschlagen, Unterschriften ihrer Gäste gefälscht und möglicherweise noch Schlimmeres getan haben, was aber – angeblich mangels direkter Beweise – von den Behörden nicht verfolgt worden war. Einer alten Dame, die ihr zur Pflege anvertraut worden war und die sie besonders bevorzugt betreut hatte, hatte sie mexikanische Spezialitäten ins Spital gebracht, wo man ja bekanntlich nichts Gescheites zu essen bekommt. Die Hausfrauenkost zeigte jedoch üble Wirkung: Der Dame wurde schlecht und sie starb eines unvermutet raschen Todes, kaum dass sie wieder in die häusliche Pflege ihrer Wirtin entlassen worden war. Ihr Schmuck und ihr Bargeld waren verschwunden gewesen, doch die Anzeige der Angehörigen hatte zu nichts geführt.

Wegen der Unterschlagungen war Frau Johanson 1982 zu einer kurzen Gefängnisstrafe verurteilt worden. Als sie nach ihrer Haftentlassung jedoch wieder in ihr altes Gewerbe zurückkehrte, legte ihr niemand Hindernisse in den Weg. Woher sie das notwendige Kapital dazu hatte, interessierte auch keinen Menschen. Die Fürsorge freute sich anscheinend so sehr darüber, einen Platz für ihre oft problematischen Schützlinge zu haben, dass man das Schicksal nicht durch allzu intensive Überprüfungen herausfordern wollte. Diese Sorglosigkeit sollte fatale Folgen nach sich ziehen.

Die Nachbarn in der F Street fanden die Zustände in der Pension schon bald nach deren Eröffnung nicht mehr so erfreulich. Im Sommer 1988 roch es wochenlang entsetzlich. Der Abfluss sei schuld, sagte Frau Puente, aber ihrem Nachbarn Bill McIntyre, dessen Grundstück direkt an Nr. 1426 grenzte, kam der Geruch unangenehm bekannt vor. Er hatte ihn auf den Schlachtfeldern Vietnams kennen lernen müssen.

Lästig waren auch die massiven Erdarbeiten, die Frau Puente – meist in den frühen Morgenstunden – im Garten durchführen ließ. Da sie beste Beziehungen zum Sozialamt hatte, engagierte sie für diese Tätigkeiten Strafgefangene, die kurz vor der Entlassung standen. Sie kochte den Arbeitern gutes mexikanisches Essen und ließ sie dafür riesige Löcher graben. Meist dauerte es aber nur kurze Zeit, oft nicht mehr als einen Tag,

bis diese Löcher wieder eingeebnet und mit frischen Sträuchern oder hübschen Blumen neu bepflanzt waren.
Mit großer Aufmerksamkeit hatten die Nachbarn auch registriert, dass Frau Puente immer wieder nachmittags, nach der Gartenarbeit, fein gekleidet und schön frisiert in ein Taxi stieg und Richtung Innenstadt fuhr. Von dort kam sie, wieder im Taxi, am frühen Abend zurück, um das Essen für die Pensionsgäste vorzubereiten. Was sie in der Stadt machte, wusste man nicht. Niemand ahnte, wie sich die biedere alte Oma außerhalb ihrer Alltagstätigkeit in eine lustige Witwe verwandelte, die gern in Bars saß und Tequila trank, mit Männern flirtete und wegen ihrer abenteuerlichen Geschichten – so erzählte sie zum Beispiel, mit Lauren Bacall gefilmt und mit Humphrey Bogart geschlafen zu haben – sowie ihrer hohen Trinkgelder allgemein bekannt und beliebt war.
Zufällig erfuhren die Krankenschwestern und Judy Moise wenige Wochen später, dass Bert wider Erwarten tatsächlich abgereist war. Sie waren voller Sorge, weil sie wussten, dass der Mann sich ohne Begleitung und in ungewohnter Umgebung unmöglich zurechtfinden konnte. Also beschlossen sie, regelmäßig nach ihm zu fragen. Seine Wirtin gab am Telefon aber stets ausweichende und voneinander abweichende Antworten. Zuerst behauptete sie, Bert sei nach Mexiko gefahren; es gehe ihm gut und er lasse grüßen. Als er nach 14 Tagen noch immer nicht zurück war – Sozialhilfeempfänger dürfen nicht länger im Ausland bleiben, wenn sie den Anspruch auf ihre Unterstützung nicht verlieren wollen –, erzählte Dorothea, Berts Schwager sei gekommen und hätte ihn nach Utah mitgenommen. Doch Bert hatte nie von einem Schwager oder von einer Schwester gesprochen. Als die drei Damen insistierten, meldete sich der vorgebliche Schwager bei Judy Moise, aber der Anruf war sicher falsch. Der Mann am Telefon kannte seinen eigenen Namen nicht, versprach sich immer wieder und unterbrach die Verbindung, als er nach dem Ort in Utah gefragt wurde, an dem er und Bert sich angeblich aufhielten.
Jetzt reichte es der Sozialarbeiterin und sie ging zur Polizei. Die Tatsache, dass Bert verschwunden war und seine plötzliche Abwesenheit durch offensichtlich falsche Spuren verschleiert werden sollte, hatte ihren Verdacht, in der Pension Puente gehe es nicht mit rechten Dingen zu, mehr als bestätigt. Der Officer im zuständigen Polizeirevier nahm die Vermisstenmeldung nur widerwillig auf; schließlich hatte die Polizei Besseres zu tun, als nach einem geisteskranken Ex-Obdachlosen zu suchen. Dennoch wurde ein Beamter mit den Ermittlungen beauftragt.
Dorothea Puente empfing Sergeant Ewing mit besonderer Liebenswür-

digkeit und bestätigte Berts Abreise nach Utah. Ihr ehemaliger Gast sei davor noch kurze Zeit hier gewesen, um seine Sachen abzuholen. Die Sozialarbeiterin würde doch nur überreagieren, meinte sie. Als Zeugen führte sie Mr. John Sharp vor, einen Pensionsgast, der bestätigte, Bert gesehen zu haben. Der Polizist gab sich mit diesen Informationen zufrieden und verabschiedete sich. Bei seiner Rückkehr ins Büro entdeckte er einen Zettel in der Jackentasche seiner Uniform, auf dem mit Bleistift geschrieben stand: »Sie hat mich gezwungen, Sie anzulügen. Ich habe Bert Montoya nicht gesehen. J. Sharp.« Das Stück Papier musste ihm in der Pension heimlich zugesteckt worden sein.
Die Behörde war alles andere als erfreut darüber, belogen zu werden. Mr. Sharp wurde zur Befragung vorgeladen und konnte diesmal ohne Überwachung durch seine Hauswirtin aussagen. Er berichtete, dass er Bert Montoya schon lange nicht mehr gesehen habe; das letzte Mal sei gut drei Wochen her gewesen. Und von einer Reise nach Costa Rica oder Mexiko sei ihm auch nichts bekannt, genau wie von einem Schwager und einer Übersiedlung nach Utah. Mrs. Puente hätte gedroht, ihn aus dem Haus zu werfen, wenn er die Wahrheit sagen würde. John Sharp erzählte außerdem von einem anderen Freund namens Benjamin Fink, der in der Pension gewohnt hatte und ebenso plötzlich verschwunden war. Nach Finks überraschendem Auszug habe es dann so unangenehm gerochen. Auch die großen Gruben im Garten, die sich über Nacht auf rätselhafte Weise wieder schlossen, seien ihm verdächtig vorgekommen.
Erst nach dieser Aussage beschloss die Polizei, endlich zu reagieren.

Am 11. November 1988 stattete eine Abordnung des Reviers, bestehend aus drei mit Schaufeln ausgerüsteten Beamten unter der Führung von Detective Cabrero, der Pension einen Überraschungsbesuch ab. Wieder empfing Frau Puente die Polizisten mit gewohnter Liebenswürdigkeit, führte die Beamten durch alle Zimmer und gestattete ihnen auch bereitwillig, ihre Wohn- und Büroräume zu durchsuchen und Unterlagen sowie Zahlungsanweisungen der Sozialhilfe zu beschlagnahmen. Sogar den Probegrabungen in ihrem geliebten Blumengärtlein stimmte sie zu. Die ersten drei Versuche blieben ohne besonderes Ergebnis und förderten nur Erde zutage, doch der vierte hatte Erfolg. Zunächst stießen die grabenden Polizisten auf eine weiße Schicht aus ungelöschtem Kalk, wie er zur Desinfektion und zur rascheren Zersetzung organischer Abfälle verwendet wird, darunter fand sich dann ein Tennisschuh, in dem ein Fußknochen steckte. Handelte es sich dabei um einen Überrest von Mr. Fink?

Da es bereits dunkel zu werden begann, mussten alle weiteren Aktivitäten auf den nächsten Tag verschoben werden – dafür plante man aber im großen Maßstab. Haus und Garten wurden abgesichert, Wachen aufgestellt und Verstärkung angefordert. Die Polizei brachte schweres Grabungsgerät, Anthropologen, Gerichtsmediziner und Botaniker mit. Frau Puente blieb immer noch freundlich und entgegenkommend, als am frühen Morgen Bagger ihren Garten in ein wüstes Grabungsfeld verwandelten. Sie ersuchte nur darum, ihr Frühstück in einem nahe gelegenen Motel einnehmen zu dürfen, da sie ja zu Hause jetzt nicht kochen könne. Niemand hatte etwas dagegen. Adrett gekleidet, in einem neuen roten Mantel mit farblich dazupassenden Schuhen und einer roten Tasche, verschwand sie.

Der strömende Regen an diesem Tag erleichterte die Arbeit nicht gerade. Der anwesende Botaniker gab auf Grund des Pflanzenwuchses gezielte Anweisungen, wo die Grabungen einsetzen sollten, und schon bald wurde man fündig. Unter der offensichtlich neu gepflasterten Terrasse entdeckte man die erste Leiche, unter dem gerade gesetzten Lindenbäumchen tauchte eine zweite auf und eine weitere lag unter einem Rosenstock. Bis am Nachmittag das gesamte Grundstück umgegraben war, hatte man sieben Leichen ans Tageslicht befördert. Alle waren nach demselben Schema der Erde übergeben worden: Arme und Beine eng an den Körper gebunden, dann in Tücher und anschließend noch in Plastikplanen eingeschlagen. Die Toten sahen aus wie ägyptische Mumien oder große Insektenpuppen.

Natürlich hatte die Polizeiaktion bereits am frühen Morgen zahllose Schaulustige angelockt. Die Anzahl der Neugierigen wurde noch größer, nachdem sich herumgesprochen hatte, wonach hier gesucht wurde. Fernsehwagen fuhren auf und berichteten live über den Fortgang der Grabungen. Der Polizeichef von Sacramento allerdings hatte keine leichte Aufgabe, als er vor laufenden Kameras erklären musste, warum man Frau Puente, die ja jetzt einigermaßen verdächtig war, ursächlich am Friedhof in ihrem Garten beteiligt zu sein, nicht verhaftet hatte. Natürlich war die nette alte Dame von ihrem Frühstücksausflug nicht zurückgekehrt. Das war peinlich, zumal die Polizei von Sacramento ohnehin keinen besonders guten Ruf hatte. »Willst du morden und unentdeckt bleiben, komm' nach Sacramento«, hieß es im Volksmund.

Die Plastiksäcke mit den Toten wurden in die Gerichtsmedizin gebracht. Den Experten standen nun umfangreiche und keineswegs einfache oder angenehme Arbeiten bevor. Jedes einzelne Fundstück musste sorgfältig ausgewickelt, Plastikbahnen, Tücher und Klebebänder sowie Spuren der umgebenden Erde aufbewahrt und nach Spuren untersucht werden. Sämtliche Körper befanden sich naturgemäß in mehr oder weniger fortgeschrittenen Stadien der Verwesung. Man wusste, dass es sich bei allen Toten um »Schattenmenschen« handelte, um Personen ohne Anhang, ohne Freunde und Verwandte. Sie waren ja bisher auch niemandem abgegangen …

Zur späteren Identifizierung – inwieweit eine solche überhaupt möglich sein würde, wusste niemand – erstellten die Pathologen eine Liste:

Leiche Nr. 1: weiblich, zwischen 60 und 70 Jahre alt. Von den Kleidungsstücken war eine Bluse noch in Teilen erhalten. Die Arme waren mit breiten Klebebändern an den Körper fixiert, die Beine mit Schnüren umwickelt. Sie trug abgetragene College-Schuhe. Ein Fuß war als erster Leichenteil gefunden worden.

Leiche Nr. 2: ebenfalls weiblich, etwas weniger verwest als Nr. 1. Die komplette Wäschegarnitur war erhalten, doch alle Hinweise und Marken waren entfernt worden. Die Frau hatte keine Zähne mehr; an ihrer Leber konnte Zirrhose im fortgeschrittenen Stadium diagnostiziert werden, also handelte es sich wahrscheinlich um eine Alkoholikerin.

Leiche Nr. 3: männlich, um die 50, über 1,70 Meter groß, auch ohne Gebiss, braune Haare, grauer Schnurrbart, am Unterarm und auf der rechten Schulter charakteristische Tätowierungen: eine Rose und ein Hakenkreuz.

Leiche Nr. 4: ebenfalls männlich, stärker verwest als Nr. 3, zwischen 50 und 60 Jahre alt und sehr klein, bestenfalls 1,55 Meter groß.

Leiche Nr. 5: fast völlig verwest, nur mehr als Skelett vorhanden. Männlich, Alter unbestimmt, aber sicher auch über 50.

Leiche Nr. 6: ebenfalls fast nur mehr Skelett, weiblich, über 50. Erhalten war nur die batteriegetriebene Armbanduhr, die erstaunlicherweise noch die richtige Zeit anzeigte.

Leiche Nr. 7: weiblich, in ein hellblaues Nachthemd gekleidet, aber nur mehr ein Torso. Kopf, Beine und Arme fehlten; sie waren brutal und ohne Sachkenntnis abgetrennt worden und wurden im Garten nicht gefunden.

Im Büro der Pension waren die Liste der Gäste und der von der Wohlfahrt hierher überwiesenen Personen sichergestellt worden. Damit konnte zum einen nachgewiesen werden, dass Dorothea Puente von den Sozialhilfeempfängern lange nach deren Verschwinden und möglichem Begräbnis im Garten mit gefälschten Unterschriften die Sozialrenten bezogen hatte; zum anderen würden sie hoffentlich Hinweise zur Identifizierung der Toten geben können. Die Namen der Vermissten wurden in der Presse veröffentlicht, da man hoffte, dass sich vielleicht doch noch Angehörige melden würden.

Als erster wurde Ben Fink – Leiche Nr. 3 – identifiziert; Mr. Sharp erkannte das Opfer an seinen Tätowierungen. Leiche Nr. 4 war Bert Montoya, der die Untersuchung ja erst ins Rollen gebracht hatte. Er war nie bis nach Mexiko oder Utah gekommen, sondern nur hinters Haus. Von vier Toten konnten Fingerabdrücke abgenommen werden. Der Vergleich mit der Kartei der Sozialversicherung führte zu vier weiteren Namen: Bei Leiche Nr. 6 handelte es sich um Dorothy Miller, bei Nr. 1 um Elisabeth Palmer, Nr. 2 war Vera Faye Martin und Nr. 5 der bei seinem Tod 63 Jahre alte James Gallop, der sich nach einer schweren Kopfoperation zur Erholung in die Obsorge von Frau Puente begeben hatte. Nur Nr. 7, die Leiche ohne Kopf und Gliedmaßen, blieb vorerst unbekannt.

Die für die Polizei wichtigsten Nachweise waren den Pathologen jedoch nicht gelungen. An keiner der Leichen konnten sichere Indizien für einen gewaltsamen Tod gefunden werden. Wenn die Toten Mordopfer waren, was an sich außer Zweifel stand, so konnte die Tötung nur auf eine Art geschehen sein, die nicht mehr nachweisbar war, wenn die Opfer schon längere Zeit unter der Erde lagen und Gewebsteile infolge der Verwesung nicht mehr untersucht werden konnten: Sie mussten erstickt worden sein.

Da sich Erwachsene aber – im Gegensatz zu Kleinkindern – nicht leicht ersticken lassen, wenn sie bei Bewusstsein sind, musste man sie vorher betäubt haben. Möglicherweise konnten die dazu notwendigen Chemikalien noch im Gewebe nachgewiesen werden. Proben wurden an die Gerichtschemie des FBI geschickt, die bekanntermaßen die notwendigen Geräte und erfahrensten Mitarbeiter hat.

Fest stand jedenfalls, dass der Bestatter oder die Bestatterin immer dieselbe Person gewesen sein musste. Die Entsorgung der Opfer war auf eine charakteristische und in allen Fällen identische Weise geschehen. Leider ließen die dafür verwendeten Materialien keine weiteren Schlüsse zu. Klebebänder, Schnüre und Plastikplanen waren Dutzendware ohne be-

Dorothea Puente: Pension mit Gartenbenützung

sondere Merkmale und in jedem einschlägigen Laden erhältlich. Immerhin führten die charakteristische Bestattungsmethode und die Veröffentlichung der Namenslisten zur Identifizierung eines weiteren Toten, der allerdings weit außerhalb des Gartens gefunden und bisher unbekannt geblieben war.

Am Morgen des 1. Januar 1986 hatten Fischer am Ufer des Sacramento River, einige Kilometer unterhalb der Stadt, eine Kiste geborgen, in der die Leiche eines älteren Mannes steckte, die auf dieselbe Art verschnürt und verpackt war wie die Toten im Garten der Pension. Der Tote hieß Everson Gillmouth, war Rentner und zum Zeitpunkt seines Todes 65 Jahre alt gewesen. Im Sommer 1985 war er aus dem Norden der Vereinigten Staaten mit Sack und Pack zu Frau Puente übersiedelt. Er wollte sie heiraten und mit ihr in den Süden ziehen. Doch seit August desselben Jahres hatte seine Tochter, die sich auf Grund der Zeitungsberichte gemeldet hatte, nichts mehr von ihm persönlich gehört. Nur einige Karten, geschrieben von seiner angeblichen Braut, waren gekommen. Sie trugen die offensichtlich gefälschte Unterschrift des Vaters, und die letzte war mit März 1986 datiert gewesen – drei Monate, nachdem die Leiche des Mannes in der Kiste am Fluss entdeckt worden war. Bei Bert Mon-

toya war ein ähnlicher Versuch unternommen worden, falsche Spuren zu legen.
Mr. Gillmouths Leiche war wegen der kalten Temperaturen um Neujahr vom Verfallsprozess noch kaum betroffen gewesen. Mit Hilfe der archivierten Gewebeproben hoffte die Kriminalpolizei Rückschlüsse auf den Tathergang und die verwendeten Betäubungsmittel ziehen zu können. Spuren einer gewaltsamen Tötung waren zwar auch in diesem Fall nicht nachgewiesen worden, doch die Polizei hatte damals auch angenommen, dass sich pietätvolle Angehörige des Verstorbenen auf diese Weise entledigt hätten, um sowohl die Begräbniskosten zu sparen als auch die Rente weiter beziehen zu können. Und diese Vermutung war, wie sich jetzt gezeigt hatte, ja auch nicht ganz falsch gewesen.
Die Berichterstattung in den Medien hatte auch jene Familie alarmiert, die ihre Großmutter 1985 der Obsorge Mrs. Puentes übergeben hatte und der die mexikanische Hausmannskost der Pensionswirtin so übel bekommen war. Ruth Monroe, die als besonders lebenslustig und fröhlich bekannt war, war angeblich an Altersschwäche gestorben. Diese Diagnose des Leichenbeschauers war höchstwahrscheinlich falsch gewesen, konnte aber auch nicht mehr revidiert werden, da Monroes sterbliche Überreste auf Betreiben Dorothea Puentes in aller Eile eingeäschert worden waren.

Die Gerichtschemiker des FBI arbeiteten noch an den Gewebeproben, als am Donnerstag, den 17. November 1988, ein älterer Herr in seiner Stammkneipe, dem »Monte Carlo« in der 3rd Avenue in Los Angeles, saß. Es handelte sich um den pensionierten Schuhmachermeister Charles Willgues, der keineswegs unangenehm berührt war, als sich eine ebenfalls nicht mehr ganz junge, aber sehr elegant in rot gekleidete Dame neben ihn an den Tresen setzte, Tequila bestellte und ein munteres Gespräch begann.
Die Lady erzählte Willgues, dass sie vor kurzem aus dem Norden angereist sei. Dort habe sie eine Erbschaft gemacht und danach ihr Haus verkauft; jetzt suche sie eine neue Wohnung hier im Süden Kaliforniens. Als sie nach zwei weiteren Tequilas unverhohlene Anstalten machte, auf der Stelle bei ihrem Gesprächspartner einziehen zu wollen, wurde diesem die Sache doch etwas zu anstrengend. Er erfand eine Ausrede, verabredete sich für den kommenden Tag und setzte die rote Dame in ein Taxi,

damit sie zurück ins Royal Viking – das Motel, in dem sie abgestiegen war – fahren konnte. Dann ging er allein nach Hause und setzte sich vor den Fernseher.
Als er in einer Nachrichtensendung, die über die Mordserie berichtete, seine neue Bekannte entdeckte, wurde er doch etwas stutzig. Er rief zuerst den Sender an und verständigte gleich anschließend die Polizei. Um 22.20 Uhr wurde Mrs. Puente zur großen Erleichterung der Behörden in Sacramento in ihrem Hotelzimmer verhaftet. Das Fernsehen übertrug die Amtshandlung live. Willgues kam groß ins Bild und freute sich über die ansehnliche Prämie, die für Hinweise zur Ergreifung der Flüchtigen ausgesetzt war. Aus der Sache ergab sich auch noch ein angenehmer Nebeneffekt für ihn: Nach dem Fernsehbericht holten ihn seine Kinder wieder zu sich (zu behaupten, dies sei wegen der hohen Belohnung geschehen, wäre wohl eine Unterstellung), und er durfte sein Untermietzimmer in L. A. gegen ein Einfamilienhaus mit Familienanschluss in Oregon tauschen.
In der Untersuchungshaft war Dorothea Montalvo Puente – ohne ihren roten Mantel – wieder die gute alte Oma mit dem sorgfältig frisierten weißen Haar und der dezenten Bluse mit Spitzenkragen. Sie bestritt ganz entschieden, etwas mit den unnatürlichen Todesfällen ihrer Pensionäre und Pensionärinnen zu tun gehabt zu haben. Nichts als Liebe und Zuneigung hätte sie für die alten Leutchen empfunden und sie alle seien einfach so gestorben, auf ganz natürliche Weise, da sie eben schon alt, krank und einsam gewesen seien. Deswegen habe sie sie auch in ihrem eigenen, schönen Garten auf eigene Kosten bestattet und ihnen auf diese Art anonyme Grabstätten und Begräbnisse, zu denen ohnehin niemand gekommen wäre, erspart.
Dank dieser Aussage war bereits klar, wie sich Mrs. Puente im bevorstehenden Prozess verantworten würde. Polizei und Staatsanwaltschaft standen nun vor der schwierigen Aufgabe, der Tatverdächtigen absichtliche, aktive Tötungen nachzuweisen. Direkte Beweise, wie sie das Gericht und die Geschworenen fordern würden, existierten nicht; zudem gab es weder Zeugen noch irgendwelche Beweise für gewaltsame Tötung. Die Gewebsproben waren inzwischen analysiert worden und man hatte tatsächlich Spuren verschiedener Beruhigungsmittel darin nachweisen können. Doch Tranquilizer wie Valium wurden von vielen Leuten, insbesondere ehemaligen Unterstandslosen und Alkoholikern, eingenommen.
Die Polizei von Sacramento, die alles daransetzte, ihre Fehler wieder gut zu machen, fand eine Reihe weiterer Indizien. Da war zum Beispiel ein

Mann, der den behelfsmäßigen Sarg für den am Flussufer aufgefundenen Mr. Gillmouth hergestellt hatte – leider hatte er aber nicht gesehen, dass Mrs. Puente darin einen Toten verstaut hätte. Man konnte auch einen ehemaligen Sträfling ausfindig machen, der im Garten gemeinsam mit ein paar Mithäftlingen die großen Löcher gegraben hatte. Der Betreffende gab zu, auf Anweisung der Puente den Neffen des armen Bert Montoya gespielt zu haben – allerdings nicht besonders begabt. Er habe auch eigens nach Mexiko fahren müssen, um dort gefälschte Ansichtskarten aufzugeben. Diese durfte er, auf Anweisung der Chefin, nur mit Handschuhen anrühren, um Fingerabdrücke zu vermeiden.
Bald konnten auch die Apotheken eruiert werden, von denen Dorothea Puente große Mengen an Tranquilizern, vor allem Valium und Flurazepan, bezogen hatte. Die Rezepte wiesen gefälschte Unterschriften auf. Eine Ärztin wurde ausgeforscht, die sich erinnerte, von einer gewissen Dorothy Miller besucht und um Rezepte für Beruhigungsmittel gebeten worden zu sein. Da die echte Dorothy Miller zu diesem Zeitpunkt schon lange im Garten geruht hatte, zeigte man der Ärztin Fotos und sie identifizierte Mrs. Puente als ihre damalige Kundin.

Doch all das waren bestenfalls Indizien und keine schlüssigen Beweise. Nicht einmal die Nachbarin, die mitangesehen hatte, wie die Tatverdächtige ihrem Mieter Mr. Fink ein Getränk verabreichte, nach dessen Genuss er in so tiefen Schlaf fiel, dass sie helfen musste, ihn zu Bett zu bringen, bezeugte damit einen Mord. Die Anklagebehörde konnte nur Vermutungen anstellen. Die 61-jährige Ruth Monroe, möglicherweise das erste Opfer von Mrs. Puentes tätiger Seniorenhilfe, war vielleicht vergiftet worden, doch Beweise dafür fehlten. Mr. Gillmouth war eventuell zuerst betäubt und dann erstickt worden, bevor er in der Kiste landete. Die Tötungsmethode war wahrscheinlich auch bei den anderen Opfern gleich geblieben, nur die Entsorgung der Leichen war vereinfacht worden. Es war sicher leichter gewesen, die Opfer im eigenen Garten zu vergraben, als eine Kiste anfertigen zu lassen und diese dann zum Fluss zu schleppen. Doch wie hatte die gute Dorothea das alles allein geschafft? Hatte sie Helfer gehabt – vielleicht Bert Montoya oder Benjamin Fink? Auch das war sehr wahrscheinlich, aber ohne Geständnis nicht beweisbar. Mrs. Puente rückte selbst dann nicht von ihrer ersten Aussage ab, als man ihr das offensichtliche Motiv für ihre Taten vorhielt: Die Summe der einlaufenden Wohlfahrtsschecks hatte ein angenehmes Nebeneinkommen in der Höhe von etwa 3000 Dollar monatlich für sie dargestellt.

Staatsanwalt George Williamson zögerte daher, die Verdächtige der im Justizwesen Kaliforniens notwendigen gerichtlichen Voruntersuchung auszusetzen. Es konnte durchaus sein, dass man Mrs. Puente nur wegen des betrügerischen Einlösens der Wohlfahrtsschecks strafrechtlich verurteilen und ihr zusätzlich eine Verwaltungsstrafe für das widerrechtliche Verwenden des Gartens als Friedhof aufbrummen würde. In der Zwischenzeit war Dorothea, die tödlich nette Oma, dank der exzessiven Medienberichterstattung zu einer weit über die Grenzen des Bundesstaates bekannten Persönlichkeit geworden. Sacramento schien fast stolz auf sie zu sein. Zu Halloween wurden Puppen mit weißer Perücke, rotem Mantel, roter Tasche und roten Schuhen, eine Schachtel Pillen in der einen, eine Gartenschaufel in der anderen Hand, als Gruselfiguren in den Schaufenstern ausgestellt. In geschmackvollen Witzen wurde die Pension Puente als ruhiges Erholungsheim für Senioren angepriesen – mit Gratis-Begrüßungscocktail und einem schönen, ungestörten Platz im Garten.

Im April 1990 endete die Voruntersuchung wegen des überzeugenden Auftretens der wenigen Angehörigen der Verstorbenen dann doch mit dem Beschluss des Gerichts, in allen neun Fällen Mordanklage gegen Dorothea Puente zu erheben. Bis zur Hauptverhandlung vergingen aber noch beinahe zwei Jahre. Mrs. Puentes Verteidiger hatten erreicht, dass der Prozess wegen der medialen Vorverurteilung der Angeklagten nach Monterey verlegt werden musste. Der für die Anklage zuständige Staatsanwalt John O'Mara hatte jedoch kaum neue Beweise parat. Er konnte der Behauptung, sämtliche Opfer wären eines natürlichen Todes gestorben und von der fürsorglichen Hauswirtin aus Mitleid im Garten ihres Hauses bestattet worden, nichts als die Fälle Monroe und Gillmouth entgegensetzen, die aber auch nur als Indizienprozess geführt werden konnten.

Nach fünfmonatiger Verhandlung zogen sich die Geschworenen am 15. Juli 1993 zur Beratung zurück und es passierte genau das, was O'Mara befürchtet hatte: Nach 14 Tagen musste der Sprecher der Jury zugeben, dass die Beratungen über Schuld und Unschuld der Angeklagten in allen neun Fällen an einem toten Punkt angelangt waren. Die Beweise und Indizien waren nicht ausreichend und überzeugend genug – weder die im Garten exhumierten Leichen noch der Tote in der Kiste.

Der vorsitzende Richter verordnete eine Wiederaufnahme der Beratungen, da der Prozess bis zu diesem Tag bereits eineinhalb Millionen Dollar an Steuergeldern verschlungen hatte und zu einem eindeutigen Ende gebracht werden sollte. Wieder vergingen mehr als drei Monate, bis die Jury zu einem Ergebnis gekommen war. Dorothea Puente wurde in drei Fällen – Ben Fink, Dorothy Miller und Leona Carpenter, die als letzte der aufgefundenen Toten identifiziert worden war – des Mordes für schuldig gesprochen. Warum die Beweise den Geschworenen nur in diesen Fällen ausreichend erschienen waren, das konnte der Vorsitzende der Jury auch nicht erklären.

Immerhin wurde der Zusatz »Dorothea Puente hat, wie die Umstände nahelegen, wahrscheinlich vielfachen Mord begangen« in das Urteil aufgenommen. Und der Fall wurde in den Medien nicht nur als besonders abschreckendes Beispiel für das Verhältnis der Gesellschaft gegenüber alten Leuten dargestellt, sondern führte auch zu Diskussionen über Sinn und Unsinn der Geschworenengerichte.

Die an die Urteilsverkündung anschließende Beratung über das Strafmaß fiel, wie zu erwarten war, ähnlich langwierig und seltsam aus. Neuerlich konnten sich die Geschworenen nicht einigen, sodass das Gericht auf ihre Mitwirkung verzichtete und die Strafe für Dorothea Puente selbst festsetzte: lebenslang, ohne die Möglichkeit einer vorzeitigen Entlassung.

Der »blonde Engel« von Wien

Der Fall Martha Marek

Thallium, das erst nach der vorletzten Jahrhundertwende als Schädlingsbekämpfungsmittel populär wurde – also nicht auf die lange Tradition des Arseniks zurückblicken kann –, kommt in Mordfällen häufig vor. Das Gift war in jeder Drogerie oder Gemischtwarenhandlung in zwei Handelsformen erhältlich: unter dem Firmennamen Zelio als Paste, die zudem mit dem ebenfalls giftigen Schweinfurter Grün, einem Arsenfarbstoff, gefärbt war; und als Zelio- oder Surux-Körner – mit Thallium versetzte, blau gekennzeichnete Weizenkörner. Eine Tube Zeliopaste enthielt bei einem Gesamtgewicht von 55 g ungefähr 1,6 g Thalliumsulfat, das Doppelte der für einen Menschen tödlichen Dosis.

Die Symptome einer Thalliumvergiftung beginnen schleichend. Zuerst tritt Verstopfung ein, die sich mit herkömmlichen Abführmitteln nicht beseitigen lässt. Nach einer Woche kommt es zu neuralgieähnlichen Schmerzen in den Extremitäten. Selbst sanfte Berührungen erzeugen in diesem Stadium unerträgliche Qualen. Später treten die diagnostisch charakteristischen Schmerzen unter dem Brustbein und im Bauch auf, die auf Druck aber aufhören. Dazu stellen sich Schlaflosigkeit und starkes Durstgefühl ein. Die Vergifteten fühlen sich besonders unwohl, erwecken aber einen oft hysterischen oder hypochondrischen Eindruck. In der zweiten Woche kommen zu den neuralgischen Schmerzen Herzjagen und Pulssteigerungen. Die Reflexe verschwinden bis zur totalen Reflexlosigkeit der unteren Extremitäten, die anfängliche Überempfindlichkeit wird durch völlige Unempfindlichkeit abgelöst. Die Haare fallen aus. Besonders kennzeichnend ist die so genannte »Spitzfußstellung« als Folge der Lähmungserscheinungen.

Die eigentliche Todesursache ist nach etwa zwei Wochen eine Lähmung des Nervus vagus. Auch bei einer überstandenen Thalliumvergiftung – erst nach vier bis fünf Wochen kann der Patient als gerettet angesehen werden – bleiben Symptome wie Lähmungserscheinungen in den Füßen oder Sehstörungen zurück.
In einem der bekanntesten österreichischen Kriminalfälle der Zwischenkriegszeit spielte Zeliopaste eine wichtige Rolle.

Martha Marek ist ohne Zweifel Österreichs prominenteste Mörderin; kaum eine Sammlung von Kriminalfällen, die nicht ihre Geschichte erzählt. Als einzige Österreicherin fand sie in der »Encyclopaedia of Murder« von Colin Wilson und Patricia Pitman Aufnahme. Dabei sind es eigentlich zwei Fälle, die sie berühmt gemacht haben – zuerst die Geschichte mit dem abgehackten Bein, später dann die Giftmordserie.
Geboren wurde sie als Martha Löwenstein 1897 in Wien. Ihre Familie war arm. Die materiellen Verhältnisse verschlechterten sich noch, als der Vater, ein Eisenbahnbeamter, nach Amerika auswanderte und dort spurlos verschwand, ohne – wie versprochen – seine Frau mit den beiden Töchtern nachkommen zu lassen. Martha war knapp zwölf Jahre alt, als sie in der Straßenbahn einen soignierten älteren Herrn kennenlernte, den wohlhabenden, 62 Jahre alten Textilgroßhändler Moritz Fritsch, der sich von da an nicht nur um Martha kümmerte, sondern auch ihre Familie großzügig unterstützte – eine Verhaltensform älterer Herren zu kleinen Mädchen, die in Wien seit den biedermeierlichen Tagen des Fürsten Aloys von Kaunitz Tradition hat.
Zwei Jahre später, als Martha die juristisch gefährliche Grenze der Minderjährigkeit überschritten hatte, nahm sie der Kaufmann in sein Haus auf. Die Familie, vor allem die zwei erwachsenen Söhne, opponierten heftig. Sie konnten wohl eine Heirat verhindern, nicht aber, dass der reiche Liebhaber Martha fast sein gesamtes Vermögen überschrieb, dazu Schmuck, Kleidung, Pelze und eine luxuriös eingerichtete Mietvilla in Mödling. Die Übergabe war testamentarisch abgesichert – Martha soll gedroht haben, ihn wegen seines Verhältnisses zu ihr als Minderjährige anzuzeigen –, sodass sie nach dem Tod von Moritz Fritsch Anfang August 1923 in mehr als komfortablen Verhältnissen leben konnte.
Der gut aussehende, diesmal um sechs Jahre jüngere Mann, der sie über den Tod ihres Gönners tröstete, schien ihr die Fortsetzung dieses ange-

nehmen, luxuriösen Lebens bieten zu können: Emil Marek stammte aus guter Familie, hatte ein Jahr Maschinenbau studiert und erzählte ihr von den vielen sensationellen Erfindungen und großartigen Geschäften, die er schon gemacht hatte oder demnächst machen würde, von neuartigen Bergwerken in Böhmen bis hin zur Elektrifizierung des Burgenlandes. Sie heirateten noch im November 1923. Doch bald stellte sich heraus, dass bei Emil Marek die Vorstellung sehr oft die Wirklichkeit ersetzte und er nicht in der Lage sein würde, den Traum vom guten Leben zu erfüllen – vor allem von einem Auto, das Martha als der Inbegriff von Luxus erschien. Da ergab sich plötzlich eine neue Einnahmequelle.
Im November 1924 brannte es in der Mietvilla. Ein paar Einrichtungsgegenstände und Bilder, die angeblich sehr wertvoll gewesen sein sollen, waren dabei zu Schaden gekommen. Die Versicherung überwies dafür einen anständigen Betrag, der aber, trotz oder wegen eines »todsicheren« Waffengeschäfts, nur wenige Monate vorhielt.
Ob bereits der Wohnungsbrand vorgeplant war oder erst durch dieses erfolgreiche Ereignis die Idee entstand, Versicherungen als Geldquelle zu benutzen, ist unbekannt. Jedenfalls begann Emil Marek sich im Frühjahr 1925 einen würdigen Bart wachsen zu lassen und trat dann vor Versicherungsagenten als 35-jähriger Besitzer böhmischer Gruben und burgenländischer Kraftwerke auf. Eine Lebensversicherung wurde abgeschlossen, die für den Todesfall 100 000 Dollar, für den Fall der Invalidität die unglaublich hohe Summe von 400 000 Dollar vorsah. Die erste Prämie von 6000 Schilling konnten die Mareks, die bereits von Pfändungen und Kündigungen bedroht waren, nur mit äußerster Mühe und Nachbarschaftshilfe aufbringen. Am 11. Juni nachmittags wurde sie einbezahlt, und die Versicherung übergab die Polizze.
Am nächsten Tag, dem 12. Juni 1925, wurde vormittags ein Mann mit einer grässlichen Wunde in die Unfallstation des Krankenhauses Mödling eingeliefert. Das linke Bein hing nur mehr an wenigen, halb durchtrennten Sehnen, die Muskeln waren durchschnitten und die Knochen zertrümmert. Nur eine Notamputation konnte den Verletzten retten. Der Unfall sei bei dem Versuch passiert, eine Holzpuppe mit der Axt zu bearbeiten, gab die blonde und auffallend hübsche Frau an, die den Verletzten begleitet hatte. Dabei sei die Hacke ausgeglitten und ihrem Mann, Emil Marek, ins Bein gefahren. Überrascht stellte der operierende Arzt Dr. Fries fest, dass das Bein drei verschieden angesetzte Hiebwunden aufwies. Daraus schloss er, dass die Unfallversion nicht stimmen konnte und die Verletzungen absichtlich zugefügt worden sein mussten.

Es konnte jedoch nie restlos geklärt werden, ob Emil Marek sich diese schwere Verstümmelung selbst zugefügt hatte (man hegte berechtigte Zweifel daran, dass so etwas überhaupt möglich war) oder ob, was wahrscheinlicher schien, seine Gattin nach dem ersten Versuch mit zwei weiteren Axtschwüngen nachgehackt hatte.
Die Versicherung war argwöhnisch; immerhin lagen zwischen der Bezahlung der Polizze und dem Unfall nur knapp 24 Stunden. Als sie von dem gerichtsmedizinischen Befund erfahren hatte, verweigerte sie nicht nur die Auszahlung der von Marek noch aus dem Krankenhaus eingeforderten Summe, sondern übergab den Fall auch der Staatsanwaltschaft.
Frau Mareks Felle schwammen davon. Sollte das Opfer ihres Mannes – oder ihre Tat – nicht umsonst gewesen sein, musste sie schnell handeln. Mit dem Versprechen einer für die damalige Zeit hohen Summe von 10 000 Schilling brachte Martha den Spitalsdiener Karl Mraz zu einer falschen Zeugenaussage. Er gab an, gesehen zu haben, wie die Ärzte an dem amputierten Unterschenkel Manipulationen vorgenommen hätten – angestiftet und wahrscheinlich bezahlt von der Versicherung. Im Kreuzverhör durch die Polizei musste der in ärmlichen Verhältnissen lebende Mraz seine Lügen jedoch eingestehen.
Der angesagte Prozess hatte sich schon vor Beginn zu einem großen öffentlichen Spektakel entwickelt. Publikum und Presse nahmen vehement Partei für die Angeklagten, frei nach dem bekannten Drehbuch: armes, unglückliches junges Paar gegen die böse, skrupellose, mächtige Versicherung. Dabei waren erstaunlicherweise nicht nur die Boulevardblätter tonangebend. Für die »Neue Freie Presse«, damals immer noch die angesehenste österreichische Tageszeitung, schrieb Felix Salten über den Prozessbeginn am 28. März 1927 vor dem Zweiten Wiener Landesgericht: »Auf einer primitiven Tragbahre, mit weißem Ledertuch ausgeschlagen, im breiten Sessel, den herbe Holzträger halten, wird der Angeklagte hereingebracht. Er sitzt im modisch eleganten Rock, hochaufgerichtet, mit einer Steifheit und Würde da, als wäre er irgendein offizieller Funktionär. Der Vierundzwanzigjährige sieht weitaus älter aus. Ein brauner Vollbart, strotzend vor Fülle, außerordentlich gepflegt, senkt sich auf die blitzend weiße Hemdbrust, über die kurze schwarze Masche. Viel braunes Haar ist auch wellig über den Kopf gestrichen, der einen rosigen, zart weiblichen Teint zeigt.«
Dann kam der Autor zu Martha Marek: »Überraschend ist ihre Erscheinung, die einer auffallend schönen Frau. Das weiß gepuderte Gesicht ist vollkommen regelmäßig und durchscheinend, wie es bei hochblonden

Blondinen der Fall ist. In zwei dicken Strähnen liegt das Haar von goldroter Farbe wie eine Krone auf dem Kopfe. Ihre Erscheinung ist zart, sie trägt einen hellen, eleganten Mantel.«

Auch das abgehackte Bein wurde vorgeführt, hinter Glas und in Formalin, blieb aber von Herrn Salten unbeschrieben. Die Gerichtsmediziner konnten zwar eindeutig nachweisen, dass es sich nicht um einen Unfall, sondern um eine absichtlich herbeigeführte Verletzung handelte, waren sich aber nicht einig, wie die mehrfachen Hiebspuren zu erklären waren. Hatte die Gattin geholfen oder war es der Mann selbst gewesen, der sich in beispiellosem Opfermut – seiner bildschönen jungen Frau und sich selbst zuliebe – diese schwere Verletzung selbst zugefügt hatte?

Letzteres sei völlig unmöglich, meinten die einen; jeder Mensch würde nach den fürchterlichen Schmerzen durch den ersten Hieb sofort in Ohnmacht fallen. Doch, mit viel Willenskraft könnte man so etwas bewerkstelligen, behaupteten die anderen. Dem Publikum gefiel jedenfalls die Version von der Selbstverstümmelung besser. Für eine derart engelsgleiche Blondine würde ein Mann schon einiges riskieren …

Emil Marek wurde zum naiven Märtyrer, Martha zum unschuldigen Opfer hochstilisiert; die Episode mit dem Spitalsdiener geriet praktischerweise in Vergessenheit. Sowohl Justiz als auch Versicherung beugten sich der öffentlichen Meinung. Das Paar wurde nur in zwei Nebenanklagepunkten für schuldig befunden (u. a. Verleitung zur falschen Zeugenaussage), woraufhin Emil zu vier und Martha zu drei Monaten schweren Kerkers verurteilt wurden, die aber durch die Untersuchungshaft bereits abgedient waren.

Der blonde Engel schob siegessicher seinen invaliden Gatten aus dem Saal. Die Versicherung verzichtete – sicher auch wegen der öffentlichen Meinung – auf einen langwierigen Zivilprozess und zahlte eine Abstandssumme von 180 000 Schilling; nach heutiger Kaufkraft immerhin etwa 260 000 Euro. Presse und Publikum waren einverstanden und beim Heurigen sangen die Wiener zur bekannten Melodie von »Da habts mei letztes Grandl, heut is ma alles ans« den Text »Zerhackts mei letztes Banl, heut is ma alles ans.«*

---

* Da habt ihr mein letztes Geld, heute ist mir alles egal, bzw. Zerhackt mein letztes Bein, heute ist mir alles egal.

Der Betrug war geglückt, das finanzielle Ergebnis allerdings nicht besonders üppig. Von den 180 000 Schilling mussten die Prozesskosten von 100 000 Schilling beglichen werden. Nach Rückzahlung diverser anderer Schulden blieben nur 35 000 Schilling, mit denen sich Martha Marek ihre Autoträume verwirklichte und ein Taxiunternehmen gründete, das aber schon nach einem Jahr Konkurs anmelden musste. Ebenso unglücklich verlief der zweite Versuch einer Investition, nämlich die Beteiligung an einer algerischen Radiofirma.
Damit war das Ehepaar, dem inzwischen zwei Kinder, ein Knabe und ein Mädchen, geboren worden waren, auf das kleine Gehalt Emil Mareks und die Unterstützung durch seine Eltern, die den beiden ihr Schrebergartenhaus am Ameisbach zur Verfügung gestellt hatten, angewiesen.
Martha Marek war mit der neuen Situation gar nicht zufrieden. Sie versuchte, Kisten aus dem Algier-Abenteuer, die bei einer Spedition gelagert waren, zu versichern, was die Versicherung aber aus nahe liegenden Gründen verweigerte. Ihre Schwiegereltern beschimpfte sie als böhmisches Gesindel, ihren Mann beschuldigte sie so laut, dass alle Nachbarn es hören konnten, er sei ein Krüppel und Verbrecher. Einer Nachbarstochter erzählte sie jedoch einen sonderbaren Traum, der angeblich immer wiederkehrte: Die Muttergottes sei ihr erschienen und hätte ihr offenbart, dass sie durch Todesfälle in ihrer Umgebung bald viel werde leiden müssen. Nur allzu bald sollte aus dieser Voraussage Wahrheit werden.
Emil Marek, bis dahin trotz seines amputierten Unterschenkels ein Bild der Gesundheit, begann plötzlich zu kränkeln. Er klagte über ein sonderbares Kribbeln in den Fingern, stechende Schmerzen im Fuß und unausgesetzte Magenbeschwerden. Er magerte sichtlich ab, Lähmungserscheinungen, Schluckbeschwerden und Sprachstörungen kamen hinzu. Martha pflegte ihn in der Schrebergartenhütte und ließ ihn erst auf Drängen der Nachbarn in das nahe gelegene St.-Josefs-Krankenhaus in Hacking überweisen, wo er wenige Tage später, am 31. Juli 1932, starb. Diagnose: Lungenentzündung. Die Witwe war untröstlich. Beim Begräbnis schrie und weinte sie so laut, dass der Pfarrer kaum zu Wort kam.
Aber die Marien-Prophezeiung war noch nicht ganz erfüllt: Wenig später erkrankte das nur neun Monate alte Mädchen Ingeborg und starb am 2. September. Alphons, ihr Bruder, überlebte ähnliche Symptome wie die, die sein Vater gehabt hatte, nur knapp.
Da schien sich für die schwergeprüfte Frau endlich das Schicksal zum Besseren zu wenden: Eine Großtante, Susanne Löwenstein, besaß in der Altgasse in Hietzing ein gut eingerichtetes Haus und – als Witwe nach

einem hohen Militärarzt – Silber, Schmuck und Pelze. Sie nahm Martha Marek zu sich und setzte sie als Erbin ein. Zwei Tage nach Unterzeichnung des Testaments begann die Erbtante sich unwohl zu fühlen. Sie klagte über ein sonderbares Kribbeln in den Fingern, stechende Schmerzen in den Füßen und schwere Magenbeschwerden. Lähmungserscheinungen, Schluckbeschwerden und Sprachstörungen kamen dazu. Trotz aufopfernder Pflege durch ihre Nichte, die alles Störende von der Kranken fernhielt, trat keine Besserung ein – im Gegenteil: Am 11. Juli 1934 verstarb die Tante in den Armen ihrer hemmungslos schluchzenden Nichte und Universalerbin.
Aus der Altgasse übersiedelte Martha Marek in eine große Villa in der Kuppelwiesergasse 27, wo sie eine arbeitslose Schneiderin namens Franziska Kittenberger als Haushälterin aufnahm. Mit der Hilfe eines Freundes aus der Versicherungsbranche ließ sie die Schneiderin als Gegenleistung für Kost und Quartier zu ihren Gunsten lebensversichern. Leider begann aber nur wenige Tage nach Unterzeichnung der Polizze auch Frau Kittenberger zu kränkeln: Kribbeln in den Fingern, Schmerzen in den Füßen, Lähmungserscheinungen. Trotz aufopfernder Pflege starb sie am 2. Juni 1936 und der Freund und Versicherungsagent kassierte die Versicherungssumme. Die Versicherung musste auch dann bezahlen, als wieder einmal Einbrecher die Villa der krank darniederliegenden Frau Marek heimsuchten und allerlei kostbare, in Wirklichkeit längst verpfändete Gegenstände raubten. Seltsamerweise hinterließen sie keine Spuren.
Mittlerweile aber hatte der Sohn Franziska Kittenbergers beim Untersuchungsrichter die Exhumierung seiner Mutter erreicht. Die Obduktion ergab zweifelsfrei Tod infolge einer schweren Thalliumvergiftung. Nach diesem Befund wurden auch die anderen Frau Marek nahe stehenden und plötzlich verstorbenen Personen exhumiert: ihr einbeiniger Mann, die kleine Tochter und die Erbtante.
Bei allen dreien ließen sich große Mengen von Thallium nachweisen; ebenso wiesen die Krankheitssymptome ihres Sohnes auf Thalliumvergiftung hin. Dem Untersuchungsrichter war auch bald klar, wie Martha Marek auf die Möglichkeiten der Rattenvernichtungspaste Zelio gekommen war: Während ihrer Haft wegen Versicherungsbetrugs hatte sie sich ausführlich mit einer Zellengenossin unterhalten, die dasselbe Mittel bereits erfolgreich an einem Mann ausprobiert hatte.

Obwohl Martha Marek sich für blind, gelähmt und sterbenskrank erklärte, wurde sie am 12. April des Jahres 1938 wegen vierfachen Giftmordes angeklagt. Die Zeitungen hatten Anweisung, aus politischen Gründen nur ganz kurz über den Prozess zu berichten.
Die Sachverständigen erklärten alle Krankheiten der Marek als Schwindel. Ungeachtet ihrer Lähmung sprang sie während der Verhandlung wiederholt vom Rollstuhl auf und Richter und Staatsanwalt mussten sie immer wieder an ihre Rolle als Blinde erinnern. Sie wurde schuldig gesprochen und am 6. Dezember 1938 im Hof des Landesgerichts geköpft.
Der ehemalige Staatsanwalt und Schachgroßmeister Alois Wotawa, der in der Nazizeit noch vehementer Befürworter, danach jedoch ein überzeugter Gegner der Todesstrafe war, schrieb 1949 in seinem Buch »... und wird hiefür zum Tode ... Ein Staatsanwalt erlebt, erzählt, vermeint« salbungsvoll über Martha Mareks Hinrichtung:
»6. Dezember 1938.
Ein Spätherbstmorgen, dessen Nebel und Kälte und Finsternis so recht Rahmen dem tagscheuen Geschehen sind, das da im Grauen Hause sich vorbereitet.
In einem endlos langen Korridor mühen sich ein paar Glühlampen, das widerspenstige Dunkel an die Wände zu drücken und an die Decke zu pressen, um gerade noch das nervös-hastige Treiben erkennen zu lassen, das da anhebt. Uniformierte tauchen auf und werden wieder von der Finsternis verschluckt, die aber dem Schall überreich gibt, was sie dem Licht versagt. Denn lange noch hallen überlaut die Schritte.
Der Gefängnisgeistliche hastet über den Gang, nun – die Uhr zeigt wenige Teilstriche vor sechs – kommen die Richter und der Staatsanwalt in ihren Talaren und werden in das Zimmer des Gefängnisdirektors geleitet. Hier harrt schon der Gerichtsarzt, der vor kurzem aus der Armensünderzelle gekommen ist und den Eindruck mitgenommen hat, dass Martha Marek tapfer sterben will. Vielleicht sagt er das nur, um den Männern Mut zu machen, denen er ansieht, wie schwer es ihnen fällt, dem Gesetze zu entsprechen, wenn es, eine unerbittliche Salome, den Kopf eines Menschen fordert. Auch wenn dieses Haupt einer Martha Marek zugehört ... noch zugehört.
Die Zeit will nicht vergehen, die Nervosität steigt und lässt sich allem Mühen zum Trotz nicht mehr verleugnen. Von keinem. Einer versucht zwar, von belanglosen Dingen zu reden, das Gespräch versandet aber, muss bald verbluten.
Endlich ist es so weit. Knapp vor sechs führt der Gefängnisdirektor die

Gruppe in einen schwarz drapierten Raum, einer Aufbahrungshalle nicht unähnlich. Auch der Tisch, hinter dem Gerichtshof und Staatsanwalt Aufstellung nehmen, ist mit schwarzem Tuch überspannt, und der schwere Vorhang schwarz, der das Gemach von dem Nebenraume trennt, in welchem das Fallbeil mit gierig glitzernder Schneide den Todesfall erst schaffen will, dem vorgreifend die Trauer gilt.
Auf dem Gerichtstische brennen zwei Kerzen, zwischen ihnen zeigt der Heiland sein furchtbar Sterben vor.
Im Raum spannt sich quälende Stille auf. Es fügt sich, dass die Flamme der einen Kerze auf verbognem Docht zu flackern anhebt. Sofort hängen sich aller Augen an das winzig-nichtige Geschehen, das aber jetzt wie ein seelischer Notausgang wirkt und die Marter des Wartens ablenkend mildert.
Endlich öffnet sich, dem Tische gegenüber, geräuschlos eine kleine Türe: auf schwankendem Tragsessel wird Martha Marek gebracht.
Aus unnatürlich großen, blauschwarz unterlaufenen Augen stiert sie zuerst ins Licht der Kerzen, dann mit ruckartig erhobenem Kopf auf die Richter, um schließlich den Vorsitzenden zu fixieren, der mit zunächst lockerer und heiserer, dann aber fester werdender Stimme zu sprechen beginnt:
›Nachdem Sie, Martha Marek, wegen vierfachen Meuchelmordes vom Landesgericht …‹
Was war das? ›Von Ihnen!‹, klang da eine Rüge, schneidend scharf und vorwurfsvoll, von den Lippen des Weibes, so dass der Oberlandesgerichtsrat einen Augenblick betroffen innehält, um aber dann rasch fortzusetzen:
›… vom Landesgericht zum Tode verurteilt worden sind, das Urteil in Rechtskraft erwachsen und Ihrer Gnadenbitte keine Folge gegeben worden ist, muss das Urteil jetzt vollstreckt werden. Sie dürfen, wenn Sie dies wünschen, mit dem Seelsorger noch ein kurzes Gebet sprechen.‹
›Danke, nein!‹, sind die letzten Worte Martha Mareks, die ungeduldig gesprochen, nach raschem Ende verlangen.
Es geht tatsächlich rasch. Mit flinken Griffen haben die Henker das Weib aus dem Sessel gehoben und im Laufschritt in das Todeszimmer getragen. Schwer fällt der schwarze Vorhang hinter Martha Marek und ihrem Leben zu. Kaum merklich pendeln ein paar Falten nach.
Einige endlos lange Sekunden noch, dann erdröhnt, kurz und knurrend anrollend, in fürchterliches Krachen ausbrüllend, ein Schlag: Martha Marek ist nicht mehr.
Als kurz darauf die Richter und ich schweigend in den nebeligen Mor-

gen traten, fröstelte uns mehr, als der Temperatur entsprach. Und als wir auseinander gingen, schwiegen wir noch immer und trennten uns mit stillem Händedruck.
Wenn ihr Leben auch unausgesetztes Teufelstum war, Martha Marek ist tapfer und mit Haltung gestorben. Damit ist das einzige gesagt, was zu ihren Gunsten gesagt werden kann. Es ist trotz allem nicht wenig.«
An anderer Stelle beschrieb Wotawa das damals verwendete Fallbeil: »Das Hinrichtungsgerät bestand aus einem Tischchen, an dessen einem Ende ein Rahmengestell angebracht war, an dem das mit schiefer Schneide versehene, etwa 70 Kilogramm schwere Fallbeil mittels eines Drahtseiles emporgewunden wurde, um bei Betätigung einer Auslösevorrichtung längs der Rahmenschienen in freiem Fall mit furchtbarem Gepolter herabzusausen.
War nun der mit den Händen am Rücken gefesselte arme Sünder den Scharfrichtern übergeben worden, schleppten zwei Henkersknechte den Delinquenten rasch zu dem Tischchen, während ein Dritter hinten nacheilte, die Beine des Opfers packte und derart hoch hob, dass dieses wie ein Schlachtvieh auf das Tischchen fiel und mit dem Kopfe oberhalb eines eisernen Fangkorbes zu liegen kam. Ein Griff nach der Auslösung, ein dröhnendes Gepolter und der Kopf sprang mit einem mächtigen Blutschwall in den Korb. Einen Augenblick später wurden der Vollzug gemeldet, die Fesseln gelöst und Rumpf und Kopf in eine Kiste geworfen, die nur entfernt an einen Sarg erinnerte, das Blut mittels kräftiger Wasserstrahlen durch ein Abzugsloch fortgespült und das Fallbeil wieder hochgewunden, um nach kaum drei Minuten die Meldung zu ermöglichen: ›Richtgerät in Ordnung und bereitgestellt.‹«

Die schwarze Köchin

Der Fall Katherine Mary Knight

Die aufgeregten Schlagzeilen in der internationalen Presse lasen sich eher wie die Titel drittklassiger Blut- und Eingeweidefilme als Berichte über tatsächliche Ereignisse: »Frau kocht Mann und setzt ihn seinen Kindern zum Essen vor« stand da oder: »Frau hängt Haut des getöteten Mann im Speisezimmer auf.« Und dann noch: »Frau brät Kopf ihres Freundes.«
Welch ungeheures Maß an Hass – oder Angst? – muss die Australierin Katherine Mary Knight dazu gebracht haben, ihren Lebensgefährten John Price nicht nur zu töten, sondern mit seiner Leiche auch noch so abartig brutal zu verfahren?
Der Prozess gegen die Frau fand vor einem Geschworenengericht in Newcastle im australischen Bundesstaat New South Wales statt und begann am 8. Oktober 2001. Die Staatsanwaltschaft versuchte, die reißerisch-sensationellen Details der Tat nicht allzu sehr in den Vordergrund zu rücken und sich eher an die juristisch relevanten Fakten zu halten. Das Ergebnis war, dass die Angeklagte wegen Mordes zu lebenslanger Haft verurteilt wurde – auf Grund der besonders grässlichen Begleitumstände der Tat als erste Frau in Australien ohne Möglichkeit auf vorzeitige Entlassung, also »für die Dauer ihres gesamten natürlichen Lebens«.
Richter Barry O'Keefe sagte in seiner Urteilsbegründung, er sei ohne jeden Zweifel davon überzeugt, dass Katherine Mary Knight eine äußerst gefährliche Person sei und dass sie, ließe man sie wieder auf die Gesellschaft los, mit Sicherheit zahlreiche weitere Akte von Gewalt und Mord begehen würde, in erster Linie gegen Männer. Dem Gericht sei klar geworden, dass die letzten Stunden für das Opfer von unaussprechlicher Qual und unbeschreiblichem Schrecken gewesen sein müssen; die Täterin hingegen, die

keine Spur echter Reue zeigte, habe die Tat als perverses Racheritual mit äußerster Freude (»with utter enjoyment«) geradezu genossen.
Bei der Verkündigung des Urteils applaudierte das Publikum. Ein Sohn des Opfers sagte zu den anwesenden Journalisten, er sei der Ansicht, dass die Mörderin keineswegs die verdiente Strafe erhalten habe. Die australische Justiz sei viel zu lax – in den USA wisse man genau, dass für Taten dieser Art nur die Todesstrafe in Frage komme.
Fest steht, dass dieser abscheuliche Mord und besonders seine Begleitumstände nicht nur in der Kriminalgeschichte des fünften Kontinents einzigartig sind. Wie Knight mit der Leiche ihres Opfers verfahren ist, das kennt man ansonsten nur von amerikanischen Serienkillern, und zwar ausschließlich solchen männlichen Geschlechts, und aus den von ihnen inspirierten Filmen. Ein Christopher-Lambert-Streifen mit dem mehrdeutigen Titel »Resurrection« (Auferstehung/Leichenraub) wurde in der Berichterstattung über den Fall immer wieder als abschreckendes Beispiel angeführt; es habe sich dabei um den Lieblingsfilm Katherine Mary Knights gehandelt.
Wahrscheinlich ist auch, dass der Beruf der Täterin – Angestellte in einem Schlachthaus – für einige der besonders abschreckenden Details verantwortlich gewesen sein dürfte. Andere Aggressionsakte, die sie bereits zuvor gegen Männer verübt haben soll, nehmen sich demgegenüber bescheiden aus: Einem früheren Freund, der sie verlassen wollte, hat sie nach einem Streit angeblich das falsche Gebiss zertrümmert. Etwas schwerer wiegt da schon, dass sie dem acht Wochen alten Lieblingshund eines anderen Lebensabschnittspartners vor dessen Augen die Kehle durchgeschnitten haben soll.

Katherine Mary Knight, zur Tatzeit 45 Jahre alt und gerade Großmutter geworden, lebte seit sechs Jahren mit dem knapp ein Jahr jüngeren John Price zusammen in einem kleinen Einfamilienhaus in der St. Andrews Street in Aberdeen bei Newcastle, 200 Kilometer nördlich von Sydney. Die Beziehung der beiden war keineswegs konfliktfrei. Johns Kinder sagten aus, sie hätten immer schon gewusst, dass die Freundin des Vaters böse sei. So hatte Katherine beispielsweise einmal nach einem Streit einen Erste-Hilfe-Kasten auf Video aufgenommen, den Price in seiner Firma hatte mitgehen lassen. Das Video schickte sie an den Chef ihres Partners, worauf Price prompt seine Stelle verlor.

Price wollte sich schon seit einiger Zeit von Katherine trennen und weigerte sich auch, ihr Geld zu geben. Er hatte vor, sie aus dem Haus zu werfen, das sie aber gern für ihre Kinder gehabt hätte. Die Streitereien wurden so heftig und Katherine so gewalttätig, dass Price die Polizei zu Hilfe rufen musste, die eine Anzeige wegen Gattenmisshandlung gegen die Frau erhob.
Am Abend zum Schalttag, dem 29. Februar 2000, unternahm Katherine offenbar einen Versöhnungsversuch – oder gab vor, dies zu tun – und adjustierte sich dazu mit einem neuen, schwarzen Nachthemd. Zunächst war diese Strategie anscheinend erfolgreich, denn das Paar hatte, wie vor Gericht aktenkundig wurde, »erfreulichen Sex miteinander« (»enjoyable sex together«). Danach legte sich John schlafen und was dann geschah, konnte nur rekonstruiert werden, da Katherine angeblich keinerlei Erinnerung an die Tat hatte. Möglicherweise war ja der Streit wieder aufgeflammt. Katherine jedenfalls fiel über John Price her und tötete ihn in einer beispiellosen Blutorgie mit gezählten 37 Messerstichen. Nach dem Mord schnitt sie der Leiche den Kopf ab und stellte diesen einstweilen in einem Topf auf dem Küchenherd ab.
Anschließend zog sie dem Toten die Haut ab, und zwar so perfekt, dass diese später, wie die Leichenbeschauer aussagten, ohne Probleme und Falten wieder um dem Leichnam gelegt werden konnte. Die äußere Hülle ihres verstorbenen Partners hängte sie gut sichtbar im Haus auf – wo genau, ob im Wohnzimmer, im Speise- oder im Vorzimmer, darüber waren sich die Medien nicht ganz einig. Aus den besonders fleischigen Teilen des Toten, in erster Linie dem Gesäß, schnitt sie Stücke, briet diese in der Pfanne und richtete sie, mit Gemüse garniert, auf Tellern an. Die fertige Horrorspeise stellte sie dann den zwei Kindern des Toten auf den Tisch, wozu sie eigene Tischkarten mit entsprechend hasserfüllten, einschlägigen Hinweisen verfasste.
Vor Gericht bekannte sich Katherine schuldig, behauptete aber, Einzelheiten der Tat nicht mehr rekapitulieren zu können und wie in Trance gehandelt zu haben. Der Staatsanwalt widersprach dieser Version aber; seiner Ansicht nach war der Mord – wenn vielleicht auch nicht in allen Details – sehr wohl von ihr vorher geplant und auch angekündigt worden. Dafür konnte er Zeugen anführen.
Die als Sachverständige beigezogenen Psychiater zeigten sich wieder einmal ratlos, wie meist in Prozessen gegen Frauen, die besonders schwere Tötungsdelikte begangen haben. Sie sprachen von »Picquerismus«, einer sexuellen Perversion, die ihren Lustgewinn aus dem Stechen des Partners

mit spitzen Gegenständen bezieht, und begnügten sich ansonsten damit, die Angeklagte weder als geisteskrank noch als epilepsieanfällig und daher voll schuldfähig zu diagnostizieren. Katherine sei eine soziopathische, aggressive Persönlichkeit, sagte ein Gutachter zur Presse – und er würde niemandem raten, sich ihr in den Weg zu stellen. Begründungen für Katherines Verhalten konnte und wollte man nicht finden.

Die an den Ermittlungen beteiligten Polizeibeamten hingegen mussten sehr wohl in psychiatrische Behandlung, einige deswegen, weil sie nach dem Leichenfund an Essstörungen litten. Besonders hervorgehoben wurde im Prozess, dass es der Behörde gelungen war, Katherines Menü sicherzustellen, bevor die Kinder des Verstorbenen Gelegenheit hatten, davon zu kosten.

Quellenverzeichnis

Vorwort
Lino Ferrinani: Entartete Mütter (Berlin 1897)
Camille Garnier: Das verbrecherische Weib (Berlin 1905)
Liselotte Herx: Der Giftmord, insbesondere der Giftmord durch Frauen (Emsdetten 1937; Univ.-Archiv Bd. 82)
Otto Pollak: The Criminality of Women (Philadelphia 1950)
C. Ameluxen: Die Kriminalität der Frau (Hamburg 1958)
Hildegard Damrow: Frauen vor Gericht (Frankfurt a. M. 1969)
G. Dotzauer / K. Jarosch: Tötungsdelikte (Wiesbaden 1971; Schriftenreihe des BKA)
Max Pierre Schaeffer: Wenn Frauen töten (München 1989)
Bärbel Balke: Frauen töten einsam (Berlin 1994)

Monika Weimar
Schaeffer (a. a. O.)

Violette Nozière
Jean-Marie Fitère: Violette Nozière (Paris 1975)

Belle Gunness
Lillian de la Torre: The Truth About Belle Gunness (New York 1955)
Janet L. Langlois: The Lady Bluebeard (Bloomington 1985)
Joe Geringer: Belle Gunness, Black Widow of the Heartland (Crime Library/Internet 1999)

Marguerite Steinheil
Maurice Mayen: L'énigme de l'impasse Ronsin (Paris 1949)
Hans Habe: Meine Herren Geschworenen (Zürich 1964)
René Tavernier: Marie Steinheil – Ange ou Demon? (Paris 1976)
Pierre Darmon: Marguerite Steinheil, Ingénue Criminelle (Paris 1996)

Lizzie Borden
Williams, Smithburn, Peterson (Eds.): Lizzie Borden: A Case Book of Family and Crime in the 1890s (Bloomington 1980)
Colin Wilson / Patricia Pitman: Encyclopedia of Murder (London 1984)
Richard Glyn Jones (Ed.): The Mammoth Book of Killer Women (London 1993)
Brian Lane: The Encyclopedia of Women Killers (London 1994)

Diane Downs
Ann Rule: Small Sacrifices (New York 1988)

Charlotte Ursinus
P. F. F. Buchholz: Bekenntnisse einer Giftmischerin, von ihr selbst geschrieben (Berlin 1803) Neu hrsg. v. Gustav Gugitz (Wien 1923)
J. E. Hitzig u. W. Häring (Hrsg.): Der Neue Pitaval, Bd. 2 (Leipzig 1842)
C. F. Stephany: Charlotte Ursinus, die Giftmischerin (Berlin 1866)
Die Berliner Giftmischerin Charlotte Ursinus; in: J. D. H. Temme: Criminal-Bibliothek, Bd. 1 (Berlin 1870)
H. Hayn u. A. N. Gotendorf (Hrsg.): Bibliotheca Germanorum erotica et curiosa, Bd. 8 (München 1914)

Gesche Gottfried
J. H. Vogel: Lebensgeschichte einer Giftmörderin (Bremen 1831)

Anna Maria Zwanziger
A. v. Feuerbach: Aktenmäßige Darstellung merkwürdiger Verbrechen Bd. 1 (Gießen 1831)

Christa Lehmann
Ernst Klee: Christa Lehmann (Frankfurt a. M. 1977)

Grete Beier
Erich Wulffen: Das Weib als Sexualverbrecherin (Hamburg 1923)
Paul Wiegler: Schicksale und Verbrechen (Berlin 1935)

Caroline H.
Maja Peter: Man sollte mich nicht rauslassen; in: Die Weltwoche Nr. 50 (13. 12. 2001)
Neue Zürcher Zeitung (17.–19. 12. 2001)
Margit Sprecher: Ein mühsames Leben; in: Die Weltwoche Nr. 51 (20. 12. 2001)

Erzsébet Báthory
Deszö Rexa: Erzsébet Báthory, Nádasdy Ferencné (Budapest 1908)
Valentine Penrose: Die blutige Gräfin (Bonn 1965)
Raymond T. McNally: Dracula Was A Woman (London 1984)
Michael Farin: Heroine des Grauens. Wirken und Leben der Elisabeth Báthory in Briefen, Zeugenaussagen und Phantasiespielen. (P. Kirchheim Verlag, München 1989). 3. Auflage 2002.

Dora Buntrock
Hugo Friedlaender: Internationale Kriminal-Prozesse, Bd. 1 (Berlin 1910)

Josefine Luner
Wolfgang Kudrnofsky: Marek, Matuschka & Co. Kriminalfälle der Ersten Republik (Wien 1989)

Elfriede Blauensteiner
div. Artikel aus der Zeitschrift News (1996–2001)
Christian Bolte / Klaus Dimmler: Schwarze Witwen und Eiserne Jungfrauen. Geschichte der Mörderinnen (Leipzig 1997)

Kate Webster
J. H. H. Gaute / R. Odell: Ladykiller (London 1980)
Elliot O'Donnell: Kate Webster; in: Notable British Trials (London o. J.)

Adrienne Eckhardt
Konrad Frieser: Adrienne Eckhardt und die drei Geständnisse (Wien 1953)

Christine und Léa Papin
Jérôme & Jean Tharaud: Les Soeurs Papin; in: Paris Soir (28.–30. 9. und 8. 10. 1933)
Jaques Lacan: Motive des paranoiden Verbrechens; in: Salvador Dali: Gesammelte Schriften (München 1971)

Dorothea Puente
Carla Norton: Disturbed Ground (New York 1994)

Martha Marek
Alois Wotawa: … und wird hierfür zum Tode (Wien 1949)
Wolfgang Kudrnofsky (a. a. O.)

Katherine Mary Knight
Internet-Recherche

Abbildungsverzeichnis

Archiv der Autoren: 33, 65, 75, 111, 121, 179
Associated Press: 203
Votava, Wien: 19, 159
Farin (Hg.), Heroine des Grauens. P. Kirchheim Verlag: 139